李鸿章传

晚清四十年

梁启超 著

杨智 译

传

中国法制出版社

CHINA LEGAL PUBLISHING HOUSE

顾问委员会

李鸿章坐像

清政府特使李鸿章于1896年到莫斯科参加沙皇加冕典礼

李鸿章出使欧洲时在德国皇宫留影（左一为李经述，左二为李经方）

李鸿章1896年出访美国时，《纽约世界报》刊登的李鸿章到访的情景

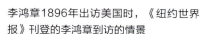

1896年，李鸿章出访美国时，《纽约时报》用李鸿章在美国受欢迎的程度来打响广告："李鸿章从来没有错过星期天的报纸。"

丈夫只手把吴钩，意气高于百尺楼。

一万年来谁著史，三千里外欲封侯。

定将捷足随途骥，那有闲情逐水鸥。

笑指泸沟桥畔月，几人从此到瀛洲？

——李鸿章《入都》

劳劳车马未离鞍，临事方知一死难。

三百年来伤国步，八千里外吊民残。

秋风宝剑孤臣泪，落日旌旗大将坛。

海外尘氛犹未息，请君莫作等闲看。

——李鸿章临终诗

序

　　李鸿章（1823—1901），字渐甫，号少荃，安徽合肥人。是中国近代史上的著名人物。他早年以翰林院编修身份回乡组织团练，对抗太平军。后入曾国藩幕府，受命在安徽组建淮军，并赴上海开辟东线战场。旋署江苏巡抚，攻占苏、常。太平天国失败后，他任两江总督，接替曾国藩镇压捻军。1870年，任直隶总督、北洋通商大臣，常驻天津，主持对外交涉，成为办理"洋务"的领导人物。

　　在十九世纪下半期，李鸿章堪称当时政治舞台上叱咤风云、引领风骚的佼佼者。他插足事务之多，涉及面之广，在同僚中罕有其匹。在政治上，他官居一品，先后任武英殿大学士、文华殿大学士，一度任总理各国事务衙门大臣（1896—1898），提出了"外需和戎，内需变法"的治国理念，以图适应"数千年未有之大变局"；在经济方面，他热衷创办近代企业，晚清早期举办的四大军工企业中，他独占其三（江南制造局、金陵机器局、天津机器局）。以后又扩展到民用工业领域，开办轮船招商局、开平矿务局、漠河金矿、天津电报总局、上海机器织布局，并力倡修建铁路；在文教方面，他重视"储才"，建议设"洋学局"，赞赏西方的教育制度，并建立水师学堂、武备学堂、电报学堂和医学堂；在军事方面，他是中国军事近代化的开拓者之一，曾先后创建了淮军和北洋海军两支近代化的武装部队；在外交方面，从十九世纪七十年代起，他代表清政府经办了一系列的对外交涉，几乎"无约不予"，绝大部分对华条约差不多都由他出面签订，以致在外国人眼中，李鸿章就是清政府的代言人。也正因为李鸿章是近代中国一系列丧权辱国条约的签署者，所以邓小平说，如果不在1997年收回香港，"就意味着中国政府就是晚清政府，中国领导人是李鸿章"（《邓小平文选》第三卷）。

　　李鸿章的一生几乎就是晚清史的一个缩影，所以，近代著名维新思想家梁启超（1873—1929）在李氏去世后不久写成的《中国四十年来大事记》（别称《李鸿章传》）中，就认为李鸿章是近代"独一无二之代表人也"。

李鸿章逝世于光绪二十七年九月二十七日（1901年11月7日）。而梁启超也就在这一年完成了他的《中国四十年来大事记》，对李鸿章一生的是非功过做出评价。这部传记篇幅不长（七万余字），但梁氏却力图创新。他一改中国传统史传的写法，采取夹叙夹议的评传体。诚如作者在"序例"中所言："此书全仿西人传记之体，载述李鸿章一生行事，而加以论断，使后之读者，知其为人。"梁启超认为，李鸿章是"时势所造之英雄"，是"数千年中国历史上一人物""为十九世纪世界史上一人物"。他对李鸿章的总体评价是："不学无术，不敢破格，是其所短也；不避劳苦，不畏谤言，是其所长也。"可以说，梁启超的评价是比较客观的。他没有囿于政见和成见，发出了"吾敬李鸿章之才，吾惜李鸿章之识，吾悲李鸿章之遇"的感叹！

杨智同志就读文科，勤于阅读，对文学、历史、哲学、法律均有涉及。考虑到梁启超所著《李鸿章传》保存了不少历史资料，并提出了自己的一些独特观点。他又感到梁氏原著以浅近文言写成，不便于今天的青年阅读，遂决定将其改写成现代汉语文体，并增加了一些相关注释，配以部分历史图片，使该书更具可读性，这无疑是一次有意义的尝试。他希望我为这部书写一篇序言，兹聊缀数语以表祝贺之意。

杨东梁

（中国人民大学清史研究所教授、博士生导师，中国人民大学图书馆前馆长，国家清史编纂委员会传记组专家。）

序 例

一、本书完全仿照西方人的传记文体，记述了李鸿章一生的主要事迹，并加以评论，使读者能够了解他这个人。

二、中国的旧式文体，大凡记载一个人的事迹，要么是用传，要么是用年谱，要么是用行状^①，这些都和记事差不多，一般不对人物加以评论或是褒贬，就算有，也只是将其附在文章的末尾。夹叙夹议的方式，实际上最早源于太史公司马迁。在他的著作《史记》里，《伯夷列传》《屈原列传》^②《货殖列传》等篇都是很典型的范例。后人缺乏对历史的洞悉和见解，不敢跟他学。本人才识有限，窃以其夹叙夹议的写作手法来创作此书。

梁启超

003

三、四十年来，中国发生的重大事件，几乎没有一件不与李鸿章有关联。所以为李鸿章作传，不可不用作近代史的方式和笔法来进行。著者对时局稍有一些见解，不敢隐讳，目的不在于前人，而是给后人看。只是遗憾时间太仓促，身边没有一本书可以作考证之用，书中记载的内容难免会有错误的地方。希望日后能有机会对相应的内容进行完善和修正。

四、关于平定江南地区太平天国运动的战事，记载湘军的事迹非常多，内

_____

① 行状，也称为"事略"。叙述死者世系、生平、生卒年月、籍贯、事迹等的文章，常由死者门生、同僚或亲友撰述，留作撰写墓志或史官提供立传的依据。历史上著名的行状有《大唐故三藏玄奘法师行状》《袁中郎行状》。

② 应为《屈原贾生列传》。

序
例

容盘根错节，牵涉较广。但实际上淮军和湘军之间的关系极其复杂，不这样记述不足以使人充分了解当时的形势，还希望读者能够理解。

五、《中东和约》《中俄密约》《辛丑条约》，都全文进行了转载。由于李鸿章许多事迹的前因后果，与这些公文的关系极为密切，所以即使令本书显得有些拖沓，也尽量把它们选录进来。

六、李鸿章在中国背负的骂名非常多，我本人与他在政治上是公敌，在生活私交上也很一般，没有太多往来，必然不是有意为他辩护。本书中之所以出现不少为他开脱罪责的言论，与社会中的评论有很不一样的地方，是因为写史必须持有一颗公平的心，不然就是一种不负责的做法。英国著名的首相格伦维尔曾经当面呵斥为他作画的一位画师："Paint as I am!"（"请画出我真实的面貌！"）告诉画师不要让其本相失真。我写的这本书，相信一定不至于被格伦维尔呵斥。李鸿章若能感知，也必当含笑于九泉之下，说："这个人是真正懂我的！"

光绪二十七年（1901 年）十一月十六日

作者自记

目　录

目 录

第一章

绪　论

天下只有平庸的人才既不会因取得的成就获得世人赞誉，也不会因犯下的过错遭受世人唾弃。如果一个人全天下的人都在骂他，那是不是就可以说他是非同寻常的奸雄？如果一个人全天下的人都在赞美他，那是不是就可以称他为千古英豪？虽然这么说，但是"天下人"中，庸常的人总是成百上千，而超乎寻常的人则是千百个人里也找不出一个。如果我们总是从常人的观点和视角来看待和评判那些超乎寻常的人，又怎么会是可信的呢？所以，被全天下赞誉的人，未必不是一个见识浅陋、胆小无能的伪君子；而被全天下唾骂的人，也未必不是一个才识出众、胆识过人的伟人。古语说"盖棺论定"，但我却发现有不少在"盖棺"了几十年，甚至几百年以后，对其功过是非的评价都没有定论的人。每个人都从自己的角度肯定一个人，或者否定一个人，说好的还是说好，说坏的还是说坏，评论者又怎么吸纳和借鉴这些

1896 年，李鸿章与英国首相兼外交大臣索尔兹伯里（左）、英国外交副大臣寇松（右）的合影

不同的观点和看法呢？如果说世间有这样一个人，称赞他的人成千上万，骂他的人也成千上万；称赞他的人将其称赞到了极点，骂他的人也将其骂到了极致。现在所被骂的，刚好和之前所被赞美的相抵消；所受的各种称赞，也足以和所受的痛骂相抵偿。如果是这样，我们怎么来评判这个人呢？回答是：这样遭尽天下人赞美和辱骂的人定非常人。先不说这个人究竟是一个不同寻常的奸雄还是一个千古英豪，就说他所处的位置和他的行为处事，就不是世间平庸之辈的眼光所能洞察的，也就更谈不上被这些平庸的人评判了。能够理解这个道理的人，才可以看我的这本《李鸿章传》。

我敬佩李鸿章的才干，惋惜李鸿章的见识和眼光，而怜悯李鸿章的人生际遇。李鸿章曾出访欧洲各国，在德国的时候，他见到了德国的前首相俾斯麦，向其行礼之后，说道："作为国家的大臣，很想为国家尽自己的一份力，但是朝廷上下的意见都与自己的看法不一致，常常受到牵制，在这种情况下还想实现自己心中的志向，应该怎么办呢？"俾斯麦回答道："主要在于得到君王的认可。得到了君王的信任以后，还有什么事情不可以做呢？"李鸿章说："假如有这样一个人，他的君王不分青红皂白，什么人的话都听，而那些位极人臣、身居要位的人和那些近伺左右的人，常常假借君王之威，操纵国家大局。如果处于这样的状况，应该怎么办呢？"俾斯麦迟疑很久之后，说道："如果作为一国的重臣，以最大的真诚心系国家安定，估计没有不被君主所理解的。只有与妇女和小孩共事的时候，才不知道会怎么样。"（注：这段对话根据西方的报纸译出。一般登载在日报、周刊上的汉语文章，因为有所忌讳，不敢翻译和摘录。）李鸿章沉默不语。当我看到报纸上的这段记载后，才明白李鸿章内心的忧愤、牢骚和抑郁，这是旁观者所不能理解的。我之所以批评李鸿章，原因正在于此；但我之所以宽恕李鸿章，原因也在于此。

自李鸿章的名字出现在这个世界以来，世界各国的人士，眼里看到的基本上只有李鸿章，而没有中国。或者用一句话概括来说，就是以李鸿章作为中国独一无二的代表人。一般来讲，若让一个国家的人去评论另一个国家的事，必然不能了解事件的真相，这其实不需要说。然而李鸿章作为中国历史近四十年来政坛上第一流的关键人物，读中国近代史的人，必然不得不提到李鸿章，读李鸿章传记的人，也必然会看中国近代史，这都是有识之士共同的看法，所以我的这一本书，就算称之为《同治、光绪以来大事记》，也是可以的。

不仅如此，凡是一个国家在当下所呈现出来的现象，必然与这个国家之前的历

史传统一脉相承。所
以过往的历史，是现
今出现的种种现象的
原因；而当下的种种，
正是历史所造就的。
就李鸿章与当今中国
来看，他们之间具有
如此深厚而密切的关
系，以致如果想要品
评李鸿章这个历史人
物，必须用极其有洞
察力的眼光，来观察
中国几千年来政权发

BISMARCK UND LI HUNG TCHANG
-Terrasse des Fürstenhauses-

李鸿章与俾斯麦

展变迁的大势、民族间胜败、兴衰背后的暗流，以及当代中国在外交方面的种种内幕，从而得以判断李鸿章这一个体在中国社会中的位置。孟子曾经说过："知人论世。"世，自然并不容易论；人，难道又容易知吗？

当今中国一般的评论家，常常把平定太平军、平定捻军叛乱看作李鸿章的功劳，以多次和他国签订和议看作李鸿章的罪过。我认为这对他的功与过的评论都不得当。当年俾斯麦还对李鸿章说过："我们欧洲人认为能抵御外族的人才算是有功绩之人，而杀戮同种族的人以保皇室之人，并不被我们欧洲人所称道。"平定太平军、平定捻军叛乱，只不过是兄与弟在自家争吵，同室操戈。如果这可以算是功绩的话，那么作为兄弟者将在忧惧中度日。如果我国人对近年来国家遭受的种种耻辱而愤慨不已，对与其他国家签订的求和谈判协定痛恨于心，并因此将所有的怨气和诅咒全都倾泻到李鸿章一个人身上，这种情况固然情有可原，然而国人要是能够换位思考，当处在乙未二三月、庚子八九月之交（1895—1900）的时候，让这些人处于李鸿章的位置上，那么他们对这些事的处理方式，果真能比李鸿章做得更好吗？由此，我们也就不要和那些嘲讽、咒骂的人一样来随意指责李鸿章，他们只不过是图一时口舌之快。而我所要论述的李鸿章对于中国社会的功过，与这些也都是有区别的。

李鸿章如今已驾鹤西去。国外的评论家们，都视李鸿章为中国社会第一人，而且认为，李的死，对于中国此后全局的发展，必然产生很大的影响。李鸿章是否真的能够称得上中国社会第一人？我不能够确定，但遍观当今社会五十岁以上的人物、三品、四品以上大员，都找不到一个能够和李鸿章相提并论的人，这一点我敢断言。李的死，对于中国社会的全局发展是否有重要影响，我不能够确定，但从现在政府失去一个李鸿章的情况来说，就如同老虎失去了充当它帮凶的伥鬼，瞎子失去了辅助他的拐杖一样，前路凶险无比，将遭遇的事情也会越来越多，这一点我也敢断言。不过我希望外国人的评论并不是真的，因为如果真是那样，像我们中国如此大的一个国家，却只有李鸿章这么一个人可以依赖，那么我们中华还有救吗？

西方哲学家有句名言："时势造英雄，而英雄也在造时势。"像李鸿章这样的人，我不能说他不是英雄；虽然这样，他却也是时势所造的英雄，而不是造时势的英雄。因时势而造就的英雄，是一般的英雄。天下如此之大，历史如此之久，在什么时候没有过时势呢？所以读完二十四史会发现，如李鸿章这样的英雄，数不胜数。但是那些在历史长河中，造出时势的英雄豪杰，则通览千年也找不到几个。这也是我们中国的历史不断循环往复，一直没有机会大放异彩，震动并闪耀世界的原因。我写作此书时，心中对此也感慨不已。

史学家评论霍光的时候，称他是"不学无术"。在我看来，李鸿章之所以无法成为非同一般的英雄豪杰，也就在于这四个字。李鸿章不了解民众的实质，不通晓当今世界发展的大势，不明白政治的根本和起源，在这竞争与发展的十九世纪，只寄希望于修残补漏，求得一时的安稳。不切实地增强和提高国民的素养和水平，以图把中国建成威名远扬的强盛之国，而仅仅是去捡一些西方社会的皮毛，热衷于模仿表面，不去深究其内在本质，并满足于这一切。还常耍一些小智谋和小伎俩，想和闻名于世的政治大国相抗争，只不过是抛弃一些大的、深远的东西，而争一些小的、不起眼的东西罢了。也不能说他不鞠躬尽瘁，但是他平庸的眼光和视野能有办法弥补吗？孟子说："放饭流歠，而问无齿决，是之谓不知务。"[①]大概说的就是这个意思。李鸿章晚年一次又一次地失败，原因都在于此。不过虽然如此，这又何至受到铺天盖地的谴责与谩骂！李鸿章这样一个人，固然不是那种制造时势的英雄豪杰，普通人降生于一个社会中，往往会受到社会几千年来的思想文化、生活习俗以及法则礼仪的束缚而不能自拔。李鸿章没有出生在欧洲社会，而是出生在中国社会；没有出生在现在，而是出生在几十年以前，先于他出生以及与他同时出生的

---

① 大口吃饭，大口喝汤，却讲求不要用牙齿啃断干肉，这叫作不识大体。

人，也没有一个能够造时势的英雄豪杰来引导他、帮助他。在那个时期和环境下孕育出来的人物，也就只能这样了，所以这也不是李鸿章一个人的过错。况且他在清廷中所遇到的障得，也使得他自己内心的志向不能完全得以实现。正因如此，我才说，我敬佩李鸿章的才干，惋惜李鸿章的见识和眼光，而怜悯李鸿章的人生际遇。但是以后还有走李鸿章老路的人吗？时势既然已经发生变化，那么英雄的标准也自然会发生变化，所以不要再用我宽恕李鸿章的理由来宽恕自己。

第二章
李鸿章的地位

中国历史与李鸿章的关系
清朝历史与李鸿章的关系

要品评李鸿章这个人，则对李鸿章所处的国家和他所处的时代，有两件不得不深入了解的事情：

一是李鸿章所处的国家乃是延续了几千年的君主专制的国家，而且还是专制政体得到改进和发展之后，专制达到一个顶点的时代；

二是李鸿章所处的国家乃是满洲人入主中华建立的国家，而且是发展融合已久，汉族人的影响力逐渐恢复的时代。

有评论者说：李鸿章是近代中国社会的权臣。我不知道这些评论者所谓的权臣是如何来界定的，如果把李鸿章拿来和汉朝的霍光、曹操，明朝的张居正，近代欧美社会以及日本的君主立宪国家的大臣相比，那么他的权力有很不一样的地方。假设李鸿章真的算是权臣，和古代中国那些蛮横专权、作威作

李鸿章

福，挟持帝王、号令天下，危及江山社稷的权臣相比，李鸿章是一个尽职尽忠，没有过多企图的人，甚至可以说是纯臣。假设李鸿章真的算是权臣，和近代各国的那些雷厉风行、大刀阔斧实行改革，操持大局、丝毫不怕责怨和猜忌的权臣相比，李鸿章是一个唯唯诺诺、因循守旧，畏首畏尾、无所成就的人，这也可以说他不过是一个庸臣而已。虽然这样说，李鸿章所处的环境，自然有与这

些权臣完全不一样的地方，我将试着和读者洞察这一切，以古今一致的标准，来对他进行评论。

中国是一个专制政体的国家，这是天下人都知道的。虽然如此，中国的专制政体，也是按照发展规律，演变和进化而来，逐渐成熟，而到当代趋于完善的。所以，那些国家的权臣手中所掌握的权力，到如今已基本消失殆尽。追溯到春秋战国的时候，鲁国的三桓、晋国的六卿、齐国的陈田，都是古代社会权臣中的典型代表。那个时候还是很纯粹的贵族政治制度，大臣对于国家来说，是层层选拔上来的人才，分枝强则主干弱，这是发展的必然趋势。到了两汉，天下统一，中央集权的政体，随之慢慢发展起来，不过由于其根基尚未稳固，所以外戚专权的祸患尤其严重。霍禹、邓骘、窦宪、梁冀这类人，在这段时间相继把持朝政，权势通天，气焰极盛，王莽也是因此而夺取了西汉的皇位，这些都还带着贵族政治的余波。如果不是出身名门的仕宦人家，则不敢对政治大权有非分之想。范晔的《后汉书》中论到的张奂、皇甫规这些人，为国家立下了大功，名声远播四海，举手投足间，则可以改变天命，然而他们却依然勤勤恳恳、尽力竭心、无怨无悔，这些都归功于儒家学说所起的作用。然而贵族把持大权的风气并未衰退，所以不是贵族的人一般不敢心怀不轨。这是权臣的第一种类型。到东汉末年董卓出现以后，群雄并起，曹操趁此时机把持政局、夺取大位，开了借助武力而成为权臣的先河。之后的司马懿、桓温、刘裕、萧衍、陈霸先、高欢、宇文泰这些人，都是循着他的轨迹行事的。这是权臣的第二种类型。还有如秦国的商鞅，汉朝的霍光、诸葛亮，宋朝的王安石，明朝的张居正等人，都出身于平民阶层，没有什么可倚仗的力量，通过自己的才能和学识赢得皇帝的青睐，并被委予政事、授予大任，从而得以施展平生抱负。他们在位时，权倾朝野，全国听令于他们，差不多已经具有了和近代立宪国家大臣类似的地位。这是权臣的第三种类型。再低一等的则是一些巧言令色、阿谀奉承、不断讨好帝王的人，这些人玩弄国家权力，使人民深受其害，如秦朝的赵高，汉朝的十常侍，唐朝的卢杞、李林甫，宋朝的蔡京、韩侂胄，明朝的刘瑾、魏忠贤，见识浅陋、气度狭小，这些都不值得一提。这是权臣的第四种类型。中国几千年社会所说的权臣，大体上说的就是以上这四种类型。

概括来说，越久远的朝代一般权臣越多，越近的朝代则权臣越少。这是什么原因呢？大概是因为权臣的多少，和专制政体的发展完善成反比。中国专制政治之所以发达，主要的原因可以说有两点：一是由于儒家学说常年的教化渗透和深入人心的影响；二是由于有雄才大略的帝王的精心谋划。孔子鉴于周朝末年的贵族纷争给社会带来的巨大弊病，便想通过确定共同的思想和礼仪来使天下安定统一，所以在各诸侯权贵争斗越来越严重的时候，确立学说、进行文化教化，以使世人明理。汉朝兴起以后，叔孙通、公孙弘这些人，将儒家学说进一步进行了规范和论证，推动其变为帝国政治意识形态，很好地树立起帝王的权威。汉武帝罢黜百家、独尊儒术，并以此来教化天下，使得君臣之间的界限变得更加明显，自此以后，权臣逐渐涌现，并招致民众骂声一片。之后的两千多年，也始终以儒家学说为民众教育的基础和核心。宋朝的贤人传承了儒学，并将其发扬光大，使得它在社会中的基础更加稳固，于是，在所有的士绅阶层和上流社会中，以儒家礼仪约束和规范自己行为的人，没有哪个不是洁身自好、彬彬有礼、小心谨慎的。儒家的伦理道德既然已经深入人心，便能够逐渐消除人们内心骄蛮纵横的习气，让人的行为符合名教礼仪的各种规范。像汉朝末年的诸葛亮、唐朝的郭子仪，以及近代的曾国藩、左宗棠，乃至李鸿章，皆是深受儒家影响和熏陶的人。在学说建立起来的基础上，又历经多代帝王，不断吸取朝代兴亡的教训、传授改进和补救中央权力危局的方法，使儒学大一统的作用和影响一天比一天强，所以传统的贵族手握重权而威胁中央的现象到了汉朝末年以后几乎彻底消失。汉光武帝、宋太祖对待手下的功臣，都是给予优厚的俸禄，剥夺其兵权。而汉高祖、明太祖对待手下的功臣，则是抓住那些怀疑有篡位夺权之心、图谋不轨的臣子，并诛灭其九族。虽然这几任帝王用的方法各不相同，但是他们削除部下权力的用心却是一致的。到了近代，天下都采用郡县来治理，世袭制度下的分封采地已不存在，于是形成各地之间，互相牵制，而天子掌握手中的大权肆意而为。不管你是位极人臣、权倾朝野多年，还是一方督抚，封疆千里，只要皇上发现你图谋不轨，然后早上下达一纸诏书，等不到晚上，你就会被解除一切官职、削除一切权势，束手就擒，和普通的百姓没有什么区别。所以身居高位而善终的人没有几个，只能以保住自身平安，守住自身名节来相互勉励，难道是因为他们的修养和性情比古人更好？其实也不过是形势使得他们变成这样。正因这两点原因，那些有野心的人才有所顾忌，不敢肆意妄为，天下也因此得以太平一些；而那些谨言慎行、洁身自好的人，常常有如临深渊、如履薄冰的警惕之心，不愿意让自己处于有争议的境况中，即使有国家大事，明知就其利害关系应当以身作则，担当重任，也不敢力排众议、违抗君命。俗话说，"做一天和尚，撞一天钟"，整个朝廷中的人，都坚守这一原则。所以，这些都由来已久，而不是一朝一夕的原因。

到了本朝（清朝），又有了一个特别大的原因。清朝原本发源于东北的一个部落，这个部落壮大、崛起以后，一飞冲天，并到最后入主中原。由人口几十万的外来民族，驾驭和管理数亿人的主体民族（汉族），从而必然产生（与汉族）你我有别的想法，这也是情势所致。自从清朝在云南、福建、广东设置三藩，任明朝降将为封疆大吏，尔后形成尾大不掉的局面，直到用尽全力进行镇压后，中央的权威才开始统一起来。所以两百多年来，只有满族的官员有权臣，而汉族的官员无权臣。比如说鳌拜、和珅、肃顺、端华这些人，基本上能和以往朝代的权臣相提并论的人，都是满族人。除去开国之初的几次以外，每次在军事上的重要行动，如平定三藩，平定准噶尔，平定青海，平定回部，平定哈萨克布鲁特敖罕、巴达克爱乌罕，平定西藏廓尔喀，平定大小金川，平定苗，平定白莲教、天理教，平定喀什噶尔，出师多次，都用的是八旗军，由亲王贝勒或者满族的大臣来统领军队。而在平日里，皇宫的内阁大臣、四方的封疆大吏，汉人都不过是备选人员罢了，基本上没有机会过问政事。像顺治、康熙年间的洪承畴，雍正、乾隆年间的张廷玉，虽然位高权重、声名显赫，实际上也不过是帝王手下的一颗棋子罢了。其余的百官，更是些微不足道的小人物。所以在咸丰以前，将相等要职，汉人从来没有一个人担任（将帅偶尔有一两个，也是汉军旗人）。等到洪秀全、杨秀清起兵造反时，赛尚阿、琦善都以大学士的身份担任钦差大臣，率领八旗精兵征讨，结果辗转延误失去战机，使得太平军乘机发展壮大，至此才知道八旗军不堪大用。正是这个时候，才开始任用汉人并委以重任。所以，金田战役，实际上可以算是满汉官员间权力开始消长的开端。等到曾国藩、胡林翼等人崛起于湖南、湖北，已经成为江南的重要力量时，（朝廷）还是命满洲旗人官文[①]以文渊阁大学士的身份担任钦差大臣。当时的朝廷虽然已经不得不倚重汉人，但又怎会很快就真心地信任这些汉人呢？曾国藩、胡林翼竭尽全力和官文搞好关系，每当有军事议折上报时，总是将官文的名字署在最前面，有功劳的时候归到官文身上。捷报的奏折，也要等官文过目后才发。这种谦让固然可敬，但在背后所深藏的苦心也十足可悲。试着翻看一下《曾

第二章　李鸿章的地位

---

① 官文（1798—1871）又名儁，王佳氏，字秀峰，又字樸伯，满洲正白旗人，道光初由拜堂阿补蓝翎侍卫，擢荆州将军、湖广总督。咸丰十年（1860年）拜文渊阁大学士。同治三年（1864年），升入满洲正白旗，封一等果威伯，后历直隶总督、内大臣。

文正集》会发现，自从战场大捷，收复南京以后，曾国藩每天都战战兢兢，如芒在背。曾国藩这样一个在学识功底和为人修养方面都面面俱到的人，尚且如此，更何况在很多方面还不如曾国藩自信的李鸿章了。所以我说，李鸿章的地位，与两汉的霍光、曹操，明朝的张居正，以及近代欧洲各国和日本所谓的君主立宪国家的大臣相比，有完全不同的地方，也是时势所导致的。

　　说到李鸿章的地位，还不能不了解中国的官制。李鸿章历任大学士、北洋大臣、总理衙门大臣、商务大臣、江苏巡抚、湖广总督、两江总督、两广总督、直隶总督等官职。从表面上来看，也可以称得上位极人臣了。但是，清朝自雍正年间以来，政府的实权，都掌控在军机大臣手里（自同治以后，总督、巡抚的权力虽然越来越大，但也要按具体情况来看，不可一概而论），所以一个国家在政治上的功过，军机大臣应当承担大部分的责任。虽然李鸿章在担任总督、巡抚的时候，具有一定的实权，和一般总督、巡抚存在不一样的地方，但是要把国家近四十年以来在政治策略上的失败完全归在李鸿章一个人身上，自然也不对，有很多事并不该由他来承担。试列举自"同治中兴"以来，比较有实力的军机大臣如下：

　　第一，文祥、沈桂芬时代　同治初年
　　第二，李鸿藻、翁同龢时代　同治末年及光绪初年
　　第三，孙毓汶、徐用仪时代　光绪十年至光绪二十一年（1884—1895）
　　第四，李鸿藻、翁同龢时代　光绪二十一年至光绪二十四年（1895—1898）
　　第五，刚毅、荣禄时代　光绪二十四年至今（1898—1901）

　　[按语：从这张表中，也可以看出满汉之间权力此消彼长的迹象。在太平天国、捻军造反之前，汉人中没有真正能执掌大权的人，文文忠（文祥，谥号文忠）提拔了沈文定（沈桂芬），实为汉人执掌政治大权的开端。在此后李文正（李鸿藻）、翁师傅（翁同龢）、孙毓汶、徐用仪两位兵部尚书相继掌权，且不说这些人贤能与否，大体上到了同治年间以后，不仅封疆大吏汉人占了一半以上，就连京畿要地，汉人的势力也大增。但到了戊戌年八月以后，形势又发生了变化，这里面的种种情节，说来话长，因与本书的主旨无关，不再具体展开论述。]

　　由此看来，便可知与李鸿章共事几十年的都是些什么人。虽然这些人是否

贤能，是否具有才干，不好展开细说，但是大体上可以讲都并非和李鸿章同心同力，有共同思想见识、共同理念和信仰的人。所以李鸿章对德国首相俾斯麦讲的那些话，确实是有道理的！更何况还存在一些唯唯诺诺的军机大臣，他们只会溜须拍马，依圣旨行事。正因如此，我才会对李鸿章产生同情心理。我这么说并不是有意袒护李鸿章，为他推脱责任。即使李鸿章真的能掌有实权，可尽情施展其心中抱负，我认为他所达到的成就也绝不会超过其现在。为什么呢？因为李鸿章本来就是个没有学识的人。假如李鸿章真的是个豪杰，那么凭借着他所处的地位，怎么会不能继续增强力量，广泛培植自己的势力以期将他的政策推行天下呢？像格莱斯顿①、俾斯麦这些人，难道他们的成功都没有遇到什么阻力吗？所以我也很难为李鸿章辩护。把中国政治策略上的失败完全归咎于李鸿章一人，对李鸿章自然没有什么可怜悯的，只不过那些执掌实权误国的机要大臣却因此找到理由推脱其罪责，而我四万万同胞中那些放弃了国民责任的人，也将因此无法清楚自己身上的罪责。这就是我看到李鸿章的地位与处境以后，不得不反复为他加以辩护的原因。至于他有什么样的功绩、什么样的罪责以及他究竟是怎样的一个人物，我将在后面展开详细论述。

第二章 李鸿章的地位

---

　　① 威廉·尤尔特·格莱斯顿（1809—1898），英国政治家，曾经作为自由党人四次出任英国首相（1868—1874、1880—1885、1886年以及1892—1894）。

第三章
李鸿章未腾达以前及当时中国的形势

李鸿章，字渐甫，号少荃，安徽庐州府合肥县人。父亲名进文[1]，母亲沈氏，生有儿子四人。长子李瀚章[2]，官至两广总督；三子李鹤章[3]、四子李昭庆[4]，都投身军旅并立有战功。李鸿章排行老二，生于道光三年癸未（1823 年）正月初五，小时候在一家普通的私塾里读书，为参加科举考试做准备，到二十五岁时中进士，于道光二十七年（1847 年）入翰林院，那一年是丁未年。

李鸿章刚出生的时候，正好是法国大革命风波平息的时候，绝世英雄拿破仑被流放后死于囚禁他的荒凉孤岛上。西欧大陆上的局势也已经平定下来，各个国家间不再互相侵略，而专心养精蓄锐、休养生息，以便将战略目标转移到东方。于是几千年来维持大一统局面的中国，便逐渐遇到越来越多的麻烦事。伊犁划界条约被在北方的俄国人单方面撕毁；而在南方，英国人开始挑起鸦片战争。整个世界进入多事之秋，而此时也正是国家急需有识之士的时候。加上瓦特新发明的蒸汽机的原理得到广泛使用，大型军舰、轮船等得以乘风破浪开往远方，世界各国间的距离仿佛被大大缩短，天涯之远的国度也变得近在咫尺。苏伊士运河开凿成功，进一步拉近了东西方的距离。西方势力逐渐进入东方，

---

① 应为李文安（1801—1855），又名文玕，道光十八年（1838 年）三甲进士，任刑部主事，历官员外郎、督捕司郎中，记名御史。李文安与曾国藩同年登科，并令其子李瀚章、李鸿章拜曾国藩为师。他是其家族内有家谱记载的前几代人中唯一的进士。

② 李瀚章 (1821—1899)，字筱泉，曾官刑部郎中，1889 年至 1895 年任两广总督。

③ 李鹤章 (1825—1880)，字季荃，一字仙侪，号浮槎山人。初从父、兄治本籍团练。1861 年，授知县。1862 年从李鸿章在江苏进击太平军。次年，他领兵由常熟向江阴进军，授知府。1864 年授甘肃甘凉兵备道。后病归，遂不出。其子李经羲，官至云贵总督。

④ 李昭庆 (1833—1873)，字幼泉。初入曾国藩湘军、李鸿章淮军，驻防无为、庐江。1862 年随淮军去上海、江浙一带。1865 年统武毅、忠朴等军，从曾国藩镇压捻军。官至记名盐运使，赠太常寺卿。

李鸿章故居

这股力量迅速席卷而来、奔腾澎湃，如同狂飙，又如惊涛骇浪，呼啸着、汹涌着，冲击并侵蚀着海边的岩崖，天地日月为之变色，东方各国无法遏止，也难以抵抗。可以说自李鸿章出生以来，就正好是中国与世界开始发生种种联系的时代，也是中国与世界列强间的交涉最为艰难的时代。

　　再看看中国国内的情况，则是自乾隆皇帝以后，盛极而衰，百姓穷苦不堪，官员骄横放纵，疆域内的麻烦事越来越多。于是到乾隆六十年（1795 年），便发生了湖南、贵州红苗叛乱。嘉庆元年（1796 年），白莲教造反，蔓延到全国五个省，历时九年。嘉庆九年（1804 年）消耗了二亿两白银的军费，才勉强将其形势控制住。与此同时，海盗蔡牵等人，以越南作为老巢，不断出海侵扰两广、福建、浙江等地，大肆烧杀劫掠，沿海民众受尽煎熬，到了嘉庆十五年（1810年）才被平定。紧接着，又有天理教李文成、林清等起来作乱，惊扰了山东、直隶两省。同时，陕西则传来劫匪作乱①的警报。到了道光年间，又爆发回疆的张格尔叛乱，边境陷入混乱，人心惶惶，直到朝廷派重兵前去征讨，用了七年

---

　　① 嘉庆十八年（1813 年）年底，陕西岐山县，一位原以制造木箱为生的工匠万行五带头作乱，即"箱贼之乱"。

时间才将其平定。这些事件之所以连续发生，是因为在嘉庆道光年间，国力日渐衰退，民心的躁动达到了顶点，然而满朝上下到处都是醉生梦死的人，依旧文恬武嬉，一片歌舞升平。下层民众对自己处于水深火热之中的生活，没有办法申诉，这种状况不禁让当时的有识之士感到担忧。

中国几千年的历史，实际上是一部流血的历史。所谓的人才，也是杀人的人才。综观古今历史中的大事，会发现乱世出英雄，而和平年代则少有英雄。时势发展到嘉庆道光年间这种地步，于是到了道光、咸丰末年，那些所谓的英雄们，都开始磨刀霍霍、跃跃欲试，等待着改朝换代的时机来临。大概是由于中国自建立国家以来，从来就没有普通民众参与国家政事的先例，当百姓被官吏欺压、威逼后，又对这些暴政没有可申诉的途径时，所采取的反抗手段只有两种：轻的则是罢市，重的则是起兵造反，这也是情急之下无可奈何的举动。而且，改姓换天命、改朝换代，都被大家看作很平常的事，胜者为王败者为寇的观念深入人心。汉高祖刘邦、明太祖朱元璋，都是地痞流氓出身，今天还是一个盗贼，明天就摇身一变，成了神圣的帝王，厉害的人就被尊崇，没有其他道理可讲。正是有了这样的风气，这样的心理，所以历朝历代平民揭竿而起的事情在史书中比比皆是。在这些暴乱和起义间，往往会有几百年的太平时光，而这也不过是在经历了前面的战乱、杀戮之后，人们对战争感到厌倦，加上人口锐减，谋生较易，或是帝王统治有方，通过小恩小惠笼络民心，获得了威望，缝缝补补，取得一时的安定罢了。实际上，在整个国家里，动乱的隐患从来就没有彻底地消失，只要稍有一些机会，这些隐患就会再次生根发芽、卷土重来。所以说，几千年以来的中国历史，实际上充满了血腥，肝脑涂地，涂抹其间，这一点没有什么可避讳的。清朝从关外兴起，入主中华，在我国国民长期以来的自尊自大、蔑视外族的心理下，内心自然会存在一丝不满。所以自明朝灭亡以后，明朝的遗老遗少们在私下结成的以恢复明朝为目的的秘密党会，两百多年来，从未消失过，一直蔓延在十八个行省之内，到处都是。之前虽然多次煽动造反，但是由于英明的帝王相继出现，所以都没有成功。

李鸿章

不过情绪郁积久了，也必然会爆发出来。等到道光、咸丰两朝以后，官吏越发变得庸碌、顽劣，没有什么可害怕的，这种现象已越来越明显。加上错误的政策众多，国耻一个接一个，于是怀有民族热情的忠义之士便想要清扫雾霾以破旧立新；狡诈奸猾之人则想趁火打劫，心存非分之想，这大概也就是所谓的"形势使然"吧！于是一代英雄洪秀全、杨秀清、李秀成等人，也因此而崛起；曾国藩、左宗棠、李鸿章等，也因此而崛起。

李鸿章最开始时作为优贡生①而客居北京，因他的文学才能受到曾国藩的赏识。于是拜曾国藩为师，日夜跟随，学习儒家义理以及经世致用的学问，其一生的学养，实际上都是来源于这时的积累。后来李鸿章又进入翰林院，但不到三年，金田之乱爆发了。洪秀全以一普通民众的身份在广西揭竿而起，仅仅用了两年多的时间，就席卷、蹂躏了大半个中国。东南地区的重要城市，相继陷落，所到之处，土崩瓦解，让人们产生了极度的恐慌和不安。当时李鸿章正在他的老家安徽，为安徽巡抚福济和工部左侍郎吕贤基参赞军务。那时庐州已经陷落，敌军分兵驻扎在附近地区，形成掎角之势，福济一心想要收复庐州，却无奈实现不了。于是李鸿章建议先攻取含山、巢县，从而切断敌人的援兵。福济便授予李鸿章兵权指挥军队，很快就连续攻下了这两个县，李鸿章通晓军事的名声便流传开来，这时正是咸丰四年（1854 年）十二月。

等到洪秀全攻下武昌的时候，时任礼部侍郎的曾国藩正在家服丧，李鸿章奉旨帮办团练，其慷慨激昂，练就一支精兵，以解救国家危难为己任，湘军由此兴起。湘军，乃是淮军的母体。那时的八旗、绿营②这些旧军队，都懒惰颓废、胆小怯懦，不堪大用；他们的将领都是些庸碌无能、尸位素餐的人，不能尽忠职守。曾国藩深刻洞察大局，认识到想要改变军队现状，如果不是将其根除重建，必然不能产生效果。所以他广泛招揽人才，统筹全局，坚忍刻苦，百折不挠。清朝军队战斗力恢复的时机，实际上正是开始于这个时候。

洪秀全占据金陵以后，逐渐变得骄横放纵，不断内斗，自相残杀，腐败到了极点。假如当时有得力的将领和军队，全力出击，那么太平天国转瞬间就可

---

① 清制，每三年各省学政于府、州、县在学生员中选拔文行俱优者，与督抚会考核定数名，贡入京师国子监，称为优贡生。经朝考合格后可任职。与岁贡、恩贡、拔贡、副贡合称"五贡"。

② 绿（lù）营，清朝常备兵之一。顺治初年，清廷将收编的明军及其他汉兵，参照明军旧制，以营为基本单位进行组建，以绿旗为标志，称为绿营。绿营完全由汉人组成，编为标、协、营及汛。在清代前期，尤其是在康熙初平定三藩之乱及在乾隆中叶以前的历次战争中，绿营都曾起到重要作用。

以剿平。但是官兵的骄横和腐败，比太平军还严重。咸丰六年（1856年），向荣指挥的金陵大营被击溃，咸丰十年（1860年），钦差大臣和春、江南提督张国梁指挥的金陵大营再次被击溃，导致江苏、浙江相继沦陷。一时间，敌军的士气与咸丰初年相比，更为高涨。加上咸丰七年（1857年）以来，清朝与英国间开始发生战争，当张国梁、和春阵亡之时，正好是英法联军攻入北京，火烧圆明园之日。天时人事，种种不顺交相进逼，到了这个时候，大清十代祖宗传下来的基业，已经消耗殆尽。

李鸿章恩师曾国藩像

曾国藩虽然统管军队十年，然而所负责的仅仅是两湖、江皖一带的事。这固然和曾国藩深谋远虑、慎重行事，不追求急效，采取脚踏实地、稳步前进的策略有关；也和朝廷委任不专，事权不统一，从而使得他不能尽情施展心中之志有关。所以，当军队迁徙转战于湖南、湖北、江苏、安徽等省时，在其间因地方官员所牵制而延误战机的，不止一次两次，使得他很长时间内始终不能建功立业。等到金陵大营再次溃败的时候，朝廷才意识到，除了湘军之外，已没有其他可以依靠的力量了。于是在咸丰十年（1860年）四月，任命曾国藩代理两江总督，很快，又授予他实权，并封他为钦差大臣，督办江南地区的军事事务。到这时，兵权和财权，才集于曾国藩一身，他才得以与左宗棠、李鸿章等人合力进击苏州、安徽、江苏、浙江一带，也在这个时候，大局才开始有了转机。

李鸿章在安徽巡抚福济手下做幕僚的时候，福济曾上书推荐他做道员①，然而由于遭到郑魁士阻碍，最后没有被成功举荐。当时，还谣言四起，诽谤他的言论到处都是，使得李鸿章几乎都不能再在乡里立足。后来虽然被授予福建延邵建的贵缺道，却基本上只拥有虚名，而无实职。到了咸丰八年（1858年），曾国藩率军转战到建昌，李鸿章便前去拜谒，随后就留在曾的手下做幕僚。咸丰九年（1859年）五月，曾国藩派调在抚州的湘军旧部四营，又新招募了五营，让其弟曾国荃做统帅，开赴景德镇协助围剿，而李鸿章作为参谋也跟随一同前

---

① 道员（又称道台），清代官名，是省（巡抚、总督）与府（知府）之间的地方长官。清初的道员官阶不定，乾隆十八年（1753年），道员一律定为正四品。清代各省设道员，或有专责，或作为布、按副使。

往。肃清了江西的太平军以后，李鸿章又在曾国藩的大营里待了两年多时间。咸丰十年（1860年），曾国藩担任两江总督，商议建立淮阳水师，奏请增补李鸿章为江北司道，没有获得批准；又举荐李鸿章为两淮盐运使，奏折送到北京时，恰好赶上文宗北逃至承德避难，便被搁置下来，不了了之。这时李鸿章已经三十八岁，还怀才不遇，内心抑郁万分，只有拍腿感叹岁月蹉跎，半生已过，自认命运不济，不敢奢谈功名利禄。唉！这是老天有意要磨砺李鸿章吗？还是老天想要恩赐李鸿章呢？让他困顿不堪、颠沛流离的这十几年，练就了他的气度，增长了他的才干，为他日后担当大任做好了准备。而跟随曾国藩的军队做的几年参谋，又像是李鸿章进入了一所锻炼能力的实践学校，所获得的经历让其终身受用。

第三章　李鸿章未腾达以前及当时中国的形势

① 咸丰皇帝爱新觉罗氏·奕詝，庙号清文宗。咸丰十年（1860年），英法联军在通州八里桥击败清军后，进攻北京，圆明园、清漪园等处被焚掠。咸丰帝自圆明园向北仓皇逃亡热河（今承德市）。

第四章
军事家李鸿章（上）

秦朝末年之乱，天下局势纷杂，各路豪杰并起，但等到项羽确立霸权后，韩信才出现；汉朝末年之乱，天下局势纷杂，各路豪杰并起，但等到曹操确立霸权后，诸葛亮才出现。自古以来杰出的伟人，他们的一举一动、进退升降之间，都仿佛有老天掌控着，必要等到时机成熟以后，才让他们如弓满箭发一样，成就一番事业，似乎没有天助他们，似乎又有天助他们。谢灵运曾说：

太平天国玉玺

"各位虽然升天①在灵运之前，但成佛必在灵运之后。"我看清朝中兴的诸位大臣，论声名显赫，李鸿章是最晚的；而所成声望之高、主持国政之久，也以李鸿章最为突出。成就事业的机遇满天下，时势造英雄，而李鸿章可以称得上时代所造就的骄子。

在咸丰六、七年（1856 年、1857 年）之际，太平天国运动声势高涨，达到了极点。而官兵衰败越来越严重，朝廷在战前的决策变得摇摆不定，各军队的将帅间，相互猜忌倾轧，加上军需不足，国库空虚，户部一筹莫展，只有依

---

① 佛学用语，即生于天界。佛教谓行十善者死后转生天道。印度自古即有生天的思想，认为现世积善业、福德，死后即能生于天界乐土。据《梨俱吠陀》的说法，人死则肉体趋于毁灭，但灵魂不灭。死者的灵魂前往死王阎摩（Yama）支配的天界乐土。《正法念处经·观天品》："一切愚痴凡夫，贪著欲乐，为爱所缚，为求生天，而修梵行，欲受天乐。"《法苑珠林》卷三一引《杂宝藏经》："我闻石室比丘尼，若能信心出家，一日必得生天。"

靠各省自己筹集的粮饷和物品，拼拼凑凑，才得以缓解一时之急。在这个时候，即使有赤胆忠臣和英雄豪杰，也难以迅速立下大功，这是显然的。于是有人提出了万不得已的策略，即雇用欧美军来帮助剿灭太平军。

先是洪秀全、杨秀清在占领南京以后，向四方攻打，民众饱受其苦，全国十八个行省，找不到一块安宁的土地。但历经十年的时间，仍然不能平定洪杨之乱，北京政府的腐败无能，已经完全暴露在人们面前。所以，在这样的形势下，英国的领事人员和在上海的英国富商们，不但不把洪秀全视为兴兵造反的乱贼，还将其视为与欧洲各国倡导民权的革命党人类似的人物，以文明友善的方式来与之交往，还不时供给他一些武器、弹药和粮草。之后洪秀全骄奢到了极致，太平天国内部自相残杀，内政荒废，一天比一天严重。欧美列国的有识之士，在审视他的举动之后，才知道他所谓的"太平天国"，所谓的"四海皆兄弟"，所谓的"平和博爱"，以及所谓的"平等自由"，都不过是为造反而对外打出的幌子，深入查考真相才发现，他与中国古代历史上出现的那些流寇，没有任何区别。因而果断认定他成不了什么大气候。于是英、法、美等国，全部一改他们原来的策略，想为北京政府提供兵力，帮助清朝剿灭太平天国的叛乱。正式向清政府提出助剿的想法，实际上已是咸丰十年（1860年）的事了。而俄罗斯也想派遣一支海军小型舰队，运载若干兵力，沿着长江而上以帮助清政府剿灭太平军，俄罗斯的公使伊格那还通过与恭亲王奕䜣面谈的方式表达了他们的想法。

[按语：欧美各国，那时刚刚与中国通商，他们必然不希望中国处于战乱当中。所以当两军相持、战事多年不决的时候，他们必然想要站出来提供一些帮助，以求尽快平定局面。而清政府的腐败无能，早已让西方人感到厌恶与心忧，在这种情况下，他们对太平天国革命军所寄予的希望便相应增加，也是情理之中的事。对当时的欧美各国来说，帮助清军一方则清军胜，帮助太平军一方则太平军胜，形势微妙，胜败只在一线间。要是洪秀全真的有雄才大略、远见卓识，对内能整顿弊政，对外通晓外交策略，迅速与西方各国签订通商条约，假借各国的力量来平定中原，那么天下大势究竟如何着实难料。可惜无能的他并没有领悟这个道理，先是在内腐败，然后对外搞砸外交，树立新敌，最终被外国人挫败，

这样的命运对他来说不是很正常吗？而李文忠①等人的名望和功业，正是在这时建立的。]

当时英法联军刚刚攻破北京，咸丰帝远在承德，虽然和议已经签订，但是相互猜忌的心理却仍然很重。所以恭亲王奕䜣对于英法等国提出的借兵助剿这件事，不敢一个人做决定，于是一边向身在热河行宫的咸丰帝请示，一边询问江南、江北钦差大臣曾国藩、袁甲三，以及江苏巡抚薛焕、浙江巡抚王有龄等人，让他们说说意见和看法。当时极力反对这个主意，认为此举有百害而无一利的人，只有江北钦差大臣袁甲三（袁世凯之父）②。江苏巡抚薛焕虽然也认为雇佣欧美的军队不可行，但他还是建议雇佣印度兵，用来防卫上海及附近地区，并提请任命美国军官华尔、白齐文为队长。曾国藩当时回复的奏折，意见也大致与此相似，说中国处在极度困境之下的时候，外国友人好意提出帮助，不应该直接拒绝，所以应当一方面用一番好话来回复他们助剿的热切心理，但在他们出兵的日期上尽量延缓，另一方面利用外国的军官，从而起到剿灭反贼的实际效果。于是朝廷依照这些建议，谢绝了外国出兵助剿的提议，而命曾国藩聘请外国军官来训练新兵。这其实就是"常胜军"的起点，而李鸿章的功勋和名望初起，与这件事有很大的关系。

华尔，美国纽约人，毕业于美国陆军学校，担任将官时因为犯了轻微罪行而离开美国，潜逃藏匿在上海，咸丰十年（1860年）的时候，洪秀全的军队进攻、蹂躏了江苏，苏州、常州相继陷落。上海候补道杨坊，认为华尔是个性情沉毅、富有才干的人，便将其推荐给布政使吴煦。吴煦向美国领事馆提出申请，赦免了他过往的罪行，让他招募十几个愿意从军的西方人，又加上几百名中国志愿者，让他带兵训练这些人，以保卫苏州、上海一带。之后，这支部队多次与太平军交

华 尔

① 即李鸿章，其谥号"文忠"。

② 袁甲三（1806—1863），字午桥，谥号"端敏"，袁耀东次子，是项城袁氏家族中第一位以科举功名（进士）入仕的人，也是第一位官居一品的朝廷大员，最高官职是漕运总督兼江南河道总督，提督八省军门。为袁世凯叔祖。因此，作者称其为袁世凯父亲有误。

战，常常能够以少胜多，所向披靡，所以清军、太平军都称他这支部队为"常胜军"。常胜军的建立，实际上是在李鸿章还没到上海之前。

现在要讲述李鸿章所立下的战功，那就得要先来说说李鸿章立下战功所在地的概况与形势。

江苏、浙江两个省，历来是中国缴纳赋税的核心省份，甚至可以说没有江浙两省就没有天下。所以要说必争的兵家战略要地，没有哪里能比得过武汉；要说必争粮饷财源地，则没有哪里比得过苏州、杭州，对军事策略稍有了解的人都懂得这个道理。洪秀全由于看到最近各地的清政府官兵的士气极为高涨，不再像之前那样可以轻视，加上安庆也被清政府的官兵收复［咸丰十一年（1861年）辛酉八月被曾国荃所收复］，南京逐渐陷入孤立无援的地步，于是派遣将领李秀成、李世贤等分兵侵扰江浙一带，以便牵制官兵的军力。李秀成的军队极具锋芒，很快萧山、绍兴、宁波、诸暨、杭州等地接连被攻陷，浙江巡抚王有龄战死。江苏的各地城市也基本上被李秀成的军队侵入或攻陷，避难的民众都涌到了上海。

安庆收复以后，湘军的声望变得越来越高。当时的中央朝廷重臣和地方封疆大吏，与曾国藩不和的，不是死了就是被撤职，因而征剿太平军的重任就完全落到了曾国藩一个人身上。皇上多次下诏敦促曾国藩，让他带兵东进，收复苏州、常州、杭州等陷落在太平军手中的郡县，五天之内连下四道圣旨，口气非常严厉。曾国藩于是上奏推荐左宗棠前往浙江主管军务。此后不久，江苏绅士钱鼎等人就在十月乘坐轮船沿江而上到达安庆，拜见曾国藩，苦苦哀求他派遣部队前往江苏支援，说吴中地区有三大可乘之机，难以久守：一是当地团练，二是洋枪和火轮船，三是埋伏在其中的内应；还有三座城池，虽然仍未陷落，但是也难以守住太久：一是镇江，二是湖州，三是上海。曾国藩见他们言辞恳切，心生怜悯。当时军队粮饷不足，兵力也不足，左宗棠的湘军也没有可抽出的兵力，于是曾国藩就与李鸿章商议，准备来年二月出兵支援江苏。

咸丰十一年（1861年）十一月，朝廷下旨，向曾国藩咨询支援江苏部队的统帅人选，曾国藩推荐了李鸿章，并向朝廷请求酌情调拨几千兵力，赶往长江下游，以帮助支援剿敌。于是李鸿章回到庐州老家，在那里招募"淮勇"，等到了安庆以后，曾国藩为他确立了营规军纪。武器军械的配备，报酬粮饷的数量，全都照搬"湘勇"[1]的

第四章　军事家李鸿章（上）

---

① 即湘军，中国近代第一支家族私人武装。为镇压太平天国，由创始家族长沙曾国藩、曾国荃兄弟、曾国藩姻亲罗泽南家族、新宁江忠源家族等合并各自统领的乡勇而成。

李鸿章招募的淮军

章程，也用湘军的营规军纪采来对他们加以训练。

　　之前，淮南多次被太平军、捻军所进攻和侵犯，当地民众深受困扰。只有合肥县的志士张树声、张树珊兄弟和周盛波、周盛传兄弟及潘鼎新、刘铭传①等人，自咸丰初年开始就训练民团来保卫家乡，构筑堡垒来防备流寇入侵，所以安徽全省几乎都遭受了战乱和侵扰，只有合肥能够保全自己的土地。李鸿章最开始招募淮军的时候，就是在乡里的这些旧团练武装组织的基础上加以严格训练，"二张""二周"、潘、刘等人全都追随了他。有个叫程学启②的安徽人，之前是曾国荃的部下，官职做到参将，此人智勇绝伦、出类拔萃，曾国藩特意将他挑选出来，让其跟随李鸿章。在后来的战役中，此人勇猛善战，闻名一时。此外，在淮军最初建立的时候，曾国藩不仅调拨了几个营的兵力作补充，还特意从湘军将领中挑选出一名优秀将领作为淮军统帅，成为李鸿章的部下，并接受李鸿

---

　　① 刘铭传（1836—1896），字省三，自号大潜山人，安徽合肥人。因排行第六、脸上有麻点，人称刘六麻子。中国清朝末期淮军重要将领，洋务派骨干，台湾省首任巡抚。

　　早年曾参与镇压太平军、捻军，后来督办台湾军务，率军击败法国舰队的进犯，且编练新军，从事建设铁路等一系列洋务改革，为台湾的现代化奠定了深远的基础。被誉为台湾近代化之父。于光绪二十二年（1896年）一月十二日在六安刘新圩病逝。赠太子太保，谥壮肃。生前著述有《刘壮肃公奏议》及《大潜山房诗稿》。

　　② 程学启（1829—1864），清末淮军将领。字方忠，安徽桐城人。原为太平天国英王陈玉成部属，守安庆，1860年，曾国荃围安庆，不久后投降湘军，从曾国荃破安庆。1862年，入淮军，随李鸿章至上海，下苏州等地，官至南赣镇总兵，攻嘉兴时中弹负重伤，死于苏州。

章的指挥，这人就是郭松林。这样，淮军的著名将领，算起来就有程学启、郭松林、刘铭传、潘鼎新、"二张"（张树声、张树珊）、"二周"（周盛波、周盛传）了。

同治元年（1862年）二月，淮军正式成立，共有八千人。准备沿江而下，从太平军的营垒附近冲过去，从而支援镇江，但还没有最终决定。二月二十八日，上海的官僚、士绅等筹集了白银十八万两，雇用了七艘轮船，开赴安庆迎接淮军，于是才决定将军队分三批载到上海。三月三十日，李鸿章的淮军全部抵达上海，随后圣旨下来，让李鸿章暂时代理江苏巡抚一职，让薛焕为通商大臣，专门负责处理外交事务（薛焕，原江苏巡抚）。

在这个时候，常胜军的军制尚没有完备。华尔以一位外籍将领的身份，统率五百人，守备松江。同治元年（1862年）正月，太平军率上万人进犯松江，将华尔的部队里里外外围了几十圈，华尔率军奋力一战，顺利突出重围。等到李鸿章到达上海的时候，华尔被划归李鸿章指挥，又招募了更多强壮勇猛的中国人加入军队，让华尔加以训练，而且他属下士兵的待遇，比湘军、淮军等都要好。从此以后，常胜军在平定太平军的过程中所起的作用，开始得到更大的发挥。

松江府，位于江苏和浙江两省交界的地方，是当地武官提督的驻扎所在地，是江苏省的交通要道。太平军围攻得非常厉害，于是李鸿章让常胜军和英国、法国守军合兵在一起（当时有若干的英国、法国守备军，专门驻扎在上海，防卫英国和法国租界），攻打松江府南边的金山卫和奉贤县，淮军程学启、刘铭传、郭松林、潘鼎新等将领，攻打松江东南边的南汇县。太平军殊死拼杀，英法两国军队招架不住后撤退，于是嘉定县又陷落。太平军欲乘胜进逼上海，而程学启在其进军途中主动进攻，大败太平军。南汇县的敌军将领吴建瀛、刘玉林等人开城投降。此时，川沙厅（在吴淞口南岸）太平军上万人又来进犯，刘铭传率军坚守南汇，大败太平军，紧接着又收复了川沙厅。然而太平军的势头仍然强劲不已，又派出一支部队包围松江青浦，派出另一支部队驻扎在广福塘桥，集中主力在泗滨，对新桥虎视眈眈。五月，程学启率领孤军驻扎在新桥，抵挡太平军大军的进攻，连续数天被包围，情况十分紧急。李鸿章闻讯后，亲自带领军队前往救援，但和太平军在徐家汇相遇，经过激烈的厮杀，拼尽全力之后击溃了太平军。程学启在军营当中看见李鸿章的帅旗后，立即出营配合李鸿章军队夹击敌人，终于取得大捷，歼灭太平军三千多人，俘虏四百多人，投降的则有一千多人。驻扎在松江府郊区的太平军听说自己军队战败的消息后，都受到极大震动，于是慌忙集体向北逃跑，新桥之围才得以解开，上海戒严的形势才得到好转。

淮军部队刚到上海的时候，西方人看到他们的穿戴非常破旧，私底下都取笑他们。李鸿章不慌不忙地对其身边的人说："军队的强弱，难道是由军服的好坏决定的？等到你们见到我属下大将的水平后，自然就会有定论了。"等到欧美人见到淮军将领的勇敢，军纪的严明，没有一个不改变态度、肃然起敬的，而在淮军管理下的常胜军，也开始很顺从地服从于李鸿章的指挥。

那时，曾国藩已经接受了独自征讨太平军的重任，肩上的责任很重，没有人可以替他分担，也没有人可以牵制他。于是他派李鸿章负责平定江苏，左宗棠负责平定浙江，曾国荃负责平定南京。南京，是太平天国的根据地，而南京与江浙两省相互庇护，才形成了太平天国强大的势力。所以若不扫清江苏的太平军，则南京不可能被包围，而如果不包围太平军的老巢南京，则扫清江苏的敌人也是不可能实现的。所以就在淮军前往上海的时候，曾国荃和杨载福（后改名为杨岳斌）、彭玉麟等，计划以水陆并进，击破长江南北两岸的太平军堡垒。四月，曾国荃从太平府①出发，顺着长江而下，拿下金柱关，夺取东梁山营寨，进一步攻克秣陵关、三汊河、江心洲、蒲包洲等军事要塞。五月，他便率

李秀成

军进驻南京城外的雨花台。实际上他的这些战功得力于李鸿章解除了松江之围。所以，说起这次战役的战绩时大家清楚，湘军之所以能够攻下南京，消灭大量敌军，并不是曾国荃一个人的功劳，实际得益于李鸿章等人消灭了其他的一些势力，断绝他们的粮饷和支援部队，让这些军队形成了孤立的局面，这样一来，太平军的主力才不得不坐以待毙。而淮军之所以能够平定江南，立下大功，也不是李鸿章一个人的功劳，实际得益于曾国荃等人直捣太平天国的巢穴，使他们的精兵强将产生了后顾之忧，战斗的锐气受到了挫败。苏东坡词曾有言："江山如画，一时多少豪杰。"

────────

① 太平府是明、清两代的一个府，位于长江下游南岸，辖区大致相当于今日安徽省的马鞍山市及芜湖市辖境。元至正十五年（1355年）四月丁巳，朱元璋改太平路为太平府。太平府在明代属于南直隶，清代属于安徽省。1912年，撤废太平府。

同治元年（1862 年）、同治二年（1863 年）期间，中国呈现出了豪杰并起的局面。

李秀成，这位李鸿章的劲敌，乃是太平军将领后起之秀中最为优秀的。洪秀全开始起兵造反的时候，他队伍中的杰出将领是东王杨秀清①、南王冯云山②、西王萧朝贵③、北王韦昌辉④、翼王石达开⑤，当时人称为"五王"。后来，冯云山、萧朝贵战死于湖南；杨秀清、韦昌辉在南京争权夺利，互相残杀；石达开则胸怀远大志向，不满足于现状，独树一帜，转战湖南、江西、广西、贵州、四川等省，我行我素，自此，从前的"五王"也就不复存在。咸丰四年（1854 年）、咸丰五年（1855 年）之间，是政府军队最萎靡不振的时候，也是太平天国的士气最为低落的时候。李秀成出身于普通士兵，地位低下，当太平天国定都南京，割据一方时，他也不过是杨秀清军中的一个服役的小侍卫。但是他非常聪慧机敏，擅长谋略，胆识过人。所以在太平天国晚期，他得以扬起太平天国的余力，翻江倒海，掀起一阵巨浪，使政府官兵疲于应对，使得太平天国运动推迟六七年的时间才被平定，这全是由于李秀成和陈玉成二人的力量所致。陈玉成驰骋于长江上游地区，在河南、安徽、湖南、湖北掀起一阵飓风，李秀成则出没于

031

---

① 杨秀清（1823—1856），原名杨嗣龙，祖籍广东嘉应州，出生在广西桂平市紫荆山平隘新村。1846 年加入拜上帝会，1851 年参与发动金田起义，同年 12 月被天王洪秀全封为东王，称九千岁，是太平天国重要领袖之一。1856 年 6 月，太平军攻破清军江南大营后，杨秀清已集教权、政权和军权于一身，成为太平天国实质上的首领。1856 年，杨秀清在天京事变中被杀。

② 冯云山（约 1815—1852），又名乙龙，号绍光。广东花县（今属广州市）禾落地村人。原籍广东龙川县石灰窑村。自幼喜读经史、天文、地理，曾参加科举考试，后在村中设馆授徒，以塾师为业。拜上帝会的始创人之一，太平天国运动初期的重要领袖之一。1852 年率军路经蓑衣渡时，被埋伏于此的清军江忠源部炮火命中，伤重身亡。官封南王，七千岁。

③ 萧朝贵（约 1820—1852）生于清嘉庆末年，广西武宣罗渌峒人，壮族。金田起义的核心领导人之一，太平天国运动初期的重要领袖，官封西王，地位高隆。1852 年，萧朝贵亲临前线，执旗督战，指挥炮兵轰击，不幸被敌军炮弹击中，回营后伤势太重，经多方医救，仍未能治愈后逝世。

④ 韦昌辉（1823—1856）原名志正，又名正，壮族。太平天国前期领导人之一，祖籍广东南海县。明末清初，其先祖迁广西，定居桂平金田村。他家资富有，少曾读书，知文义，有才华，遇事能见机应变。道光二十八年（1848 年）入拜上帝会，不久成为中坚，与洪秀全、冯云山结为兄弟，称天父第五子。金田起义后任后护又副军师，领右军主将，官封北王，称六千岁。天京事变后，洪秀全逮捕了韦昌辉，韦昌辉被诛杀。

⑤ 石达开（1831—1863），小名亚达，绰号石敢当，广西贵县（今贵港）人，太平天国名将。1851 年 12 月，太平天国在永安建制，石达开晋封翼王五千岁，意为羽翼天朝，曾被军民尊为义王。太平军由广西向金陵进军途中，任开路先锋，屡建奇功。在定都天京以后，先救援西征军，又解天京之围，多次立下战功。天京事变后，受到洪秀全猜忌。1857 年，率领近二十万军队，愤然离京出走。转战江西、湖南、湖北、贵州、云南、四川等地。1863 年 8 月 6 日，石达开在征战途中，被大渡河所阻，被清军包围，不久后遇害。

第四章　军事家李鸿章（上）

长江下游及入海口一带，在苏州、杭州、常州、扬州等地激起狂涛巨浪。等陈玉成战死以后，洪秀全所能依靠的能撑起太平天国的将领，就只剩下李秀成一个了。李秀成不但智勇过人，而且胸怀宽广，对待下属宽仁厚爱，深得将士之心。所以，当时虽然安庆已被清军收复，但下游的太平军仍然奋勇作战，形势更加糟糕。自从曾家兄弟合围雨花台之后，在江苏各地和南京的大小战役仍然持续着，并让李鸿章、曾国荃费尽心力，付出了巨大的代价才勉强求得了表面上胜利的人，正是李秀成。所以谈论李鸿章，就不可不知李秀成这个人。

李鸿章自南汇战役之后，根基渐渐稳固下来，就打算和南京的官兵相互配合，牵制太平军的兵力，于是确定了进攻的策略。这一年七月，他派程学启、郭松林等人突袭青浦县城，随后收复了该县，又命另外的一支军队乘坐汽船渡海，进攻浙江绍兴府的余姚县，又收复了该县。八月，李秀成派谭绍洸率领十多万人，进犯北新泾（江苏地界，离上海只有几里地），刘铭传在半路堵截，进攻并大败谭绍洸，于是太平军便退守苏州。

同月，淮军和常胜军一同进入浙江，进攻慈溪县，将其收复。在这场战役当中，常胜军的统帅华尔奋勇向前，不幸胸部中弹身亡，死前留下遗命要求身着中国的服装下葬。之后美国人白齐文①代理统率常胜军。

这一年春秋之交的那段时间，江南地区瘟疫流行，很多官兵被传染，一个接一个地死去。李秀成想趁这个机会，解南京之围，于是在闰八月的时候，挑选了苏州、常州的精兵十多万人奔赴南京，将曾国荃军队大营团团围住，调用了几十门西洋开花大炮，集中火力轰炸。连续十五天，清朝官兵拼死战斗，士气没有丝毫受挫。九月，李秀成又令李世贤从浙江率领十多万人合围南京，攻击也变得更加猛烈了。曾国藩听到消息后，非常担心，急忙从别处调集了大量援兵。然而当时浙江以及长江以北各支清朝政府官兵，都因各自有任务而无法进行救援。这一场战役，可以说是两军自开战以来从未有过的激烈战争。当时太平军有大军二十多万人，而身陷重围的清朝官兵不过区区三万多人，而且有

---

① 白齐文（1836—1865），本名 H. A. Burgevine，又译白聚文，美国北卡罗来纳州人。活跃于中国的晚清战场，曾组织洋枪队镇压太平天国，也曾帮助太平军对抗清政府，后在被押往苏州途中被李鸿章下令溺杀。10月华尔阵亡后，白齐文接任为第二任队长，后来因殴伤道员杨坊，并劫饷四万余元，朝廷命李鸿章拿办，撤去其职位。后前往北京要求复职，获得英、美公使支持，因遭李鸿章反对，未能如愿。遂于1863年投太平天国慕王谭绍洸。由于不受太平军重用，很快又向常胜军队长戈登投降。1865年年初，白齐文打算投效占据漳州的侍王李世贤，在厦门被拘捕。清朝官员用船把他押往苏州，半途把他淹死在浙江兰溪，对外宣布是意外溺毙。

过半的将领和士兵先后病死、战死以及负伤。由于曾国荃与将士同甘苦、共患难，就像家人一样团结关爱，因而三军将士愿意为其战死，所以能够抵抗并战胜十倍以上的敌人。李秀成看到其并不能解南京之围，而江苏省内的官兵的士气又逐渐高涨，又担心江苏地区失守，而南京也不能够独全。十月，李秀成便带兵撤退，解除了雨花台之围。

[按语：在这场战役以后，洪秀全的太平天国大势已去。驻军于敌人坚固的城池下，乃是兵家大忌。向荣、和春，都曾犯此大忌而两度遭受失败，所以曾国藩非常警惕，也非常慎重。最开始曾国荃驻扎在雨花台的时候，曾国藩就多次告诫过他。到这场战役时，外有十倍于政府军的敌军，内有走投无路、拼死一战的末路之人，官兵的危险处境，可以说前所未有。太平军明知清朝官兵此时力薄势寡，而且伤亡惨重，却不敢奋力搏杀，与之决一死战，不能抓住转瞬即逝的机会建立非凡战功，而是功亏一篑，率领军队退去，导致进退失策，随后走向灭亡，到底是什么原因？这大概都是由于当时太平军将领已极度富贵荣华、骄奢淫逸、贪生怕死，因而导致出现这种局面。这种现象也是清朝官兵们始料未及的。曾国藩曾说："军队最怕士气低落。"在道光、咸丰两朝之际，清朝官兵全都暮气沉沉、士气低落，而太平军却朝气蓬勃、士气高涨；到了同治初年，太平军都变得士气低落，而清朝官兵则朝气蓬勃。成败的关键，正在于此。实事求是地讲，以李秀成这样的贤能之才，尚且不能避免失败，像洪秀全这样的冢中枯骨，更是不值一提了！所谓灭亡六国的，实际上是六国自己，并不是秦朝；灭亡秦朝的，实际上是秦朝统治者自身，而不是天下之人。殷鉴不远，有志于夺取天下的人，应该以此来警告自己。洪秀全最早不过是一个市井无赖，等抓住机会后在短时间里崛起，不到几年的时间便席卷了大半个中国，但他没有在当时风起云涌的社会局势下，通过战争来成就一番大业，而是很快就偏安苟且于南京，将南京作为安乐窝，不求进取，筑起官院，真是属于和陈涉一般目光短浅、见识低微的人。死守在一座城市里，等着别人来包围。所以向荣、和春的溃败，并不是因为洪秀全有克敌制胜、起死回生的招数，实在是洪秀全所遇到的对手也和他相当，差不了多少，从而得以苟延残喘，勉强支撑了一段时间。唉！洪秀全的崛起和失败都在一线之间，这究竟是天意，还是人为所致？君子都会说："是人的原因。"]

第四章 军事家李鸿章（上）

[又按：这场战役是淮军和湘军诸位将领最终立下功劳的关键点。如果没有包围南京，就不能牵制江苏、浙江一带的太平军，而李鸿章新创建的淮军，也难以很快取得胜利；如果没有攻打江苏、浙江一带，那也不能够解除南京的重重包围，这样的话曾国荃久战疲惫的军队也将难以保全。读史的人不能不对此有一个清醒的认识。]

　　李秀成包围南京的时候，让他属下的将领谭绍洸、陈炳文在苏州留守。九月，谭绍洸等率领十多万兵力，分别从金山、太仓向东进发。淮军的各位将领防御、抵挡了他们，并和他们在三江口、四江口展开交战，双方各有胜负。太平军又沿着运河安营扎寨，绵延几十里，还在运河及其支流上面架起浮桥，从而方便相互往来和联系，进攻黄渡，把清军包围在四江口，狂攻猛打。九月二十二日，李鸿章命令各位将领，攻打太平军的大本营。可太平军骁勇善战，淮军很快就招架不住。而此时，刘铭传、郭松林、程学启等将领身先士卒，挥剑冲杀，淮军的士气为之大振，于是大败太平军，抓获、歼灭了一万多人，四江口之围才得以解除。

戈　登

　　常胜军的统帅华尔死后，白齐文凭借副手的资格继任其职位。白齐文这个人的为人，与华尔完全不同，是个满腹阴谋、贪权狡诈之徒。当时他看到清朝官兵在战场上的被动和窘迫后，便在私底下接洽太平军将领李秀成。十月，白齐文暗中计划在松江城为李秀成做内应。到了上海以后，白齐文胁迫上海道台杨坊，向他索取巨额的军费。杨坊没有答应他，于是他殴打了杨坊一顿，抢到四万两白银后逃走。李鸿章听到这件事后，勃然大怒，马上和英国领事馆进行交涉，罢免了白齐文的职务，并让其偿还他抢劫所得的全部财物，随后又用英国军官戈登①接替了他的职务。常胜军这才开始重新听命于李鸿章，发挥其作用，时为同治二年（1863年）二月。这实际上是李鸿章与外国机构交涉的第一件事情，他的果敢决断以及强硬的外交姿态，得到了评论家们的肯定和赞许。

白齐文被罢免以后，李鸿章本想杀了他，但是因美国领事馆的阻止，便将其放了。之后，白齐文又投降于李秀成，为李秀成担任军事参谋，策划了多次战役，但都规模较小，没有多大成效。他曾劝说李秀成放弃江苏、浙江一带，砍掉那里的桑茶等特产，毁掉那里的房屋，然后集结兵力北上，占据陕西、山西、山东、河南等中原腹地，从而控制东南地区，因为清朝官兵水师的势力范围到不了那里，由此大业可成。但李秀成并没有听从他的建议。白齐文又为太平军购买大量军械，抢掠了一些汽船，得到了几门最新式的大炮，献给李秀成。正是由于这个原因，在苏州战役中，清朝官兵几百人战死于宝带桥。后来，白齐文感到在李秀成那里也不得志，便又前往漳州投靠其他的太平军部队，最终被郭松林所抓获并杀掉。

先前曾国藩抓住了太平军的一个信使，从他那里得到了洪秀全给李秀成的手谕，说湖南、湖北以及江北地区，现在正兵力空虚，让李秀成率领二十万军队前往，先攻下常熟，然后一边攻打扬州，一边紧盯着安徽、湖北一带。于是曾国藩便派遣李鸿章率部先发制人，告诉他应该迅速拿下太仓州以便干预常熟的形势，从而牵制李秀成，让其没有将军队开赴江北地区的机会。李鸿章所持想法也正好如此。同治二年（1863年）二月，李鸿章就下令常熟的守将，让他们死守城池，等待援军的到来，而后派遣刘铭传、潘鼎新、张树珊率领军队驾轮船前往福山，与太平军交战几十次，都获得了胜利；此外，派遣程学启、李鹤京攻打太仓昆山县，分散太平军的兵力，而命令戈登率领常胜军与淮军一起，共同攻打福山，最终攻克下来，常熟之围得以解除。三月，收复了太仓、昆山，抓获太平军七千多人。在这过程中，程学启居功至伟，从此戈登愈加佩服

第四章　军事家李鸿章（上）

① 戈登（1833—1885），全名查理·乔治·戈登，维多利亚时代英国工兵上将，活跃于殖民时代的中国和北非等地。1854年参加克里米亚战争。1859年升为陆军上尉，1860年被派到中国，不久参与进攻北京和抢掠烧毁圆明园。1863年接任常胜军统带，配合淮军进攻太平军。1864年5月，太平军在天京最后一个堡垒常州失陷，常胜军的声望达到最高峰，但他因为反对杀降和李鸿章大吵一架。之后，同治皇帝授他中国最高的军阶——提督的称号；而英国也晋升他为中校并封他为巴兹勋爵士。1874年任苏丹赤道总督。1880年，任印度总督府高级官员，1884年，任苏丹殖民总督。1885年，被马赫迪·穆罕默德起义军击毙于喀土穆。

程学启。

五月，李秀成从无锡出发，与他的五名部将一起，率领水陆大军数十万人企图增援江阴，占领常熟。李鸿章派遣他的弟弟李鹤章，以及刘铭传、郭松林等人分路抵御太平军。刘铭传、郭松林与太平军的先锋部队相遇，并击败他们，取得了胜利。然而太平军来势汹汹，非常猛烈，双方的伤亡人数几乎差不多。当时太平军沿着运河的河岸筑起连营，北起北涠，南到张泾桥，东起陈市，西到长寿，纵横六七十里，其间有堡垒上百座，全都扼守在运河的险要位置。太平军还把运河的桥梁全部拆毁，在河上备置了炮船，水陆军队相互呼应，形势一度极为紧张。

李鹤章与刘铭传经过商量后，偷偷收集木材建造了浮桥，在半夜时候迅速渡河奇袭太平军，攻破在北涠的太平军营地三十二座。郭松林同样发动进攻，奋力作战，攻破在南涠的太平军营地三十五座。周盛波的部队，则攻破在麦市桥的太平军营地二十三座。于是太平军大溃败，死伤几万人，横尸遍地，河流为之堵塞。又擒拿了太平军的将领一百多人，获得马五百余匹，战船二十艘，兵器、弹药、粮草等不计其数。从此顾山以西再也没有太平军活动的踪迹，淮军的士气也受到了极大鼓舞。六月，吴江的太平军守将望风投降。

程学启率领水陆军队一万多人，与刘铭传商量后决定收复苏州。攻下花泾港以后，收降了太平军的守将，驻扎在潍亭。七月，李鸿章自己作为统帅，率领部队攻克了太湖厅，并向苏州进发。李鸿章先命令刘铭传攻打江阴，太平军的猛将陈坤书调集了湖南、湖北、山东等四股十多万人的部队，合力来支援江阴。李鸿章、刘铭传亲自窥探敌人的军情，发现太平军的营垒大小罗列，如棋子一般，西起江滨，东到山口，于是很快确定作战部署，展开猛烈进攻。太平军抵抗得特别厉害，两军相持不下。之后由于城中出现内鬼，开城投降，江阴才被收复。

此时程学启另外驻扎在苏州附近，连日拼死作战，前前后后取得了几十场胜利。太平军在宝带桥、五龙桥、蠡口、黄埭、浒关、王瓜泾、十里亭、虎邱、观音庙等地的十几处堡垒，全都被攻破。而郭松林的部队，同样在新塘桥取得大捷，斩杀太平军两名头领，死伤一万多人，夺得数百艘轮船，太平军水师的实力被大大减弱。李秀成闻讯后悲愤难当，痛哭流涕，不能自已。自此，淮军的威名开始响彻天下。

太平军遭受重挫之后不久，李秀成试图大举反攻，命令他的部将集合了无锡、溧阳、宜兴等地的部队八万多人，战船一千多只，从运河口出发；而他亲自率领几千人的精锐部队，占据金匮支援苏州，相互策应，和清朝官兵连续交战几次，互有胜败。同治二年（1863年）十月十九日，李鸿章亲自督军，以程学启、戈登为先锋，进攻苏州城，经过激烈的苦战之后，击破了苏州的外城，李秀成和谭绍洸等率军退入内城，坚决死守，宁死不降。随后，清朝官兵水陆并进，从三面合围苏州城；城中的粮食很快就吃完了，被围太平军也开始慌乱起来。李秀成的副将郜云官^①等人，心中疑虑，生了二心，于是私下与程学启联系，请求向清朝官兵投降。在这样的情况下，程学启便和戈登亲自乘坐小舟，到达苏州城北的阳澄湖，与郜云官等人签订了受降约定，让郜云官杀死李秀成、谭绍洸，献上两人的首级，事成之后，承诺封赏他二品的官职。由于有戈登在其中作为担保人，所以郜云官等人毫不怀疑。然而郜云官不忍心杀害李秀成，最后答应杀死谭绍洸，而后离开。

李秀成已经对他的这一阴谋有所察觉，然而事已至此，没有办法，便在十月二十三日的晚上趁着夜色逃出苏州城。二十四日，谭绍洸因为有事召见郜云官，郜云官和猛将汪有为一起见到谭绍洸后，就马上将其刺杀，并趁其不备灭其亲信部队一千多人，紧接着打开城门向清军投降。二十五日，郜云官等人献上了谭绍洸的首级，请程学启入城检验。这些投降的太平军将领的职衔如下：

一、纳王郜云官　　　二、比王伍贵文
三、康王汪安均　　　四、宁王周文佳
五、天将军范起发　　六、天将军张大洲
七、天将军汪环武　　八、天将军汪有为

当时这八名将领所属的部队在苏州城中还有十万多士兵，气势汹汹。程学启之前承诺过事成后给他们总兵、副将等职位，于是此时他们要求程学启履行约定。程学启仔细观察了这八个人，全都心狠手辣、狼子野心，担心以后难以约束。于是和李鸿章密谋后，在指挥的舰艇上设大宴款待他们，等号炮一响，

---

① 郜云官（1836—1863），即郜永宽，湖北蕲春人。太平天国忠王李秀成部下的一员大将。1854年加入太平军，后隶李秀成麾下。1863年，暗中通敌，12月4日，与汪安钧等刺死谭绍洸，献城投降，6日，为江苏巡抚李鸿章所杀。

事先埋伏好的士兵就冲出来杀了他们，还杀了他们手下抵抗的一千多人，其余的部下都投降了。苏州平定以后，李鸿章凭借战功而被授予太子少保。

先前这八个太平军将领考虑投降的时候，戈登做了他们的担保人。现在听说李鸿章食言的消息，戈登大怒，想要杀了李鸿章来惩罚其罪行，于是亲自携带短枪到处寻找李鸿章。李鸿章躲了起来，不敢回到大营。几天之后，戈登的怒气渐渐消去，此事也算作罢。

[按语：李鸿章在这件事情上是有愧于良心的。斩杀降者，本来就不该是君子所为，更何况投降前有约在先，并且还有人做担保！所以这一举动，李鸿章有三点罪过：一是杀降者，违背了公理；二是违背条约，自食其言；三是欺骗戈登，有失朋友信义。戈登对他此举咬牙切齿，痛恨不已，乃至想要持刀割其腹以泄心中愤懑，不也在情理之中吗？或许李鸿章是有鉴于之前苗沛霖[①]、李世忠[②]的事，而有一些不得已，然而李鸿章生平喜欢耍小智谋、小伎俩，也由此可见一斑。]

苏州的成功收复，实乃清政府平定江南最关键的战役。先前是曾国荃、左宗棠、李鸿章各自带领一支孤军东下深入敌军重地后，彼此之间不能联络和策应，因而显得势单力薄，局面也非常危急。苏州大捷之后，李鸿章建议对整个战局进行统筹，希望军队能够乘胜进入浙江地区，与曾国藩、左宗棠两路军队互相接应，合力起来大举进攻，这是清朝官兵取得最终胜利的第一要素。十一

---

① 苗沛霖（1798—1863），字雨三，安徽凤台人。秀才出身，原为塾师。1856年，在家乡举办团练，与捻军作战。后势力日盛，控制周围数十州县，割据称雄。1857年，投靠清将胜保，次年随袁甲三在宿州等地围攻捻军，被清廷封为川北道道员。1860年，趁第二次鸦片战争之机，将翁同书、傅振邦、袁甲三等部清军驱逐安徽。1861年借口"寿州擅杀案"，举兵抗清，又遣朱鑫赴庐州与陈玉成部联络，太平天国封其为奏王。10月底，苗沛霖攻破寿州城，杀清朝士绅孙家泰全家，俘翁同书，占掠霍丘、颍上、怀远、正阳关等地。此后又降清，投靠钦差大臣胜保，诱捕英王陈玉成等献于胜保。不久由于后台胜保倒台，旋又举兵反清。1863年，在安徽蒙城被清军僧格林沁部击败后，为部下所杀。苗沛霖几次反清，反复无常，被历史学者称为"最无原则的军阀"，太平军英王陈玉成在死前曾怒斥苗沛霖："吾今日死，苗贼明日亡耳！"此言竟成谶语。

② 李世忠，原名李兆寿，安徽土豪，少时曾为小偷和强盗。1853年，与薛之元在乡结捻起义，活动于太平天国和清朝的交错地区。次年，率部降清道员何桂珍。1856年，杀清道员何桂珍等，投太平军，隶属李秀成部，任七十二检点。1859年率所部四万再度降清，献太平天国的天长、来安和滁州（今滁县）三城。清廷赐名李世忠，逐渐官至江南提督。后李世忠与陈国瑞私自斗杀，曾国藩两惩之，奏请将李世忠革职，交安徽忧抚严加管束，疏末有"如再怙恶，当即处以极刑"两语。李世忠羁安庆，尚拥巨资，内心却仇视官府。屡屡密谋起事造反，1881年，安徽巡抚裕禄援曾国藩旧案以请朝廷，朝廷下诏诛杀李世忠。

月，刘铭传、郭松林、李鸿章进攻无锡，很快攻克了下来，捉拿了太平军将领黄子隆父子并将其斩首。而后，李鸿章把他的淮军分为三大部队：其中甲队由自己率领；乙队由程学启率领，进入浙江，拿下平湖、乍浦、澉浦、海盐、善嘉，逼近嘉兴府，左宗棠的浙江军队，此时也与他相互策应，协同作战，进入杭州地区，攻下余杭县，多次击败太平军；丙队则由刘铭传、郭松林等率领，与常胜军共同进攻常州，取得大胜，并收复了宜兴、荆溪，抓获了太平军将领黄靖忠。李鸿章又命令郭松林进攻溧阳，守军投降。

当时太平军的将领陈坤书，拥有十万多的军队，驻扎在常州府，摆开阵势从清朝官兵的背后展开攻击。李鸿章与刘铭传进行抵挡，但由于敌军的进攻势头太猛，清军没有成功。陈坤书又悄悄派兵深入江苏腹地，出没在江阴、常熟、福山等县，江阴、无锡因此而戒严，江苏以西受到极大震动。李鸿章于是命令刘铭传独自应对常州的战局，而急召郭松林放弃金坛，昼夜火速赶回，去增援苏州。又命令李鹤章紧急回到无锡防守，杨鼎勋、张树声等人率领一支军队扼守在江阴青阳、焦阴，阻断太平军的归路。当时太平军对常熟包围得越来越紧，官兵连日苦战，也只能勉强支撑。太平军又合力包围无锡，李鸿章绕城坚守，几乎陷入极其危险的境地。几天后，郭松林的增援部队到来，大败太平军，无锡之围才得以解除。郭松林也因此被授予福山镇总兵。

先前程学启包围嘉兴〔同治三年（1864年）正月起〕，进攻非常猛烈，但城中的守兵，士气也很高涨，两军的伤亡都很惨重。二月十九日，程学启激励并鼓舞将士，想要迅速攻下嘉兴，于是身先士卒、冲锋陷阵，翻越浮桥，带领部队爬上云梯，强行登城，与太平军展开肉搏战。城墙上的敌军奋力死守，战场上弹丸如雨。忽然一颗流弹飞来，击中了程学启的左脑，程马上倒在了地上。部将刘士奇见此情形，当机立断，代替主将统领军队，率先登上城墙，攻入嘉兴城。此时，士兵们都怒气满怀，勇气百倍，蜂拥而上，而潘鼎新、刘秉璋等，也从水陆并进，于是很快便将嘉兴攻下。

程学启受伤之后，躺在床上治疗了二十多天，始终没有好转，于三月十日去世，朝廷给予他"忠烈"的谥号。李鸿章为此痛哭流涕。

嘉兴府被收复以后，杭州的太平军的气焰受到了极大打击，便于二月二十三日（十九日收复嘉兴），趁夜色从北门逃脱。左宗棠的部队于三月二日进入杭州城，到此苏军和浙军（李鸿章的军队和左宗棠的军队）的联络完全打通，清军的兵力开始集合壮大。

程学启死后，李鸿章命令程的部将王永胜、刘士奇分别率领部队，与郭松林会合，从福山镇出发进攻沙山，接连作战都获得了胜利。到三河口时，斩首、俘虏了两万人。李鸿章便命令各支军队联合起来围攻常州。命令刘铭传进攻东北部，很快将其攻破；命令郭松林进攻陈桥渡大营，很快将其攻破；张树声、周盛波、郑国魁等袭击河边的太平军营地二十多个，全都将其攻破。战败的太平军四处逃窜，想要进入常州城，却被常州的太平军守将陈坤书拒之门外，所以被清军杀死于城下的士兵不计其数。三月二十二日，李鸿章的军队进逼常州城，用大炮以及炸药轰炸城墙，城墙最终被炸开几十丈的口子，随后又挑选了几百人组成敢死队，架云梯登上城墙。陈坤书彪悍无比，勇猛善战，亲自率领精兵出城抵抗清军，修补城墙，清朝官兵因此死伤了几百人。李鸿章大怒，命令将士增加攻城的各种器具，筑起长围，连日猛烈进攻，两军的伤亡都很惨重。经过十多天以后，李鸿章亲自督阵，刘铭传、郭松林、刘士奇、王永胜等人，身先士卒，奋勇作战，登上城墙，敌军才开始乱了阵脚。陈坤书仍然奋战不屈，与他的部将费天将共同率领身边的精锐部队，与清军展开激烈的巷战。在巷战中，郭松林奋力活捉了陈坤书，费天将也被周盛波抓获，刘铭传便大声传令："放下武器投降者，一律赦免其罪。"当场就有上万人放下武器并投降了清军。在这场战役中，清朝官兵也阵亡了几千人。常州于是被清军成功收复，当时是四月六日。到这个时候，江苏军和金陵军（李鸿章军队和曾国藩军队）之间的联络就完全打通，江苏全省中，除了南京城内，再也找不到一个太平军的踪影。自同治元年（1862年）壬戌春二月起，李鸿章率领八千人抵达上海，率领淮军、常胜军，转战江南各地，从松江开始，至嘉兴、常州为止，经过大大小小几十场战役，到同治三年（1864年）甲子夏四月，整整用了两年时间，终于完成了平定苏南地区太平军的功绩。

[按语：李鸿章平定苏南地区太平军大业的完成，原因固然在于淮军将士的勇猛善战、坚忍不拔，而华尔、戈登对他的帮助也非常大，常胜军不只是打了几次胜仗、攻下几座城池而已。当时李秀成智勇超群，且他的军中已经多使用西式枪炮，李鸿章手下的程学启、刘铭传、郭松林、"二周"（周盛波、周盛传）、"二张"（张树声、张树珊）、潘鼎新诸位将领，虽然也英勇善战，但不过是依仗着天生的勇气与谋略，而并不懂得新式作战方法的作用。所以淮军在早期和太平军交手的时候，多次失败，吃尽苦头。李鸿章考虑到这一点，于

是命令手下诸位将领向常胜军学习，利用了不少常胜军的武器装备。而左宗棠平定浙江的功劳，同样在很大程度上得力于法国军官托格比、吉格尔等人。大清朝能起死回生，应该说英国人和法国人有不小的功劳。这些英国人和法国人的想法是希望能永远保证东亚的和平局势，将这里建设成为他们经商的乐园，却没有料到满清政府到了今天，仍然不能自觉，不思振作，将来恐怕会有一场great revolution（大革命）在后。］

先前曾国荃的军队水陆相互配合，围攻南京已经有两年。到了甲子年［同治三年（1864年）］正月，攻克了钟山的石头堡垒，太平军在失去了这个险要的据点之后，包围南京的部队终于得以会合在一起。太平军内外不通，向城内输送粮草的道路已经被封死，而城中粮草已绝，洪秀全此时意识到事情无法挽回，大势已去，便于四月二十七日服毒自尽。洪秀全自尽后，诸位将领拥立他的儿子洪福继位。当时官兵并不知道这件事。朝廷多次下令，让李鸿章率领在江苏战场的胜利之师到南京，协助剿灭太平军。但曾国荃认为城中的太平军早已疲惫不堪，弹尽粮绝，马上就要被歼灭，因而耻于借助李鸿章的军队；而李鸿章同样也很知趣，不想去抢曾国荃的功劳，于是自觉采取回避的态度，找借口说盛夏时节不适合使用火器，多次推辞，不肯进军。朝廷却不理解李鸿章的想法，再三催促他进军。曾国荃听闻后，愤慨不已，于是从五月十八日起，不分昼夜地指挥将士猛攻地保城（即龙膊子山北面的坚固堡垒，最险要的地方），很快攻了下来。并且半夜深挖地道，从五月三十日到六月十五日，成功挖掘了十几个隧道，于是让城外的各个兵营严格戒备，各自整理装备，做好战斗准备，还重金悬赏，招募了敢死队的勇士，准备趁城墙守备空虚的时候猛冲进去。

当时李秀成在南京城里。洪秀全死了以后，太平军发布的所有号令都出自他之手。李秀成知人善任，恩威并重，大家都真心敬重他，就像儿子对父亲一样。五月十五日，李秀成亲自率领数百名敢死队成员，从太平门的缺口突围而出，又另派敢死队员几百人，穿上官兵的军服，从朝阳门突围而出，冲进曾国荃的军营，放火并大声叫喊。这时的官兵由于多日疲惫，战斗力已经消失殆尽，猛然间遇到这样的紧急情况，差点土崩瓦解、作鸟兽散，幸亏彭毓橘等将领率领的新兵火速赶来支援，才解除了危机。

六月十六日正午时分，地道里面装的火药发生了爆炸，一时间万雷鸣响，天地为之所动，南京城的城墙也被崩坏了二十多丈，趁此机会，曾国荃的军队呼喊着奋力登城。太平军拼死抵抗，弹丸如雨，外围的太平军当场就有四百多人战死。而官兵也愈加奋勇作战，于是很快便攻入南京城。李秀成到了此时早已下定决心以死明志，于是将自己所爱的骏马赠送给太平天国的幼主洪福，让他出城逃跑，而李秀成亲自率军展开巷战，与官兵连战三天三夜，直至拼尽全力后被活捉。太平军大小将士，战死、烧死了三千多人。城内的宫室燃起了大火，连续烧了三天都没有熄灭。城中长期以来跟随洪秀全的士兵和百姓，有男女老少十多万人，没有一个人投降。从咸丰三年（1853 年）洪秀全占领南京开始，到这时已经过了十二年的时间才平定。

[按语：李秀成是真正的豪杰。在太平天国生死存亡的危急关头，满城上下，危在旦夕之时，他还能指挥成百上千的精兵，进行突围和展开决战，并几次歼灭清朝官兵。五月十五日那一天的战役，曾国荃的军队没有灭亡，完全是天意。等到南京城被攻破以后，又能用自己的爱马来救幼主的性命，自己却慷慨赴死，有和国家同生死、共存亡之志。就算是历史上的那些名臣和儒将，也不过如此。项羽的乌骓马到最后也跑不起来，文天祥虽忧国忧民却也无力回天，这些豪杰之士的败落，是天意？还是人为？我听说李秀成在离开苏州的时候，苏州的百姓，无论男女老少，没有不痛哭流涕的。而他礼葬战死的浙江巡抚王有龄，优待投降的士兵，俨然有文明国家在战争中遵循公法之意。南京城中有十万多人，没有一个人投降，就像齐国的田横门下的五百宾客一样，他们志向相同，事业一致。而魄力之大，则李秀成超过前人百倍，这是有史以来的战争结局中没有过的。假如让李秀成处于洪秀全的位置，那么今天的中国，还不知道是谁家的天下呢！李秀成被捕之后，从六月十七日到六月十九日的三天时间里，他在站笼中壮怀激烈地写下了供状①，洋洋洒洒几万字。虽然经过官兵的删节，没有能够全部流传下来，但今天读起来仍然很容易感受到他所具有的凛然气概。唉！刘邦夺得天下以后，人们就诋毁项羽，以成王败寇的标准来评论人，今天还有谁肯为李秀成的功业说句公道话呢？不过百年之后，自有定论，后世良史的记载者，怎么会怀着私心对他存有不公允的评论呢。虽然如此，物竞天择，适者生存，曾国藩、左宗棠、李鸿章等人也同样是人中豪杰。]

---

① 即《忠王李秀成自述》，是太平天国忠王李秀成被俘后所写的一篇自述，全文约 50000 字，今仅存有 33300 余字，比真迹少 10000 余字。1864 年 7 月 23 日，李秀成兵败被俘。28 日，曾国藩在处决李秀成之前令其在囚笼中书写供词。经曾国藩亲自删节修改后报送清廷。

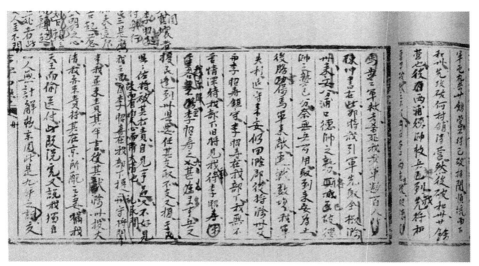

李秀成自述手迹

南京收复以后，朝廷便开始论功行赏。两江总督曾国藩被加授太子太保衔，封世袭一等侯。浙江巡抚曾国荃、江苏巡抚李鸿章，都被封为世袭一等伯。其余的将帅则都得到了不同的恩赏。曾国荃打下了南京，各派系的将领都对他立下的功劳非常嫉妒，于是诽谤和诋毁的言语一时纷杂，到处都是，即使是左宗棠这样的贤人也不能免，只有李鸿章没有说过一句是非的话，而且竭力参与调和，为曾国荃辩护。

[按语：这也是李鸿章之所以得到"文忠"这个谥号的原因。朝廷曾不断下诏令他迅速会同曾国荃剿灭太平军，他却不愿分别人快要到手的功劳；而等到事成以后，也不对推荐曾国荃的人心怀嫉妒，他的品德和胸怀方面都存在过人之处。名不虚传，不是随便说说的。]

第四章 军事家李鸿章（上）

第五章
军事家李鸿章（下）

收复南京以后，国内的征伐之气消去了大半。不过捻军的叛乱还在继续，忧患仍然没有平息。捻军的造反，开始于山东的无业游民。到咸丰三年（1853年）时，洪秀全攻陷了安庆、南京，安徽省全省都大为震动，捻党趁着这个机会，在宿州、亳州、寿州、蒙县等地兴起，横行于安徽、山东、河南一带。所到之处，大肆掠夺，政府官兵无法控制。有奉命率军剿逆的，都被捻军反击，且屡战屡败，所以捻军的气焰也变得越来越嚣张。到了咸丰七年（1857年）冬天，他们的游骑便开始侵扰直隶大名府等地，北京也开始戒严。

现将捻军之乱初起时到李鸿章率军到来以前，所派遣的多次平捻的统帅列表如下：

人	官	任官年份	屯驻地
善禄	河南提督	咸丰三年（1853年）	永城县
周天爵	钦差大臣	咸丰三年（1853年）	宿州
吕贤基	工部左侍郎	咸丰三年（1853年）	安徽
陆应谷	河南巡抚	咸丰三年（1853年）	开封府
袁甲三	钦差大臣	咸丰三年（1853年）	宿州（周天爵卒代之）
舒兴阿	陕甘总督	咸丰三年（1853年）	陈州
英桂	河南巡抚	咸丰四年（1854年）	开封府
武隆额	安徽提督	咸丰五年（1855年）	亳州
胜保	钦差大臣	咸丰七年（1857年）	督江北军
史荣春	提督	咸丰八年（1858年）	曹州兖州
田在田	总兵	咸丰八年（1858年）	曹州兖州
邱联恩	总兵	咸丰八年（1858年）	鹿邑
朱连泰	总兵	咸丰八年（1858年）	亳州
傅振邦	总兵	咸丰九年（1859年）	宿州

人	官	任官年份	屯驻地
伊兴额	都统	咸丰九年（1859年）	宿州
关保	协领	咸丰九年（1859年）	督河南军
德楞额	协领	咸丰九年（1859年）	曹州
胜保	都统钦差大臣	咸丰十年（1860年）	督河南军，关保为副都统
穆腾阿	副都统	咸丰十年（1860年）	安徽（协助袁甲三）
毛昶熙	团练大臣	咸丰十年（1860年）	河南
僧格林沁	蒙古亲王	咸丰十年（1860年）	
曾国藩	钦差大臣	同治三年（1864年）	

第二次鸦片战争时，咸丰皇帝北行，避难于热河。捻党趁此机会，侵入山东，在济宁大肆掠夺。德楞额率军与捻军交战，结果大败而归。随后朝廷开始让蒙古科尔沁亲王僧格林沁[①]统领军队，追击各路捻军，获得骁勇善战的名声。同治二年（1863年），太平军的几位首领陈得才、蓝成昌、赖汶洸等与捻军会合。捻军首领张总愚（宗禹）[②]、任柱、牛落江、陈大喜等各自率领数万人，于山东、河南、安徽、湖北的各个州县间，穿梭往来，行动迅速，如同暴风骤雨般难以捉摸。与之相比，清朝官军则疲于奔命。同治三年（1864年）九月，捻党的一支军队进入湖北，大肆劫掠襄阳、随州、京山、德安、应山、黄州、靳州等地。舒保战死，僧格林沁的部队也屡次被打败。科尔沁亲王僧格林沁强悍勇猛有余，却不学无术，军纪不够严明，部队所到之处肆意烧杀淫掠，和太平军、捻军没有什么区别，因此使得湖北的人民都对其大失所望。

047

当时南京刚刚被收复，太平军的余党有数万人并入捻军，又转到河南、山东等地，劫掠当地不少城市。同治四年（1865年）春天，僧格林沁勇猛、坚决

---

① 僧格林沁（1811—1865），蒙古族，科尔沁左翼后旗人，博尔济吉特氏，嘉庆帝嗣外孙，晚清名将。咸丰、同治年间，僧格林沁参与对太平天国、英法联军等战争，军功卓著。曾击溃太平军、擒林凤翔、李开芳；在第二次大沽口保卫战中，痛击英法联军。1865年5月，在山东曹州（今山东菏泽）被捻军围击，战死于山东曹州高楼寨。《清史稿》评价他："僧格林沁忠勇朴诚，出于天性，名震寰宇，朝廷倚为长城。"

② 张宗禹，亳州雉河集（今安徽涡阳）人，绰号"小阎王"。清末捻军著名将领、西捻军统帅。初随叔父、大汉盟主张乐行参加捻军起义，后转战苏、豫、陕、鄂、皖等地，受太平天国梁王之封。1864年，与太平天国遵王赖文光整编捻军，以骑兵为主、步兵配合，流动作战。1865年，在菏泽高楼寨（今高庄集）歼灭蒙古科尔沁王僧格林沁部，僧格林沁被诛杀。1866年，从河南率西捻军入陕，联合回民军。1867年，在西安灞桥大败清军，同年12月为援助遵王赖文光所率东捻军从陕北南下，经山西至直隶，逼天津，南下山东，被清军包围。1868年，转战至骇河边，下落不明。

地率领轻骑，追击捻军头目，一个昼夜奔驰三百里，到达曹州的时候，部下很多人都产生了怨愤乃至反叛的心理。四月二十五日，僧格林沁的部队中了捻军之计，大败，僧格林沁也在奋力作战之后坠马而亡。朝廷上下震惊不已，纷纷表示哀悼。而后急命曾国藩为钦差大臣，督办直隶、山东、河南的军务，又命李鸿章代理两江总督，为曾国藩做后勤保障。

清朝官兵在之前的剿捻过程中，只是不断地追击，一直劳而无功；偶尔进行围攻堵截，也不过是应对一时之急。总的来说，无论是攻还是守，若不是姑息苟且而使捻军有机会养精蓄锐、发展壮大，就是无计划地草率进攻而使得自己的兵力削减、士气受挫，从没有认真统筹全局，确立一个固定的作战策略，以致兵力消耗了十五年之久，仍然没有一点成效。曾国藩受命剿捻以后，开始制订了一个对捻军进行大包围，牵制其活动的战略规划，就是先把捻军围堵到一个角落，然后集中优势兵力将其歼灭。李鸿章秉承了这一战略方针，从而得以平定中原。

曾国藩，是一位仁人君子，向来谨言慎行、小心翼翼，常用持盈保泰、激流勇退的信条来鞭策和提醒自己。成功收复南京以后，他觉得平生的抱负已经实现，便急于从官场上引退。等到僧格林沁阵亡后，捻军的势力已迫近京畿之地，情况日益危急，曾国藩才临危受命于败军之际，由于义不容辞的责任又勉强赴任。然而他认为湘军暮气渐重，恐难当大任，便逐渐分批遣撤湘军，只用淮军奔赴前线应敌。大概曾国藩从开始接受这一任命的时候，就希望把这个重任让给李鸿章，让他借此成就功业，而且怀有这一想法应该很久了。到了同治五年（1866 年）十二月，曾国藩便托病辞去此职，而李鸿章则接任为钦差大臣。曾国藩又回到他原本两江总督的职位上，为战事筹集后勤粮饷等。

李鸿章的剿捻方略是这样的：他认为捻军已经成为流寇，因而通过围堵迫使其不能流窜，然后会师合力围剿，才是最好的策略。明朝的孙传庭曾说，想剿灭流寇，就要将他们逼到绝路上，在他们困顿、垂死之时歼灭他们。如果不是这样，仅仅是你我互相攻守，通过激烈战斗在个别的城池之间争一时的胜败，那么就算取胜也和彻底消灭流寇的目标相去甚远。李鸿章就是用了孙传庭的办法，所以在同治四年（1865 年）十一月，向朝廷奏称应该将捻军乱党追逼到深山环水的复杂地带，接着弃地逃跑诱其深入，然后集合各省的兵力，从三面或者四面将其围困。后来曾国藩剿捻大功告成，正是得益于这种策略。

同年（1865 年）五月，任柱、赖汶洸等率领大队人马深入山东。李鸿章命潘鼎新、刘铭传全力追击，想要将他们赶到登州、莱州的海角附近，然后在胶州、莱州的交通要地围困他们，让他们往北不能窜至京畿之地，往南不能深入淮南地区。六月，李鸿章亲自率领军队抵达济宁，在分析了战局形势以后，认为任柱、赖汶洸等各路军队，都是身经百战的精锐部队，并收编了一些散兵游勇和黑恶势力，极其狡猾和剽悍，不能轻视。如果在兵力不足的情况下贸然对他们进行包围，而且逼得太紧、包围圈过于狭小，就会让他们看穿计谋，而他们势必急于突破，跳出包围圈。这就很可能稍不留神便错失良机，让战场的整个局面又发生了变化。于是制订了先在运河上设防以截断捻军退路，再扼守胶州、莱州以断其咽喉的策略。当时的山东巡抚丁宝桢一心希望把捻军乱党驱逐出山东，因此与李鸿章的想法和策略多有不和。七月，敌军突然袭击潍河，而山东守将王心安的军队驻防在戴庙，任由其偷渡，使得胶州、莱州的防守崩溃。于是一时间对李鸿章的诽谤言论接连不断，朝廷也对其严加责备，甚至出现改变作战策略的建议。李鸿章便再次上奏，认为在运河的东、南、北三面，捻军往来流窜，政府官兵分路围追堵截，虽然使地方受到了更大的侵扰，但是受害的地区也不过是几个府县而已，如果任由他们到达运河以西，那么将会让多个省都受到践踏，祸患无穷。都是一样的国土，都是一样的臣民，不应该有所不同，厚此薄彼，于是坚持之前的作战策略，没有太多的改变。十月十三日，刘铭传在安邱、潍县一带和捻军交战，大获全胜。二十四日，刘铭传率部追击到赣榆，和骑兵统领善庆一起奋力作战，击毙了任柱，于是东捻军的势力被大大削弱。

二十八日，潘鼎新在海州上庄的战役中，击毙了一大批强悍的捻军。十一月十一日、十二日，刘铭传、唐仁廉等人在潍县、寿光从侧边包抄，袭击了捻军一个昼夜，敌军军心动摇，于是有很多人投降。郭松林、杨鼎勋、潘鼎新紧随其后，捷报频传，战无不胜。到了二十九日，刘铭传、郭松林、潘鼎新等人率部追击七十里，到了寿光的弥河，才开始与捻军交战。战斗到几十个回合，又追杀四十多里，消灭了将近三万人，捻军的精锐武器、马匹、粮草辎重全都被抛弃。李鸿章在给朝廷的奏报中说："我军士兵回到军营的，臣亲自去慰问，看到他们全都饥饿疲惫、劳苦不堪，面无人色。"赖汶洸在弥河一战战败后，落水未死，于是又纠集了一千多骑兵，冲出六塘河的防线。黄翼升、刘秉璋、李昭庆等人，率领水、陆、骑兵，尾随其后，步步追击，直到赖汶洸只剩下数百骑兵，被迫进入高室水乡。李鸿章在之前派出的淮军"华"字营的统带吴毓兰，正在扬州运河防守。于是，各路军队齐心协力，前面堵截，后面追击，十二月十一日，吴毓兰活捉赖汶洸。东捻军至此全部被消灭，山东、江苏、安徽、河南、湖北五省终于重获安宁。

李鸿章在向朝廷上奏的捷报后面，附带陈述说，他属下的各路部队自接受剿捻任务以来，往来奔走于数个省，转战于全国各地，常常日行百里，忍受饥寒交迫的处境，还要忧惧别人的谗言和指责，多次历经人生中未曾遭遇的艰难困境。刘铭传、刘秉璋、周盛波、潘鼎新、郭松林、杨鼎勋，都多次向朝廷请求离职，李鸿章也请求朝廷让他们稍作休养，不要再调他们远征其他地方。并且以积劳成疾为由代刘铭传请假。

三月，同治七年（1868年）正月，西捻军张总愚的大股部队，忽然从山西渡河以后北上，直逼北京周围。京师上下大为震动。初七、初八，朝廷多次下达命令催促刘铭传、善庆等步兵、骑兵各营，让他们迅速开赴河北地区剿灭西捻军。因为刘铭传因病，正在休假中，所以李鸿章不忍马上就调他参战，于是率领周盛波、周盛传兄弟十一个营的步兵、骑兵，潘鼎新的"鼎"字全军以及善庆、温德克勒西骑兵陆续进发，由东阿渡过黄河。又命郭松林、杨鼎勋整顿好大队人马，随后跟进。

剿灭西捻军的战役，与剿灭东捻军相比，更加难以成功。一是因为在黄河以北，几千里地都是平原，没有高山或大河可以用来阻挡敌军，而张总愚生性狡猾，又懂兵法，他们流窜滋扰华北平原，掠夺的马匹最多，往来行动迅速，转瞬之间可达百里之外，想要用大的包围圈来困住他们，却没有合适的地形条件，所以难以布下罗网。而且张总愚能从任柱和赖汶洸的覆灭处吸取经验教训，一旦听说有官兵包围，就会拼死杀出，不让官兵有充裕的时间有序地构筑战斗工事，这是第一大难题。二是因为李鸿章的淮军士兵都是南方人，渡河北上以后，所处地区的风俗与南方差异很大，南方人的性情和口音，与北方人都不相同；而且北方以谷食和面食为主，生活习惯也和南方不同；加上骑兵力单，又缺乏草料，这是第二大难题。李鸿章于是奏请实行坚壁清野①的策略，他认为："之前任柱、赖汶洸的捻军部队，流窜于中原地区多个省份，害怕城寨甚于害怕官兵。河南东部、安徽北部一带民风彪悍，由于被捻军侵扰已经很久，逐渐增

---

① 是指坚固堡垒和收清粮食以困敌人，从而不攻自退的策略。坚，坚固；壁，堡垒；清野，将四野的财物，主要是已成熟的粮食作物，清理收藏起来。最早出自《三国志·魏书·荀彧传》："今东方皆以收麦，必坚壁清野以待将军，将军攻之不拔，略之无获，不出十日，则十万之众未战而自困耳。"

添构筑起不少堡垒、城寨，到处都和城池差不多，所以捻军乱党只能从那儿经过，不能够久停。近年来只有湖北、陕西一带被侵扰得最厉害，因为这些地方素来没有城寨，现在建造又来不及，所以捻军得以在这一带四处流窜、大肆掠夺，气焰越来越嚣张。直隶、山西一带，一直没有受到捻军乱党的侵扰，百姓民风淳朴、性格也较为软弱，不知道构筑堡垒和城寨来自保。张总愚本就极其狡诈奸猾，又是穷途末路的流寇，加上南边有黄河阻碍，致使其在北方纵横驰骋，到处流窜，百姓受其侵害而到处迁徙，这已经有相当长的一段时间了，实在是可悲可叹……自古以来，用兵必须对比作战双方的强弱和粮草等因素，以此作为决策标准。现在的情况是，捻军乱党未必比官兵强，但他们的马多，我们的马少，这方面有我们不能比的地方；他们可以到处抢夺粮草，我军则必须就地采购粮草，捻军乱贼常常能吃饱，我们的士兵却经常挨饿，在这方面又是我们不能比的。而今想要断绝乱贼的粮草及马匹，只有严令河北的士绅和百姓赶紧构筑堡垒和城寨，一旦有捻军入侵的消息，就将粮食和牲畜藏到里面，既能保护自家安全，也能置乱贼于死地，如此等等。"而最终西捻军得以平定，实有赖于此策略。

　　四月，李鸿章又奏请由刘铭传为前线各部队的总指挥，朝廷同意了其奏请并敦促刘铭传即刻启程。李鸿章又命令淮军与直隶、山东的民兵沿着黄河和运河修筑长墙来围困敌军。然后派调各路军队，轮流出击、轮流休息。那些长时间追击捻军而必须稍作休整的疲乏之师，则就在运河的东岸选择险要地段驻扎下来，等到敌军流窜而至时，立即起来迎战，以剿为防。还派张曙、宋庆分别驻扎在夏津、高唐一带，程文炳驻扎在陵县、吴桥一带，为防守运河的部队做掩护。左宗棠也派了刘松山、郭宝昌等部队，在从连镇北部到沧州一带的河道东岸分别驻扎，与杨鼎勋等人的部队就近相互策应。布置好这一切以后，才开始进行剿捻。

　　五月，一支捻军向西北方向流窜，各部队分头进行拦截，多次获得胜利。于是李鸿章趁着黄河进入汛期，水位迅速上涨，缩小了包围圈，以运河作为外部包围圈；而利用恩县、夏津、高唐的马颊河，截长补短，划为内部包围圈，把捻军乱贼逼向西南方，层层设围。五六月间，各部队都连续取得大胜，敌军的实力逐渐被削弱，投降、掉队的人也越来越多。六月十九日到二十二日，政府官兵乘胜追击，每战必胜。二十三日，张总愚渡河后向西南方向逃走。二十四日，由平原县逃到高唐县。二十五日，潘鼎新追击了一百二十里，冒雨到达高唐县，敌军已经逃向博平、清平一带，并企图进攻运河。而官兵早已在马颊河西北岸上筑起长墙数百里，足以围住捻军的人马，等到捻军恍然大悟的时候，已经落入圈套之中，越逃窜活动的空间越狭小，离死期也越近。这个时候各部队在长时间追击后都已经疲惫不堪，李鸿章于是派遣刘铭传率领战斗力强的骑兵前来助战，前线军队的士气大振。二十八日，官兵将敌军包围在徒骇河、黄河和运河之间，刘铭传调集骑兵、步兵迎战，追杀了好几里远。逃窜的捻军又刚好遇到从东边来的郭松林部队的骑兵、步兵全军，被挡住了去路，又加上河道交错，湿滑泥泞，刘铭传、郭松林两军的骑兵共五六千人，纵横追杀，联合攻击，活捉、杀死捻军无数。张总愚仅仅带了几十名骑兵往北逃窜，很快便投河自尽。西捻军被肃清以后，中原地区终于再次获得了安宁。八月，李鸿章到京师入朝觐见皇上。

李鸿章的用兵之道，往往是谋定而后动，料敌如神，所以他在军中十五年，从未曾经历挫败。虽然可以说很幸运，但这难道不是因为他的努力吗？李鸿章在剿灭太平军的过程中，以区区三座小城作为据点，只用了一年时间就扫平整个苏南地区；在剿灭捻军的时候，面对着横行了十多年的强悍敌人，面对着这个让众多将领无功而返的对手，他也只用了一年时间就将其歼灭，有如天助。他对待属下部将，都以朋友道义相交，像爱护家人一样爱护他们，所以下属都十分愿意为他效命，可以说是一个真正善于统率将领的人才。虽说如此，李鸿章的军事生涯，实际上自始至终都与曾国藩有密切联系，不仅仅是感激推荐他的人而已。他平定苏南的时候，是由曾国藩统筹全局，肃清长江上游的太平军；曾国荃的军队则包围南京，牵制敌军的兵力，因此使得李秀成在战场上疲于奔命，李鸿章才有机可乘；他剿灭捻军的时候，秉承了曾国藩所制订的作战方略，而他之所以在千里之外有源源不断的粮草供应，士兵每天都不会挨饿，都是因为有曾国藩这位出色的两江总督在他的后方支援，免除了他的后顾之忧。除了这些，李鸿章追随曾国藩军队多年，既砥砺了他的道德义理水平，也学到了练兵和打仗的本领，终其一生立身行事，吃苦耐劳、任劳任怨、坚忍不拔的精神，以及他统领军队和将士开诚布公、团结部下的方法和策略，没有哪一样不是从曾国藩那儿学来的。所以说，先有曾国藩后有李鸿章。而李鸿章对待曾国藩像对待父母一样，尊崇曾国藩如尊神明一般，不也是应该的吗？

第六章
洋务运动时期的李鸿章

"洋务"这两个字，并不是李鸿章的专有名词。然而本着"名从主人"①的原则，为李鸿章写传记，就不得不以"洋务"这两个字来总结和概括他人生中二十多年的事业。

李鸿章之所以被庸俗而不开明的读书人唾骂，是因为洋务；他之所以被鄙陋而见识浅薄的功利者所推崇，也是因为洋务。我之所以一方面推崇李鸿章，另一方面责骂李鸿章，又为李鸿章感到惋惜，也是因为洋务。能说李鸿章不懂洋务吗？但在中国当时的洋务人士中，我没有发现比他更懂洋务的人。可李鸿章真的懂洋务吗？为何别的国家通过搞洋务而兴盛了，中国却因为搞洋务而愈加衰弱呢？我可以用一句话来总结，那就是李鸿章只知道有洋务，却不知道有国家事务；以为洋人所办的事务，就是所谓的洋务。

现试图把李鸿章自平定太平军、捻军以后，和日本进行战争之前，所办的各类洋务列表如下：

设外国语言文字学馆于上海	同治二年（1863年）正月
设江南机器制造局于上海	同治四年（1865年）八月
设机器局于天津	同治九年（1870年）十月
筹通商日本并派员往驻	同治九年（1870年）闰十二月
拟在大沽设洋式炮台	同治十年（1871年）四月

① 对事物的称呼以主人所称之名为名。此处是指李鸿章就称外国新事物为"洋务"，所以以此来称呼。最早出于《穀梁传·桓公二年》："孔子曰：'名从主人，物从中国。'"

挑选学生赴美国肄业	同治十一年（1872 年）正月
请开煤铁矿	同治十一年（1872 年）五月
设轮船招商局	同治十一年（1872 年）十一月
筹办铁甲兵船	光绪元年（1875 年）十一月
请遣使日本	光绪元年（1875 年）十一月
请设洋学局于各省，分格致测算、舆图、火轮机器、兵法、炮法、化学、电学等科目，挑选通晓时务之学的人主持，并于考试功令稍加变通，另开洋务进取一格	光绪元年（1875 年）十二月
派武弁往德国学水陆军械技艺	光绪二年（1876 年）三月
派福建船政生出洋学习	光绪二年（1876 年）十一月
始购铁甲船	光绪六年（1880 年）二月
设水师学堂于天津	光绪六年（1880 年）七月
设南北洋电报	光绪六年（1880 年）八月
请开铁路	光绪六年（1880 年）十二月
设开平矿务商局	光绪七年（1881 年）四月
创设公司船赴英贸易	光绪七年（1881 年）六月
招商接办各省电报	光绪七年（1881 年）十一月
筑旅顺船坞	光绪八年（1882 年）二月
设商办织布局于上海	光绪八年（1882 年）四月
设武备堂于天津	光绪十一年（1885 年）五月
开办漠河金矿	光绪十三年（1887 年）十二月
北洋海军成军	光绪十四年（1888 年）
设医学堂于天津	光绪二十年（1894 年）五月

第六章　洋务运动时期的李鸿章

江南制造总局

　　李鸿章所办的洋务，基本就是以上所列。综合所列来看，大体上不出两样：一是军事方面的，如购船、购械、造船、造械、筑炮台、修缮船坞等；二是商业方面的，如开铁路、招商局、织布局、电报局、开平煤矿、漠河金矿等。其中虽然有一些开办学堂、派留学生去外国留学的事情，但大致都是为军事方面服务的，要么就是为对外交涉培养翻译人才所用的。李鸿章所认识到的西洋人的长处，也就只是这些。

　　在海军、陆军军事事务上，李鸿章倾尽了毕生心力。他以善战而建立了自己的功名，而他之所以能成功，实是由于长时间和西方的军队在一起作战，亲眼见识了他们武器先进装备的威力，并将用这些武器来装备自己的军队。所以在平定了叛乱之后，李鸿章深深认识到以中国的兵力，平定内乱尚绰绰有余，但要抵御外部的侵略则明显不足，所以他兢兢业业地把强兵当成头等大事。他的眼光不可谓不超人一等，他把很多心血也投入到了这上面。

　　据统计，在中日甲午海战之前，李鸿章手下的兵力大体如下：

北洋海军兵力表

分职队别	船名	船式	吨数	马力	速力	炮数	船员	下水年份
主战舰队	定远	铁甲	7335	6000	14.5	22	330	光绪八年（1882 年）
	镇远	铁甲	7355	6000	14.5	22	330	光绪八年（1882 年）
	经远	铁甲	2900	3000	15.5	14	202	光绪十三年（1887 年）
	来远	铁甲	2900	5000	15.5	14	202	光绪十三年（1887 年）
防守舰队	致远	巡洋	2300	5500	18	23	202	光绪十二年（1886 年）
	靖远	巡洋	2300	5500	18	23	202	光绪十二年（1886 年）
	济远	巡洋	2300	5500	18	23	203	光绪九年（1883 年）
	平远	巡洋	2200	1500	14.5	11	……	……
	超勇	巡洋	1350	2400	15	18	130	光绪七年（1881 年）
	扬威	巡洋	1350	2400	15.5	18	130	光绪七年（1881 年）
	镇东	炮船	440	350	8	5	55	光绪五年(1879 年)
	镇西	炮船	440	350	8	5	55	光绪五年(1879 年)
	镇南	炮船	440	440	8	5	55	光绪五年（1879 年）
	镇北	炮船	440	440	8	5	55	光绪五年（1879 年）
	镇中	炮船	440	750	8	5	55	光绪七年（1881 年）
	镇边	炮船	440	840	8	5	55	光绪七年（1881 年）
练习舰	康济	炮船	1300	750	9.5	11	124	光绪七年（1881 年）
	威远	炮船	1300	840	12	11	124	光绪三年（1877 年）
补助舰	泰安	炮船	1258	600	10	5	180	光绪二年（1876 年）
	镇海	炮船	950	480	9	5	100	同治十年（1871 年）
	操江	炮船	950	400	9	5	91	同治五年（1866 年）
	湄云	炮船	578	400	9	4	70	同治八年（1869 年）

第六章　洋务运动时期的李鸿章

镇远舰

镇远舰是中国海军史上最早的具有近现代意义的两艘主战军舰之一，由德国伏尔铿造船厂制造。1886年，北洋水师出访日本，停靠长崎港，引起日本朝野一片惊恐。甲午战争中镇远舰多处受伤。1895年2月27日，该舰被日海军停获，编入日本舰队，成为日本海军第一艘铁甲战舰，于日本海军服役17年。

致远舰

与靖远舰同为北洋水师中航速最快的战舰。1894年9月17日黄海海战中，致远舰激战5小时弹尽且受重创后，管带邓世昌欲冲撞日舰吉野与之同归于尽，但被日舰击沉，同舰官兵246人全部殉职，邓与其爱舰同沉。全舰仅7人获救。

附：水雷船

船名	船式	吨数	速力
左队一号	一等水雷	108	24
左队二号	一等水雷	108	19
左队三号	一等水雷	108	19
右队一号	一等水雷	108	18
右队二号	一等水雷	108	18
右队三号	一等水雷	108	18

在中日战争爆发前夕，直隶、淮军新练陆军二万多人，大概情况如下：

直隶、淮军新练陆军表

军队	营数	人数	将领	驻地
盛军	18	9000	卫汝贵	小站
铭军	12	4000	刘盛休	大连湾
毅军	10	4000	宋庆	旅顺口
芦防淮勇	4	2000	叶志超 聂士成	芦台北塘 山海关
仁字虎勇	5	2500	聂士成	营口

以上合计四十九营，二万五千人左右。

李鸿章倾注了全部精力在这两支海陆军队的建设上，自认为对这两支军队的战斗力很有把握。光绪八年（1882年），法国入侵越南，开始滋扰我国边境的时候，朝廷商议准备在京城周围布防，李鸿章又上奏，说"臣用了十年的时间来练兵，装备新式武器，虽然由于经费紧张而不能实现心中所有的设想，但是临阵对敌，还不至于让皇上担惊受怕"。他所具有的自信，从这些话中也可以感受得到。但没想到的是，中日战争一爆发，巨大的铁甲战舰不是被重创、被击沉，就是被敌军缴获。淮军和新练的陆军也是屡战屡败，之前留下的好名声被一扫而光。所残余船舰和其他武器装备，经过在天津塘沽与八国联军一战，和罗荣光、聂士成一起化为了灰烬。于是，直隶总督、北洋大臣李鸿章三十年来所积累、所精心谋划和培植的势力及资本，全都烟消云散。等到李鸿章死的时候，他所苦心经营的天津，还在外国人手里，没有收回。唉！李鸿章啊李鸿章，

致远舰军官合影（左起二排第四人为邓世昌）

我想你在九泉之下也不会瞑目！

　　李鸿章失败的原因有一半是由于群臣的掣肘和牵制，也有一半是他自己的缘故。他自己的缘故，一半来自用人不当，一半来自见识不足。他当时已经立下了很大的功业，正处于名声鼎盛的时候，因而自视甚高，觉得全天下的事办起来都很容易。而他又对老部下和将领念旧情，曾经共患难，如今同富贵，让他们相互推荐，占据众多重要的岗位，对他们委以重任，而无暇过问他们的才干是否适合相应的职位，以致在遇到大事的时候往往搞砸，延误战机，这是其中的一个原因。另外，他只知道练兵，却不知道兵是怎么来的；只知道筹集粮饷，却不知道军队粮饷是怎么来的，所以做了很多琐事，最终一无所成，这又是一个原因。下节将会更详细地论述。

　　李鸿章所创办的商务，也没有哪一个真正取得较为可观的成效，没有其他的原因，唯独可以归于"官督商办"这个词语，正是由于官督商办的方式而受到了拖累。中国人擅长做生意，这仿佛是上天赋予的才能。假使国家能够在全国范围内制定商法，开辟市场，保护商人的权利，自然会使土地上的资源不被浪费，人的才能也不被浪费，国家的富强也就指日可待。现在每当要开发一个商业项目，动不动就要请示批准，并要派大臣监督办理，即使所派的大臣非常适合，也会因官员越俎代庖而出现适得其反的情况，难以有很好的成效。更何况派去的这些官员大都是些奸猾、迂腐之人，把督办视为一条发财的门路，狐假虎威，掌控局势，这样一来，那些已经入股的人怎能不寒心呢？那些准备入股的人又怎会不驻足观望呢？因此，中国的商务之所以不能兴起，可以说很大程度上是李鸿章推行的官督商办政策所致。

我可以用一句话来下一个结论：李鸿章实在是一个不懂国家事务的人。他不知道国家是什么，不知道国家与政府之间有什么关系，不知道政府与人民各自有什么样的权利范围，不知道当大臣应尽的责任。他对于西方国家强盛的原因，并没有清晰的认识，认为我中华帝国的政治、教育、传统和风俗，没有一样不比其他国家优越，比不上的只是枪、炮、船、铁路、机器等，我们只要学会了这些，那在洋务运动中所要学习的先进东西就全都到家了。这也是近日举国上下研究时务的人的一致论调，而李鸿章实际上是这一派人物中已有三十年资历的前辈了。这正如丑女效仿西施的笑容，寿陵少年学习邯郸人走路，只是越学越丑，最终一无所获，这是必然的。

虽然如此，李鸿章的见识还是远远超出一般人，我曾经看到他在同治十一年（1872年）五月的《复议制造轮船未可裁撤折》中说道：

臣认为欧洲的各国，在这百年以来的时间里，由印度到达南洋，又由南洋到中国，闯入我国边界，进入腹地，这是史上前所未有的事情。自古以来，凡是没能和中国通商的国家，没有哪个不是来登门拜访，并请求通商互市的。我们的皇上有着天朝上国的气度，一概与他们立约通商，以此来笼络这些国家。如今，地球上无论东西南北，隔着几万里距离的国家，都能聚集到中国来，这是三千年来的一大变局。西方人靠着他们制造精良、威力巨大的枪炮轮船，而能够横行于中国的土地上，中国以往所使用的武器都没有他们的先进，所以受制于西方人。到如今还有人说要排斥西方，说要将西方人驱逐出境，都是不负责任的胡言乱语，就算要保护和平，维护领土完整，也不是没有先进武器就能做到的……那些士大夫被局限在圣贤的道德章句的学问里，而看不到数千年来的这一大变局，满足于现状，苟且偷安，而忘却了二三十年前遭受重创时的疼痛，也不去想千百年后用什么来安定国内局势、抵御外辱。这就是建议停止建造轮船的言论出现的原因。在臣看来，国家什么钱都可以省，唯独养兵、边防、练习枪炮和制造兵器、轮船的军费，万万不能省。如果在这方面节省费用，那就意味着必须放弃一切，因为那样的话国家将无法立足，也永远没有强盛的那一天。

光绪元年（1875 年），李鸿章又在《因台湾事变筹划海防折》中说道：

这是总理衙门的六条主张。它把当务之急和长远之虑全部包括进去了，可以说实为挽救时局的重要策略。其中不容易立即办好的是优秀人才难以找到，资金难以筹集，意见和纷争难以化解，陈旧风气难以消除。如果这些方面一直不加改变，那就算每天都在加强防御，也将如同画饼充饥，徒劳无功。因此，而今最要紧的事情就是努力破除成见，以求能够做一些实际的事。为什么这么说呢？历朝历代的边防守备，多集中在西北，那里的实力强弱对比，各国的主次关系，都已经差不多。而且也与外国有了固定的疆界。现在东南沿海一万余里，各国之间往来非常自由，还在京师和内地各省大量聚集，表面上打着友好往来的旗号，暗地里却想着吞没中国的阴谋诡计。一个国家闹事，一群国家都跟着煽风点火，实在是几千年来未有的变局。轮船、电报的速度，瞬息之间可到达千里之外，新式的军事装备，比以前的威力强大百倍，也是几千年来从未遇到过的强敌。外患的侵扰不断，形势变幻迅速，但我们却还想用那些老办法来应对，这就好像大夫给人治疗疾病，却不去问病人究竟有什么样的病症，而是一概开老处方，实在是见不到什么疗效啊。在 1860 年鸦片战争后，西方人侵入中国内地的势头越来越猛，海内外的文人志士，没有一个不慷慨激昂、义愤填膺，纷纷说应该将外国人驱逐出境。但这些不过是局外人的非议，毕竟是不了解当事人的艰难，等到问及他们用什么方法来自强，如何抵御外辱的时候，就茫茫然不知所措了。臣已经办理洋务很久了，见闻也较广，对敌我双方相比的优点与不足之处，了解得比较透彻。环顾当世，我们在财力、物力、人才培养方面实际上都比较欠缺，再加上受到传统的束缚，受到很多口舌的牵制，所以想要奋发图强干一番事业也很被动。《易经》上说："穷则变，变则通。"如果不知变通，那么无论是战还是守都不可靠，而靠讲和也很难长久维持下去。

李鸿章又说：

近些年那些迂腐守旧的读书人，大多把办洋务、和外国人交涉看作一种耻辱；而投机取巧的人，又把回避洋务当作成就自己名声的一种办法。如果朝廷不能力开新风气，破除那些妨碍办事的旧习俗，真正找到让国家强盛的实用手段，那目前天下的危机局面，最终将陷入不可挽回的境地；人才的匮乏，也将比现在更加严重。这样的话，那么大的一个中国，将永远没有自立自强的一天，这不仅让人感到担忧，也让人感到耻辱。

由此可见，李鸿章本来明白当今为中国社会近三千年以来的一大变局，本来知道如果因袭现状将欲苟安而不得，本来曾有意于求得千百年后安定国内、抵御侵略的良方，本来知道老处方难以治疗新的病症，本来知道如果不进行变法维新，则无论是战还是守都不可靠，本来知道如果派系纷争不化解，传统旧习不除，则将一事无成，甚至也知道日后中国人才的缺乏，将比现在更严重，这样下去，偌大的一个中国，将永远没有自立自强的一天。李鸿章的言辞沉痛，至今我读来，仍不由得热泪盈眶。以李鸿章如此的忠诚，如此敏锐的洞察力，而且长期以来身居要位，掌握国家大权，却也只取得而今的这点成就，到底是为什么呢？其实是因为他只知道有军事却不知道有民政，只知道有外交却不知道有内治，只知道有朝廷却不知道有国民。他常常指责他人看不清大局，但他自己对于大局，就先有不明了之处；他常常指责他人派系纷争难以化解，旧习气难以消除，但他自己身上的派系观念、旧习气，和其他人比起来，也不过是以五十步笑百步罢了。殊不知当今世界的竞争，不在于国家而在于国民；殊不知西方诸国之所以能化解纷争，消除旧习，实行新宪政，走向富强，其关键动力都是来自下层民众而不是上层。而要使这种关键动力出现，则必须有一两个先行者，从而引导人们前行的道路，并鼓舞大家，等到新风气形成以后，再因势利导，充分利用下层民众的力量，这样便没有不成功的。李鸿章如果是不知道这些，不担忧这些，也就算了。既然知道这些，也对这些很忧虑，且凭他的地位和声望，对上可以打动皇帝，从而指挥百官，在下可以制造舆论，以此号召全国人民，但很遗憾的是李鸿章却没能这样。所以我说：李鸿章的问题，在于不学无术。所以说，他是一个时势所造的英雄，而不是一个造时势的英雄。

虽然这样，事情换了环境就会不一样，人换了时代也会不一样。我等生在当今，而以这样的大事业来责难李鸿章，我知道李鸿章肯定也不接受。他所说的"局外人的非议，毕竟是不了解当事人的艰难"，言下之意，他是有其他的苦衷的。如果援引《春秋》"责备圣贤"①的说法，李鸿章自然无法推卸责任，然而试问当今的四亿同胞，有"Cast the first stone"（投第一块石头的人，意为先行者）资格的人，又有几人？我虽然责怪李鸿章，但也不能原谅那些迂腐守旧的读书人，投机取巧的人，被道德章句所束缚、因袭现状的人，对于时代，他们难辞其责。更是不容许他们这些人跟着我插嘴，对李鸿章妄加评论。总而言之，李鸿章并不失为一个有名的英雄，不幸的是，这样大的一个国家，却没有那些所谓的无名英雄紧随其后。所以可以说，李鸿章是一跃而不能起。我对他的遭遇，也感到遗憾和痛心。

而从本章开始，李鸿章春风得意的历史就宣告结束了，取而代之的是他的一段失意而不堪回首的历史。

---

① 是指《春秋》对所谓贤者要求更为严格，旧时在对人提出批评时常用这句话，表示敬重对方之意。见《新唐书·太宗本纪赞》："《春秋》之法，常责备于贤者。"

第七章
中日甲午战争时期的李鸿章

中国维新运动的兴起，源自中日甲午战争的发生；李鸿章成就的盖世功勋和名声，也在中日甲午战争以后毁于一旦。可惜啊！李鸿章在光绪十九年（1893年），刚刚过了他的七十大寿，

中日朝鲜相争漫画

不久就病倒了，但还病不致死，结果就遭遇了甲午战争这场变故，国内外危机重重，事情一件接着一件。又经历了八年的极度煎熬、危险、窘迫和奇耻大辱，直到如今郁郁而终。老天啊，你为什么在先前宠爱此人的时候对他如此的优待，却又在后来磨难此人的时候变得如此残酷无情？我写到这里，也不由得停下笔来感叹不已。

中日之间战争的源头起于朝鲜。而若对这场祸事进行追根溯源，那还不得不说这是李鸿章外交的一大遗憾。朝鲜本是中国的藩属国，最初在同治十一年（1872年）的时候，日本与朝鲜之间发生纠纷，日本人派了使臣到中国交涉。朝鲜作为一个具有不完全主权的邦国，他的外交理所应当地由其宗主国负责，这也是当时公认的国际惯例。中国当局由于害怕卷入纷争，于是迅速答复日本：

朝鲜的国家事务，我朝向来不干涉，任凭贵国与他们自行交涉即可。日本于是又派使臣到了朝鲜，于光绪元年（1875 年）正月，与朝鲜订立了和约。和约的第一条这样规定：日本承认朝鲜是一个独立自主的国家，与日本一样拥有平等的主权。这就是日本与朝鲜交往的开端。光绪五年（1879 年），英、美、德、法等多个国家，相继向朝鲜提出通商互市的请求。朝鲜政府对西方各国的要求感到恐慌，不知道如何应对，犹豫不决。李鸿章就写了一封密函给朝鲜的太师李裕元，让他和各国立约，又上奏朝廷说，借此可以防御俄国人、牵制日本人等。光绪六年（1880 年），驻日使臣何如璋致信总理衙门，倡议中国应当主持朝鲜的外交，并称中国应当在朝鲜派驻办事大臣。李鸿章则说，如果对朝鲜进行秘密地维持和保护，尚且还在能力范围内，可以进退自如，倘若明目张胆地替朝鲜主持外交，不但朝鲜未必会完全服从我们，而且可能得罪各国，使得各国把矛头指向我们，最终形成骑虎难下的局面，到时候战争的麻烦恐怕也会甩不掉。光绪八年（1882 年）十月，侍读学士张佩纶又上奏折，请求朝廷派出大员到朝鲜担任通商大臣，负责处理朝鲜的外交事务。李鸿章则还是在奏折中坚持原来的意见。这都是因为李鸿章对"藩属国无外交"的国际公法不熟悉，只图一时的省事，而将国家权力轻易让给他人，实在是外交史上的一大遗恨。从此以后，各国都不再把朝鲜当作中国的属国看待了。光绪十一年（1885 年），李鸿章与伊藤博文在天津签订条约，明确约定：将来要是朝鲜发生事变，中日两国想要派兵前往，必须互相通知照会。于是朝鲜又似乎成了中日两国共同保护的属国，实在是不可思议的事情。后来两国各执一词，纠缠不清，最终酿成战争，正在于此。而该祸事的开端，不得不说是由外交上的失算所引起的，这是李鸿章的第一大失误。

光绪二十年（1894 年）三月，朝鲜爆发了东学党之乱[①]，势头发展得非常迅猛。当时袁世凯正驻扎在朝鲜，担任办理商务委员。袁世凯是李鸿章的亲信，他多次致电李鸿章，请求他派兵到朝鲜帮助剿灭东学党，并怂恿朝鲜的国王向清朝求援。李鸿章便于五月一日，派海军的济远舰、扬威舰两艘军舰开赴仁川、汉

---

① 又被称为甲午农民战争，是指公元 1894 年（按干支纪年为甲午年）在朝鲜境内爆发的由东学道领袖全琫准领导的反对朝鲜王朝封建统治、反对帝国主义瓜分侵略的农民起义。由于这次起义是打着东学道的旗号，并以东学道徒为核心，而统治阶级多称呼其为"东学党"，因而历史上又称之为东学党起义。甲午农民战争是朝鲜历史也是世界历史上的一次声势浩大的反帝反封建的农民革命运动。同时，它直接导致了甲午中日战争的爆发，因而也是近代国际关系史上的重大事件。

城保护通商，并调遣了直隶提督叶志超率领淮勇一千五百人开赴牙山，同时，依照与日本签订的《天津条约》的规定，通知了日本清朝派兵的消息。日本于是随即派兵前往。到了五月十五日，日本军队已经有五千人到达了仁川。朝鲜政府大为震惊，于是请求中国先行撤兵，以谢绝日本。中国方面没有同意，于是和日本方面反复协商同时退兵的事情。当时东学党已经被解散了，但是日本还是派来了重兵，不打算退回去，于是和中国商议共同干涉朝鲜的内政，帮助朝鲜变法。双方进行了文件信函的往来，在这些文件信函中的言辞都很激烈，战争的气息藏于眉睫之间，大战一触即发。

这场战争，在中国看来，是自己的藩属国爆发叛乱，并谦卑地请求派兵支援，作为宗主国，中国本就有义务帮助他们平定叛乱；而在日本看来，中国既然认定朝鲜是一个独立国家，与所有国家都平等，现在又突然派兵来帮助一个自主的国家平定内乱，不知道是有什么不可告人的打算，所以日本派兵和清军相对抗，也不退让。两国之间，各执一词，都把错误推到对方身上，认为自己是对的。而且都有理有据，言之成理。但是在这里面，仍有很多可疑的地方，在未发兵之前，袁世凯多次向朝廷致电，声称朝鲜东学党十分猖獗，朝鲜没有能力去平定，其后朝鲜国王向中国发来求援文书也是袁世凯指使的。可为什么在五月初一才开始发兵，到了初十就已经有了乱党全部被平定的报告呢？那时候我们派出的军队还在途中，和朝鲜乱党的事情风马牛不相及，所以朝鲜的东学党叛乱根本就不需要中国军队助剿，这是很明显的。不需要代剿，而我们却无缘无故派出了军队进入朝鲜，怎能不令日本人产生怀疑呢？因而我们说错在日本，日本方面自然不愿接受。有人说是袁世凯想要借这件事来邀战功，所以夸大其词，制造事端，而没想到日本紧随其后而至。如果真是这样的话，那就是袁世凯以一己之私，导致了十多万民众遭受其害，破坏了几千年来的国体。对此袁世凯自然难辞其咎，而重用袁世凯又听信袁世凯的人，难道不可以说是用人失察吗？这是李鸿章的第二大失误。

日本多次想通过协商来干预朝鲜事务，但中国不同意；中国多次建议中日双方同时撤兵，但日本也不同意。李鸿章与总理衙门便开始天天希望俄国或英国出面调停。北京、伦敦、圣彼得堡之间的电报往来频繁，俄国和英国也在表面上答应一定会从中斡旋，但暗地里希望能坐收渔翁之利。此后拖了一段时间，战争的准备仍没有做好。等到五月下旬，调到朝鲜境内的日本军队已经超过一万人。平时的兵力就不如日本，在战前的临时准备又落后于日本，让敌军占

中日黄海大海战

据了军事要冲，主客颠倒，因此还没有交战，战争的胜败就已经可以预知了。这是李鸿章的第三大失误。

　　在这三大失误之后，战争就打响了。六月十二日，李鸿章奉朝廷军机处谕旨准备作战。于是派总兵卫汝贵统率盛军马步六营进驻平壤，提督马玉良统率毅军两千人到达义州，分别通过海路到达朝鲜，从大东沟登陆，又命令叶志超率军队转移驻扎到平壤，这些部队都是淮军。所派到各地的士兵，都是雇用英国商船进行运送，而用济远、广丙两艘军舰轮流保卫护航。二十五日凌晨，遭到日本军舰的袭击，济远号管带方伯谦①看到敌舰靠近，便在惶恐中躲藏到军舰铁甲最厚的地方，随即，济远舰被日本炮击，船舵被毁，立即高挂白旗，下面悬挂日本国旗，仓皇逃回旅顺港。高升号被击沉，我军死亡七百余人。二十七日，清政府通告各国，命令驻日公使汪凤藻撤下国旗归国。二十九日，牙山失守，叶志超退回平壤，向朝廷谎报打了胜仗，称在二十五日、二十六日、

————————

　　① 方伯谦（1853—1894），清朝福建侯官县人，字益堂，北洋水师将领。福建船政学堂首届驾驶专业毕业生。1877年至1880年在英国学习驾驶军舰。回国后，任济远号管带。黄海海战中，致远号沉没，方伯谦即率济远号逃出阵外。僚舰广甲号见状，也随之逃跑。日本先锋队四舰转而围攻经远号，将经远号划出阵外击沉。随后，丁汝昌在向李鸿章的电报中请求对其处罚，以正军纪。而后李鸿章下旨，将其斩首，时年41岁。

二十七日这几天，累计击毙日军五千多人，得到下旨奖赏士兵白银二万两，高级军官受到奖励和提拔的有数十人。在此之后，北洋水师、淮军的声望就开始逐渐下降。

在五月、六月之间，日本的军舰聚集在朝鲜，密密麻麻，穿梭如织。而中国的军舰则都躲藏在威海卫，悠闲自在地停靠在岸边。直等到京外人们纷纷奏本弹劾，才假装着派遣出一支辅助舰队，开出军港，或是开出三十里，或是开出五十里。大体上从起航出港算起，经过约五六个小时，便立即把船开回军港，并迅速致电北洋大臣，称其船巡逻到某处，并没有发现倭寇军队的踪迹等。种种的情形，让人觉得可笑又可叹。八月上旬，北洋大臣连续接到来自朝鲜的军事电报，请求出师相助以壮声势。于是就用了招商局的船五艘，运载士兵、银两，由海军的军舰护送。铁甲舰、巡洋舰各六艘，水雷舰四艘，合成一队同行。到中秋节那天，安全抵达鸭绿江江口。然后，五艘运兵船直接驶入鸭绿江，浅水兵船和水雷船护与其一起驶入，剩下的船舰则驻扎在离江十里或十六里的地方。当时各船舰锅炉里的煤都还没有熄灭，北洋舰队将士们就在十六日早晨，瞭望到南方隐隐出现缕缕黑烟，知道了日本的军舰即将到来。于是海军提督丁

1894 年 9 月 17 日午后 12 时 57 分的黄海海战战场　小川一真（摄）

汝昌，传令各船舰列阵为"人"字形。镇远号、定远号两艘铁甲舰位于"人"字形的顶部，靖远号、来远号、怀远号、经远号、致远号、济远号、超勇号、扬威号、广甲号、广丙号及水雷船，分开列为"人"字形的两翼，还用号旗诏令鸭绿江中的大小战船全部出来助战。很快，日本的舰队就逐渐靠近，共十一艘军舰列阵成"一"字形，向我军发动猛烈进攻，而他们的巡洋舰的航行速度比中国军队的要快。转瞬间，日本舰队又改变阵形为太极阵，将我军"人"字形阵包围在其中。我军的战舰先开炮进行示威，

邓世昌

然而距离日本的战船有九里远，没打中也正常。炮声还未落，日军军舰就蜂拥而至，跟定远号和镇远号间保持着六里多的固定距离，也许是因为畏惧定远号、镇远号两舰厚厚的铁甲和重炮，而在这个距离上，中国的船炮射程不能达到敌舰，日军的船炮却可以击中我军。日本的舰队距离我军"人"字形阵末尾的两艘战舰较近，欺负这两只战舰炮略小而甲较薄。过了一会儿，日本的舰队切入"人"字形阵脚，致远号、经远号、济远号三艘战舰都被隔在"人"字形阵之外。致远号与其他战舰失去联系以后，船身多次受到重伤，眼看就要沉没之时，其管带邓世昌，开足马力，向日军的战舰飞速驶去，想撞上它与之同归于尽、共沉大海，但还没到达就已经沉没，船上的二百五十名将士一起殉难。在整个中日甲午战争中，牺牲者以邓世昌最为壮烈。与致远号同时被隔离在舰队之外的经远号，在刚刚离开舰队之时就突然燃起了大火，管带林永升一边开炮迎击日舰，一边泼水救火，依然指挥得井井有条。远远看见有一艘日本战舰，好像已经受损，便开足马力追击，却被日本舰放水雷攻击，躲闪不及，船体立即被轰裂，死难者也有二百七十多人。实在是惨烈啊！而济远号管带方伯谦，也就是在七月时护送高升号到牙山，半路上遇到日本舰队后立即逃回旅顺的那个人，当天是中日两军刚交战，方伯谦就先挂起了白旗，示意主将他的军舰已受重伤，很快便因为想要逃跑而也被日本舰队隔在了圈外。致远号、经远号两舰与日军展开苦战，但方伯谦完全不顾，如同丧家之犬一般慌忙逃窜，并误入浅海区。当时扬威号铁甲舰先搁浅在这里，不能够转动，于是济远号撞上它，撞开了一个大的裂缝，扬威号就此沉没。扬威号遭遇这样的飞来横祸后，死了一百五十

多人。方伯谦见状惊惧万分，飞速逃回旅顺口。第二天，李鸿章电报传令将方伯谦绑起来，在军前就地正法。而在海战中还有广甲号也和方伯谦一样逃出了阵外，不知道它当时是否受损，然而只顾防备后面的追兵，不顾前方的道路，误撞在礁石上，被日军放水雷轰击炸毁。在中国舰队的阵中，经远号、致远号、扬威号、超勇号沉没，济远号、广甲号逃跑之后，与日本舰队展开战斗的军舰就只剩下七艘。在这场战争中，日本的军舰虽然有受重创的或轻微受损的，却一艘也没有沉没，而我军则损失了五艘军舰。

海军在大东沟被歼灭的同时，陆军也在平壤同时战败。平壤是朝鲜的重镇，西、南、北三面均有大江围绕，北面靠着崇山峻岭，城墙倚着山崖，城东的江水，绕着山南向西流去，西北角则无山无水，是直达义州的交通要道。我军的叶志超、聂桂林、丰升阿、左宝贵、卫汝贵、马玉昆六名将领，共统率三十四个营的兵力，至七月中旬在此会合，他们都是李鸿章的部下。最开始中国在牙山发兵的时候，副将聂士成曾提出建议，认为应当趁日本军队尚未进入朝鲜之前，先派大军渡过鸭绿江，迅速占据平壤，而用海军舰队扼守仁川港口，让日本的军舰不能够得逞。牙山成欢[①]的军队，与北洋海军联手，牵制住日军，然后用平壤的大军向南进攻等。李鸿章没有采纳他的建议。等到七月二十九日，牙山清军战败，这条策略也就自动作废了。

虽然这样，日军进入朝鲜，正当酷暑难耐之时，而且道路狭窄险恶，崎岖不平，行军非常艰难，又加上沿途的村庄都很贫穷，无法募集到军粮。但朝鲜人素来惧怕中国，因而我军所到之处，粮草有求必应，这与他们对日军的态度形成强烈对比。所以日军在进攻平壤的时候，除了自身所带的干粮，没有其他可以吃的，一勺盐都要吃好几天。在这个时候，如果我军能够洞察战机，趁日军疲惫，派出奇兵突袭，便能获胜。然而我军采取的是以逸待劳的策略，认为靠着平壤的坚固堡垒，足以御敌，这是最大的失误。李鸿章在八月十四日下达军令，主要精神全都在于防守而不在于作战。应该说整个中日战争都被这种指导精神所误。

当时按照李鸿章的部署，马玉昆率领毅军的四个营绕过江东，形成犄角之势。卫汝贵、丰升阿两军的十八个营驻扎在城南的江岸，左宝贵的六个营防守在北山城上，叶志超、聂桂林两人率军守在平壤城中。十二日、十三日、十四

---

① 位于牙山东北部。

日这几日，日军已经陆陆续续在平壤附近集合起来。双方之间出现了一些冲突，但彼此损伤不多。到了十五日的晚上，敌军的战略部署已经确定下来，用右翼部队来攻下大同江左岸桥头的炮台，然后渡江进攻平壤城的正面，而以师团长的部队作为后援；用左翼部队从羊角岛往下渡过大同江，进攻我军的右方。十六日，日军在大同江岸和马玉昆部队相遇并发生激战，日军伤亡惨重，炮台最终失陷。当时左宝贵已退守牡丹台，拥有七连发的毛瑟枪和快炮等武器，在战斗中很起作用，但敌军连发开花大炮，左宝贵受伤死亡，于是军队大乱。午后四点半，叶志超急忙挂起了白旗，向日军请求停战。当天晚上，军队纷纷连夜撤退，在义州、甑山两处被日军堵截，阵亡二千余人，平壤于是被日军占领。

在这场战斗中，李鸿章二十多年所练的兵，自夸为劲旅的部队，基本上覆没殆尽。中国军备上的废弛，长久以来为外国人所熟知，唯独淮军、奉军、正定练军等向来使用西洋的方法练兵，又是李鸿章苦心经营的，所以日本军队都被其威名所慑，相当害怕这些军队。在战胜以后，日本将领还声称这是始料未及的结果。淮军战败的原因，一方面在于将帅卑劣不堪，严重的有如卫汝贵这样的，克扣军饷，临阵脱逃；还有如叶志超这样的，掩盖败绩，谎报胜仗，欺骗皇上而邀军功的。有这样的一些将领在阵前临敌，怎么能不败呢？另一方面在于六个统帅的官职、权限都一样大，没有一个人来统领全局，所以使得军队涣散，相互间配合不力。可以说这场战役是李鸿章在用兵打仗上失败的开始，而淮军骁勇善战的名声，也从此一扫而光。

久经训练的军队，尚且如此，其他的那些仓促新招募来的士兵，对军纪不熟悉，武器装备也不齐整，就更不值得一提了。自从平壤战败以后，我军的战略谋划变得更加飘忽不定，军事上应该承担的责任也不全在李鸿章一个人身上，所以在这里不展开叙述，只把最主要的一些将帅列在下面：

姓名	官职	所属军队	任职期间
依克唐阿	奉天将军	满洲马队	于光绪二十年（1894 年）八月派为钦差大臣
宋庆	提督	新募军	于光绪二十年（1894 年）派为总统前敌各军
吴大澂	湖南巡抚	湘军	于光绪二十年（1894 年）十二月派为帮办军务大臣
刘坤一	两江总督	湘军	于光绪二十年（1894 年）十二月派为钦差大臣

其余先后参加的部队则有：承恩公桂祥（慈禧太后的胞弟）、副都统秀吉率领的神机营马步兵，按察使陈湜、布政使魏光焘、道员李光久、总兵刘树元、编修曾广钧、总兵余虎恩、提督熊铁生等率领的湘军，按察使周馥、提督宗德胜等率领的淮军，副将吴元恺率领的鄂军，提督冯子材率领的粤勇，提督苏元春率领的桂勇，郡王哈咪率领的回兵，提督闪殿魁新募的京兵，提督丁槐率领的苗兵，侍郎王文锦、提督曹克忠奉旨办团练的津胜军，还有某蒙古官员所率领的蒙古兵。战争期间，这些部队有时候由李鸿章指挥，有时候由依克唐阿指挥，有时候由宋庆指挥，有时候由吴大澂指挥，有时候则由刘坤一指挥，根本没有确定的想法，完全没有形成统一。有识之士早就知道这些军队根本没法作战。

九连城失陷、凤凰城失陷、金州失陷、大连湾失陷、岫岩失陷、海城失陷、旅顺口失陷；盖平失陷、营口失陷、登州失陷、荣城失陷、威海卫失陷、刘公岛失陷，海军提督丁汝昌，也率领北洋舰队在战后的残余战舰，向日本投降，于是中国的海防兵力全部都被击溃。在这里，我将李鸿章平生最用心经营的海军情况重新列一个表，以记录此刻这种穷途末路的情形：

船名	船式	结局	地点
经远	铁甲船	沉	黄海
致远	钢甲船	沉	黄海
超勇	钢甲船	沉	黄海
扬威	钢甲船	火	黄海
捷顺	水雷船	夺	大连湾
失名	水雷船	沉	旅顺口外
操江	木质炮船	夺	丰岛冲
来远	铁甲船	沉	威海卫
威远	练习船	沉	威海卫
龙福	水雷船	夺	刘公岛外
靖远	钢甲船	沉	刘公岛外
定远	铁甲船	降	刘公岛中
镇远	铁甲船	降	刘公岛中
平远	钢甲船	降	刘公岛中
济远	钢甲船	降	刘公岛中
威远	木质船	降	刘公岛中

此外，还有"康济""湄云"等木质小兵船，"镇北""镇边""镇西""镇中"等四艘蚊子船，再加水雷船五艘，炮船三艘，在刘公岛湾内，或是受损，或是完好的船，大小共有二十三艘，全部都被日军占有。其中还有广东水师的广甲号、广丙号、广乙号三艘军舰，或是沉没，或是投降。从此以后，在中国北洋数千里的茫茫大海上，几乎再也没有了中国海军军舰行进的身影。

在中日甲午战争中，李鸿章成了众矢之的，几乎被骂得体无完肤，人人都愤恨地想杀死他。客观来说，李鸿章在某种程度上确实有不可推卸的责任，他在最开始的时候错误地劝告朝鲜与外国订立条约，却不明白国际公法的惯例，这是责任一。既然已经立约，默认了朝鲜是一个独立自主的国家，而又派兵干预其本国的内乱，授人以话柄，这是责任二。日本既然已经调集大军摆出有进无退的姿态，却仍然不能抓住先机，只是想依靠其他国家来调停，以致延误时日，这是责任三。聂士成建议趁日军还未完全集结之时，率先发兵直捣韩城以牵制敌人，他却没有采纳这个建议，这是责任四。在"高升号事件"①没有发生之前，丁汝昌请求带领北洋舰队先与日军作战，却没有采用，使得日本海军反客为主，敌军越来越强大而我军的处境越来越危险。究其原因，都是因为不想由我方先挑起战争，以为通过外交途径能够解决，却不知道在甲午年（1894 年）五六月间，中日早就已经成为敌对国，而不是友好邻邦了，误将友好的外交策略应用到战争中，这是责任五。李鸿章或将自我辩解说："这是考虑到我们的兵力不足对抗日本，所以害怕挑起事端。"虽然这样，李鸿章身为北洋大臣，练兵整军二十年，怎么竟连一场战役也打不了呢？ 这是责任六。李鸿章可能还会自我辩解说："受到政府的牵制，经费不足。"但这样也只不过是不能扩充兵力而已，怎么连现在所有的部队，比如叶志超、卫汝贵等率领的这些向来久经沙场的军队，也脆弱到如此地步？ 而且还时常听说发生克扣军粮、强抢民女这样的事情，连军纪都荡然无存，这是责任七。要么枪是破枪，要么子弹是假货，子弹和枪不匹配，火药不随枪械一齐发放，还说以前管理军械局的官员都廉洁自明，谁能相信呢？ 这是责任八。平壤之战，军队中没有总的统帅来很好地调度，

---

① 1894 年 7 月 25 日（大清光绪二十年，日本明治二十七年），清政府雇用英国商船高升号从塘沽起航，运送中国士兵前往朝鲜牙山，在丰岛附近海面被埋伏的日本浪速号巡洋舰悍然击沉，船上大部分官兵殉国，这就是有名的"高升号事件"。船上清军官兵 1116 人，除 245 人遇救获生外，其余的 871 名江淮子弟，全部壮烈殉国。另有 74 名船上工作人员，其中只有 12 人获救。二副韦尔什、大车戈尔顿等 5 名英国人，以及舵工 1 名和船员 56 名，全部葬身海底。

这是兵家之忌，李鸿章却也犯此大错，这是责任九。始终坐等敌人来进攻，于是受到敌人的牵制而不能够牵制敌人，害怕敌人如同害怕老虎一样，这是责任十。海军居然不知道用快船、快炮，这是责任十一。旅顺港为天险要塞，西方人说如果有几百名士兵守卫，只要粮草充足，三年也无法被攻破。李鸿章却任用一个卑劣怯懦的亲信去守卫，最终该亲信听到风声后就提前逃走，这是责任十二。以上种种，都可以成为人们指责李鸿章的理由。但在甲午年九十月之后，清廷上下到处都是外行的人在说三道四、指手画脚，号令也非出自一人之手，所以责任自然不能归结到一块，要是把这些都看作李鸿章的罪责，李鸿章也是不能接受的。

又怎么是不能接受呢？我看到那些指责李鸿章的罪责的人，他们身上可谴责的地方，与李鸿章相比，可以说有过之而无不及！所以在这次战争中，没有一个将帅不辱国，这已经不用再说了。然而如果在一百步和五十步之间，相对而言，那海军要比陆军表现得好些，李鸿章部下的陆军又要比其他的陆军表现得好些。海军在大东沟海战①中，彼此激战了五个多小时，观战的西方人也都交口称赞。虽然其中有像方伯谦这样的败类（有的说法是方伯谦实际上是为了救火保船，海军的战术就是这样的）。然而其他激战的军舰也可以相抵了，即使是日本海军也肃然起敬。所以日本在这场战争中，只有海军遇上了对手，而陆军却没遇上对手。等到刘公岛战役的时候，弹尽粮绝，要么投降敌人来保全性命，要么以身殉国来保全气节。先后阵亡的有邓世昌、林泰曾②、丁汝昌、刘步蟾、张文宣，虽然他们死得各不相同，但是都有男儿气概，令人感到哀痛。以上这些人，都是北洋海军中最重要的人物，而反观陆军那些全无心肝的人怎么样呢？那可以说不值得一提。但在平壤的战役中，还是有左宝贵、马玉昆这些人连续激战，这些都是李鸿章部下的人，而敌军的死伤与他们相当。在之后又有收复金州、海城、凤凰城等地的想法，到防御盖平，前后几次都曾与日本

---

① 大东沟海战，又称中日甲午海战、黄海海战，发生于1894年9月17日，是中日甲午战争中双方海军主力在黄海北部海域进行的一场战役规模的海战。黄海海战历时5个多小时，北洋水师损失致远、经远、超勇、扬威、广甲5艘军舰，来远受重伤；日本舰队松岛、吉野、比睿、赤城、西京丸5舰受重伤，但未沉一舰。此役后北洋水师失利，自此退入威海卫，使黄海制海权落入日本联合舰队之手，决定了甲午战争的中方的战败。

② 林泰曾（1851—1894），字凯仕，祖父林霈霖，系林则徐胞弟孙子。清代北洋海军将领，为左翼总兵兼镇远舰管带。1867年考入福建船政学堂。1875年随福建船政学堂总教习日意格赴欧游历，入英国海军实习，1879年回国。先后两次随北洋海军出访日本，被日本海军界称为中国海军的"宝刀"。1894年中日黄海海战后，镇远号入港时触礁受损，林泰曾自认失职后自杀。

军队展开苦战。虽然没能成功，但也尽力了。指挥这次战斗的是宋庆，他也是李鸿章的旧部。这些虽然不足以抵偿叶志超、卫汝贵、黄仕林、赵怀业、龚照玙等人的罪过，但比起吴大澂贴出劝降日军的告示，之后不战而逃、全军崩溃的表现又如何呢？比起刘坤一的奉命出征，却逗留数月不发兵至前线的表现又如何呢？所以，说中国军队全部腐败不堪是可以的，只把责任归于李鸿章的淮军并不合适。但当时满朝上下都充满着一股浮躁骄横之气，以为只要杀了李鸿章，就万事大吉，就可平息事态。那些道貌岸然、指手画脚的人，有着气吞东海、舌撼三山的气势，而其中又以湖南人的气焰为最盛。因而，重新起用湘军的建议被提了出来。但从实际结果来看，湘军还不如淮军。唉，这些人真该感到羞愧！我说的这些话，并不是想为淮军和李鸿章辩解。我对中日之战失败的结局，自然觉得无法原谅李鸿章和他的淮军，然而我又极其厌恶那些浮躁、自大狂妄之人，这些人丝毫不负什么责任，却总是在他人背后飞短流长，道人是非，还以此为乐，逞一时口舌之快。他们至今没有思考过能够取代李鸿章旧法的新方法，实际上这些人才是真正的亡国之徒。李鸿章纵然对战败负有责任，但这些人又怎么有资格去指责李鸿章呢？

在这场战争中，李鸿章的失误很多，但即使他没有失误，也绝对没有侥幸取胜的可能。从十九世纪下半叶以来，各国之间战争的胜负，都可以在还没有开战之前确定。这是为什么呢？因为世界越趋近于文明社会，优胜劣汰的道理就越确定。只有有实力的，才能获得胜利，没有一点其他的办法。无论是在政治、学术还是商务上，没有不是这样的，而军事战争只是其中的一个方面。日本在近三十年来，苦心经营自己的军队，上下一心，最终练就了军纪严明、敢于冲锋陷阵的精锐部队，孤注一掷地要和我们拼命，要是没有自信，他们怎么敢这样做呢？等到失败以后才知道失败原因的人，是愚蠢的人；但是等到失败以后还不知道失败原因的人，那就是如同死人一般麻木的人。中国在甲午战败以后，很多人仍然没有清楚地找到战败的原因，还只是怪罪李鸿章一个人，这又怎么行呢？

当时的西方报纸有评论家这样说：日本不是在和中国作战，实际上是和李鸿章一个人在作战。这话虽然说得稍微有些夸张，但和实际情况也算接近。没看见各省的那些封疆大吏，都只知道固守在自己的疆域内，而把中日战争看作专属于直隶、满洲要去解决的私事，他们有想过出一点粮草、出一点兵力来援助、救急吗？即使有，也只是说说空话而已。而最可笑的是，我军在刘公岛保卫战①后率舰队向日本投降的时候，当事人还写了一封信给日军，请求返还广丙号，在信中说这艘船是隶属于广东水师的，而这一场战争，和广东没有关系等。各国人士在听说这件事后，没有不笑话的。但他们不知道的是，这话实际上代表了各省封疆大吏的真实想法。如果情况真是这样，那日本确实可以说是和李鸿章一个人在作战。以一个人的力量来对抗一个国家，李鸿章啊李鸿章，虽然战败也算得上豪杰了。

自此以后，李鸿章善于带兵打仗的名声就荡然无存了，而他在外交方面所遭遇的种种困境也逐渐出现。

———————————

① 是中日甲午战争威海卫战役中的最后一战，北洋舰队的生死存亡之战。1895 年 2 月 3 日，日本舰队挑衅，对刘公岛上的东泓炮台突然发炮轰击，并用鱼雷偷袭北洋舰队。在抵抗多个昼夜后，援军久久不至，刘公岛的形势恶化。为了不让余舰落入日军之手，丁汝昌于 9 日炸沉了靖远舰，并炸毁定远舰。10 日，誓与军舰共存亡的右翼总兵、定远舰管带刘步蟾在极度悲愤中自杀。11 日，东泓炮台失守。拒绝伊东祐亨的"劝降书"后，丁汝昌在 12 日凌晨自杀。14 日下午，牛昶昞、程壁光来到日舰松岛号，交出中国将领、洋员名册以及陆军编制表，清军共计投降陆军 2040 人，海军 3084 人，共 5124 人，并在日军起草的《威海降约》上签名。17 日上午，日本联合舰队缓缓驶入威海港，北洋海军 10 舰降下中国旗，换上日本旗。至此，一度威震远东的北洋舰队全军覆没。

第八章
外交家李鸿章（上）

李鸿章在国际上所取得的很高声望，来自外交，而李鸿章在中国所背负的千古骂名也来自外交。如果概括李鸿章的个人生涯，可以将其一半归之于外交生涯。想要来评判他一生的功过，不能不把外交当作最重要的事，因此在这些事情上必须特别留意，需要展开叙述。

李鸿章办理外交事务是从处理天津教案①开始的。当时正值太平天国运动和捻军叛乱平定之初，内忧刚刚解除，突然就发生了天津民众破坏教士传教，还放火焚烧法国领事馆的事件。（同治九年，即1870年）法国人借此事件进行要挟，联合英国、美国来胁迫我国政府，他们的要求非常过分。曾国藩这时刚刚就任直隶总督，深深感到在此事件上我方理屈，而列国都想要轻罪重判，从中获得好处，并不是马马虎虎就能糊弄过去的，便曲意与他们周旋，镇压天津的百姓，就地正法了8人，治罪20多人。但法国人对此仍然不满意，还坚持索要巨额赔款，并要求治天津的知府和知县重罪。曾国藩对外应对西方人，已经足够殚精竭虑，但在内部又被京城的顽固派抨击，称他为"卖国贼"（北京、湖广会馆将曾国藩题字的匾取下并烧毁就是发生在这个时候），弹劾控告他的函件一封接着一封，全国上下都想杀了他。通商大臣崇厚担心事情闹大，就向朝廷请求免除

① 天津教案是同治九年（1870年）在天津所发生的一场震惊中外的教案。因传教士设立的育婴堂收养的婴孩死去三四十人，天津又发生多起儿童失踪绑架的事件，于是民间开始传言"外国修女以育婴堂为幌子，实则绑架杀死孩童为药材"等谣言。6月21日，天津知县刘杰带人犯武兰珍去教堂对质，却发现教堂并无其指证之人，但此时数千名群众齐聚教堂前抗议，群情激愤。法国驻天津领事丰大业要求三口通商大臣崇厚派兵镇压，崇厚却只派几个武将，丰大业极其不满，与秘书西蒙直奔崇厚衙门，捣毁器物。在回到教堂的路上，与知县刘杰相理论，怒而开枪，打伤了知县随从，民众激愤之下先殴死了丰大业及西蒙，之后又杀死了十名修女、二名神父、二名法国领事馆人员、二名法国侨民、三名俄国侨民和三十多名中国信徒，焚毁了望海楼天主堂、仁慈堂、位于教堂旁边的法国领事馆，以及当地英美传教士开办的其他4座教堂。

曾国藩的职务，任用李鸿章来替代他。于是朝廷下诏敦促李鸿章赴任，这是李鸿章承担重要外交职责的开端，这时候是同治九年（1870年）八月。

那时的李鸿章，如同天之骄子一般！在仕途上顺风顺水、扶摇直上，可以说是一日千里。上天似乎是有意设计了这样一个位置来为其成就功名一样，在他刚担任直隶总督不久，就突然爆发了普法战争，法国人慌忙回国应对，无暇顾及其他，而欧美其他各国也开始各处奔走，忙得不可开交，纷纷研究起西方的大问题，相比之下，这东方的小问题，变得几乎没有人在意了。于是天津教案很快就不被关注，之后不了了之。当时在中国国内的人，没有一个了解世界大局的，对如普法战争这样惊天动地的大事也熟视无睹，还以为是李鸿章的声望和韬略起了大作用，全都认为李鸿章的能力要强于曾国藩数倍。于是，李鸿章的身价顿时猛增。

天津教案以后，与日本交战以前，李鸿章处理的外交事件有几十起，而其中意义最为重大的，是法国越南之战、日本朝鲜之战。光绪八年（1882年），法国在越南挑起事端，又对我国虎视眈眈，想要获得更大的利益。本来中法之间早已有约定，但法国借此事端撕毁条约，于是中法之间的战争便爆发了。法国的水师提督格鲁比，预先制定了作战策略：由海军率先夺取海南，然后占据台湾，接着直捣福州，歼灭我军的舰队；陆军则从越南的北部地区出发，进攻云南和贵州。照这样的计划，则水陆两军都必将大获全胜，将来法国在东方的势力，就能够和英国相比了。于是格鲁比一边发电报到其国内，请求提供军需并增加部队；一边趁着福州没有防备，轰炸我们的船厂，破坏我们的军舰；还一边派陆军在越南北部集结。当时中国南方的天地间，呈现出一派风雨飘摇、萧条惨淡的景象，李鸿章于是使用"伐谋伐交"①（打乱敌人的战略部署，破坏敌人的联合阵线）的策略，想挑唆英国和德国出来牵制法国，当时曾纪泽正好担任驻英国大使，就受命办理此事。虽然事情最终没有办成，法国政府却也因此有所顾忌，向中国增派兵力、增加粮饷的议案，在议会上遭到了否决。格鲁比此时正对台湾淡水久攻不下，越南的法国陆军，也被黑旗军所阻挡，无法施展他内心的抱负，忽然接到此议案被否决的消息，他差点被气死。法国人于是先向我们提出和谈的请求。在这场战争以后，李鸿章的外交手段开始受到欧洲人的关注。

---

① 来自《孙子兵法·谋攻篇》："上兵伐谋，其次伐交，其次伐兵，其下攻城。"

法国这件事还没处理完，朝鲜的京城又发生了袭击日本使馆的事情，中国军队和朝鲜军队都准备行动。朝鲜作为中国的藩属国，为了独立自主，长久以来已经多次在中日两国之间提出过抗议。各种冲突和交错的矛盾还没有解决，日本趁我国处于多事之秋，派伊藤博文来到天津进行交涉。伊藤博文刚到天津，法国就已经向中国讲和。李鸿章本身就有一种自大的心气，如今看到如虎狼一般的法国，尚且俯首求和，便心忖日本这样一个蕞尔小国，又能怎么样呢？所以在伊藤博文到来的时候，对其表现出极为傲慢的姿态。伊藤博文后来在与张荫桓、邵友濂议和的时候，曾在私下对伍廷芳说，之前在天津见到过李中堂的威严，至今回想起来依然觉得害怕。这也是他在得意之时宣泄一下自己以往留下的不满情绪吧。伊藤博文这次来到中国，并没有实现其目的，仅仅签订了一个条约：约定如果他日朝鲜出事，甲国派兵前往，必须提前照会乙国，这就是我们所说的《天津条约》。虽然这样，这一条约还是成了中日之间后来爆发战争的导火索。

李鸿章在对朝鲜的外交策略方面，出现了种种的失误，前面已经说过。正是因为如此，《天津条约》最后逐渐"演变"成了《马关条约》。唉！庄子曾经有言：其作始也简，其将毕也巨（开始时很微小，结果往往变得很巨大）。善于下棋的人，对看似无关紧要的几步棋，也不愿意轻易放过。以后再有人碰到这种情况时，一定要多加小心。战争打到甲午年冬天的时候，中国除了求和，已没有更好的办法。正月，中方

日本马关春帆楼签订条约的场景

便派张荫桓、邵友濂到日本进行议和。日本方面认为派出的这两个人官职不高、说话没有权威，拒绝与他们议和。于是，中方派出了李鸿章。二月李鸿章就出发，随同的参赞有李经方等人，二十四日抵达日本马关，与日本全权大臣伊藤博文、陆奥

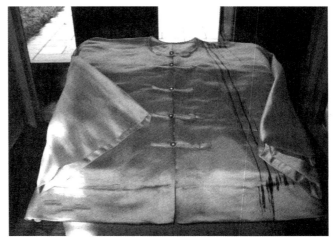

李鸿章遇刺血衣

宗光开始谈判。第二天谈判首先谈的是停战条件，日本先提出用大沽、天津、山海关三个地方作为抵押。谈判进行了很长时间，双方都不肯做出什么让步，于是便商定暂停停战条件的谈判，直接进入议和。伊藤博文说："既然这样，就必须把停战的协议撤回，以后也不能再提及。"双方又磋商良久，却始终无果。到了二十八日，双方进行了第三次会议，李鸿章在返回住处的途中遇到了刺客，刺客枪击了他，击中了他的左颧骨，子弹射进左眼的下面，李鸿章差点儿就晕死过去。日方闻讯后，前来探望的人一个接一个，伊藤博文、陆奥宗光也亲自前来慰问，极其恭敬地向李鸿章谢罪，并流露出忧虑的神色。日本天皇及日本的所有臣民，都一同深切地表示同情。于是同意在中国之前提出的停战协议上签字。在谈判中依靠口舌辩论所不能争取到的，凭借这一颗子弹受的伤而得到了。于是谈判中的停战一事，有了一些眉目。在他刚刚遇刺不久时，日本天皇派出御医、军医来为他治疗，所有的医生都说只要取出子弹，枪伤就很容易痊愈了，但是必须静养多日，不可劳心劳神等。李鸿章慷慨地说："国运艰难，促成和平之局刻不容缓，怎么能因为我的延误以致误国呢？"于是宁死也不让取出子弹。在他遇刺后的第二天，有人看见李鸿章遇刺以后沾满了血的袍服，说："此血可以报国了。"李鸿章激动地说："要是丢掉我的性命而有利于国家，那我也在所不辞。"他的慷慨激昂和忠诚报国之气如此，让所有仁人君子都敬佩不已。

李鸿章在遇刺以后，朝廷就下旨让其休养，并派出李经方作为全权大臣。

但实际上一切事情还是由李鸿章决断，他虽受伤严重，卧病在床，却依旧口授机宜，为此医生们都对其身体担忧不已。三月七日，伊藤博文等将所草拟出来的和约底稿交了过来。十一日，李鸿章则准备进行答复，将条约根据大纲分为四款：一、朝鲜成为独立自主的国家；二、割让土地；三、赔偿军费；四、通商权利。除了第一条"朝鲜独立自主"以外，其他的都极力驳回。十五日，又另外草拟了一份和约送到日本去，即拟请求赔偿军费一亿两，割让奉天南部的四个厅县等地，日本也逐条进行了驳斥。十六日，伊藤博文等人又将修改过的订约稿寄了过来，和之前相比所提出的要求稍微减少了一些，这就是《马关条约》的雏形。这一天李鸿章的伤已经好了，于是再次到春帆楼与日本全权大臣进行面谈。经过反复地磋商，日本丝毫不让步，只是声明如果能够在两三年内还清赔偿款，那就免去所有利息，威海卫的驻军费用，也可以减少一半。现将条约的全文列出：

　　大日本帝国大皇帝陛下以及大清帝国大皇帝陛下，为了订立和约，使两国及两国的臣民重修和平，共享幸福，并杜绝以后再发生纠纷事端，大日本帝国大皇帝陛下特派大日本帝国全权办理大臣内阁总理大臣从二位勋一等伯爵伊藤博文、大日本帝国全权办理大臣外务大臣从二位勋一等子爵陆奥宗光，大清帝国大皇帝陛下特派大清帝国钦差头等全权大臣太子太傅文华殿大学士北洋通商大臣直隶总督一等肃毅伯爵李鸿章、大清帝国钦差全权大臣二品顶戴前出使大臣李经方为全权大臣，相互检查了所奉谕旨承担的任务，都认定一切准确无误，一起协商议定各条款，并列出如下：

　　第一款　中国承认朝鲜国确为完全独立自主的主权国家，因此凡是有损于独立自主国家体制的行为，比如该国向中国的进贡和参拜礼仪等，从今以后全部废除。

　　第二款　中国将管理下列地方之权力，将这些地方的所有堡垒、军工厂，以及一切公共的设施，永远转让给日本。

　　一、下列划界以内的奉天省南部地区，从鸭绿江口开始，上溯此江到达安平河口，再从该河口划到凤凰城、海城直到营口为止。折线以南的地方，所有的城市、乡邑，都包括在划界线之内。这条线到达营口的辽河以后，即顺流到入海口停止。彼此之间以河的中心作为分界。辽东湾东岸及黄海北岸，奉天所属的各个岛屿，也全都在所割让的范围内。二、台湾全岛，及其所有附属岛屿。

三、澎湖列岛，即英国格林尼治东经一百一十九度起至一百二十度止，北纬二十三度起至二十四度之间的各岛屿。

第三款　依上一款所述，以及黏附于本条约后面的地图所划定的疆界，等到本条约批准和互换之后，两国应当各自选派两名以上官员，作为共同划定疆界的委员，进行实地勘察检测，确定所划定的疆界。如果遇到本条约所订的疆界由于地形或是管理方面等问题受到阻碍不便实施的情况，两国各自所派的委员等，应当在妥善地进行研究讨论后更正和确定。两国所派的委员等，应当迅速地办理此划定疆界的事务，从而能够保证在接受委任之后限定的一年时间内能够完成。但如遇两国所派的委员等，对划界有所更改，那两国政府在未经确认以前，应当根据本约所确定的划界为准。

第四款　中国将库平银①二亿两交给日本，作为战争的军费赔偿。该赔款分为八次交完，第一次五千万两，应在本条约批准互换后六个月内交清；第二次五千万两，应在本条约批准互换后十二个月内交清；余款平分为六次，逐年交纳，交纳的方法如下：第一次平分逐年之款，在两年内交清，第二次在三年内交清，第三次在四年内交清，第四次在五年内交清，第五次在六年内交清，第六次在七年内交清。其年度划分，均从本条约批准互换之后起算。此外，第一次赔款交清后，还没有交完的赔款，应该按照每年百分之五来缴纳利息。但无论何时，如果是要将应该赔偿的款项提前全部交清，或是分期提前全部交清，则完全由中国来自主决定。如果从条约批准互换之日起，三年之内就能够全部还清赔款的话，除了将已付的利息，或两年半，或不到两年半，在应付的本银中扣还外，其余的全额免除利息。

第五款　本条约批准互换之后，在二年的期限内，日本准许中国割让地的人民，自愿迁居到割让地以外的地方，任意变卖自己的所有产业，搬到割让地界外。但期限日满之后，尚未迁徙出去的，则应当被视为日本的臣民。此外，对于台湾省，两国应该在本条约批准互换之后，立即各自派遣大员到台湾，在本条约批准互换后的两个月期限内将权力交接完毕。

第六款　日中两国间之前的所有条约，因本次战争，全部自动废除。中国应当在本条约批准互换之后，迅速派出全权大臣，和日本所派出的全权大臣一

---

① 清代虚银的一种。是政府征收赋税和国库其他收支活动中称量银两的标准，《马关条约》的赔款日本要求参照此标准。中央库平1两为37.31256克，即575.82英厘。

起，共同商议订立通商行船条约，以及陆路通商章程。两国之间新签订条约，应当以中国与西洋各国签订的现行条约为蓝本。此外，本条约从批准互换之日起，到新订条约未经实施之前，所有日本政府的官吏、臣民以及商业、工艺、行船船只、陆路通商等方面，与中国最为优待的国家所享有的礼遇和照顾相比，一律不能有所差异。中国应将下列让给日本权利的款项，自两国全权大臣画押盖印之日起六个月后照办。第一，在现今中国已经开放的通商口岸以外，还应批准增设以下各处作为通商口岸，以便日本臣民往来侨居，从事商业、工艺制作。所有增设的口岸，均按照以往开设通商口岸，或以往开设内地市镇的章程，一样办理。应当得到的优待和利益等，也当一律享受。一、湖北省荆州府沙市；二、四川省重庆府；三、江苏省苏州府；四、浙江省杭州府。日本政府可以派遣领事官到前述的各个通商口岸驻扎。第二，日本的轮船可以驶入以下各个口岸，搭载行客，装运货物。一、从湖北省宜昌到长江上游的四州省重庆府；二、从上海驶进吴淞江及运河，以至苏州府、杭州府。日中两国在没有商定行船章程以前，上述各通商口岸行船，务必依照外国船只驶入中国内地水路现行章程办理。第三，日本臣民在中国内地购买经工货件，如果是自己生产的货物，或是将进口的商货运往内地的时候，想暂时存放货物，除了不须缴纳税款和摊派的一切费以外，可以暂时租用客栈存货。第四，日本臣民可以在中国通商口岸城市任意从事各项工艺制造活动，并可将各种机器任意装运进口，只需要交纳所规定的进口税即可。日本臣民在中国制造的一切货物，其在中国内地的运送税、内地税、钞课、各种摊派费用，以及在中国内地涉及货物寄存客栈等，都按照日本臣民运入中国的货物，一体办理。而应享有的优待豁免，也无不相同。以后如有因出现以上事情而应增加章程和规约的，就载入本款所称的《行船通商条约》中。

第七款　日本军队现在还驻扎在中国境内的，应当于本条约批准互换之后三个月内撤回，但须依照本条约的下一款规定办理。

第八款　为保证中国能认真履行条约内所订立的条款，须允许日本军队暂时占守于山东省威海卫。在中国将本条约所规定的第一、第二两次赔款交清，通商行船约章也经过批准互换之后，中国政府和与日本政府共同确定出周全、妥善的办法，将通商口岸关税作为剩余赔款及利息的抵押，日本则可以撤回军队。倘若中国政府不能很快地确定抵押办法，则在没有交清最后一次赔款之前，

日本人绘制的《马关条约》签字图

日本仍然不会撤回军队。但是在通商行船约章未经批准互换以前，即使交清了赔款，日本同样不撤回军队。

第九款　本条约批准互换之后，两国应该将各自手中的所有俘虏，全部放还。并且中国对于由日本所放还的俘虏，不能加以虐待，或者是对他们进行治罪。中国应将认为是军事间谍，或者是因犯罪嫌疑而遭到逮捕的日本臣民，立即释放。并对此次战争当中，所有与日本军队有关联的中国臣民，予以宽贷，并命令有关部门不得擅自逮捕。

第十款　本条约批准互换之日起，应当按兵停战。

第十一款　本条约经大日本帝国大皇帝陛下，以及大清帝国大皇帝陛下批准之后，定于明治二十八年五月初八日，即光绪二十一年（1895年）四月十四日，在烟台互换。

纵观李鸿章此次议和的情形，就如同春秋时期齐国的国佐出使晋国[①]，1870

---

① 据典故"齐国佐不辱命"，出自《左传·成公二年》。公元前589年，晋齐鞌之战，齐军败绩，齐国佐宾媚人奉命出使求和，但面对晋国大夫郤克的苛刻条件，他从容不迫地逐条驳斥，并且用齐顷公的口气说道："虽然国君已经交代有最后的底线，但并未如此明晰地表态齐国尚愿一搏。若无和解的可能，则破釜沉舟奉陪到底！"齐国国佐的外交说辞的逻辑无懈可击，实是不辱使命。

年法国的梯也尔①出使普鲁士。在敌人戎马压境的情况下，说一些忍气吞声的话，旁观者都为之感到心酸，何况是李鸿章身临其境。回望十年前签订《天津条约》时的意气风发，就如同昨日的梦境一般。唉！应龙落入井中，连蚂蚁都能困住他；老骥趴在马厩，连劣马都耻笑，天下还有比这更使英雄气短的事情吗？ 在这样的时候，就算是有苏秦、张仪的辩才，也没有办法展现，就算有贲育②之力，也无法施展他们的勇猛。除了低声下气地乞求怜悯，还能有什么办法？ 有人把和谈的迅速达成当作李鸿章的功劳，这也是不对的，即使没有李鸿章，日本也不会不讲和；而有的人又把和谈的责任归到李鸿章一人身上，把他看作和秦桧、张邦昌一样的奸臣，但他们是否想过若是把他们放到李鸿章的位置上，结局又会如何呢？ 所以可以说李鸿章在这场战争中，没有什么功劳，也没有什么罪过。他所尝试的外交手段，也是英雄无用武之地。平心而论，李鸿章的误国行为，是前面一章所列举的失误的十二件事，而这次和谈，只不过是这十二件事的结果，不用再详细地论述了。

---

① 路易－阿道夫·梯也尔（Adol-phe Thiers，1797—1877），法国政治家、历史学家，奥尔良党人。七月革命后，先后担任内阁大臣（1832年，1834—1836）、首相（1836年）和外交大臣（1840年）之职。以后还担任过立宪议会议员、国民议会议员等职。1871—1873，梯也尔担任法兰西第三共和国首任总统，在他的政治生涯中，他留给各国人民最深的印象是，充当了残酷镇压巴黎公社的罪魁祸首。

② 贲育是指战国时期的勇士孟贲和夏育。"贲育之勇"则形容壮士的勇猛。出自班固《汉书·司马相如传下》："力称乌获，捷言庆忌，勇期贲育。" 罗贯中《三国演义》第53回中有："愿抑贲育之勇，怀王霸之计。"

第九章
外交家李鸿章（下）

十九世纪末年，爆发了中东革命，正如十八世纪末年爆发了法国大革命一样。法国大革命开创了十九世纪的欧罗巴，中东革命则开创了二十世纪的亚细亚。这就像红日即将升起前，雄鸡先鸣，风雨即将来临时，月晕先起，有识之士对此早已预知。在中日之间还没有发生战争之前，欧洲人与中国人的关系不过也就是传教、通商两种而已。在战后的几年里，中西之间的关系与之前相比忽然就紧密了好多倍。时至今日，中国的一举一动都像是和欧洲连为了一体，想分也分不开了。这其中的原因有一半是由于中国内政管理的失败，有一半是由于在外交上缺乏谋略。爱国志士若是认真研读中国近十年来的外交史，肯定都会忍不住掩面泪流。

在中日战争爆发之前，中国最先是向英国和俄国请求帮助调停，这实际上

总理各国事务衙门

是引导他国干涉我国内务的开始。当时日本人多次声称，东方的事情，希望由我们两个东方国家自行解决，不要让其他国家参与其间。但当时我国政府蓄积的怨愤已经到了极点，不愿意接受这一建议，一心只想唆使欧洲人帮忙出力来胁迫日本。俄国公使回复说："俄国一定会出力，只不过现在还不到时候。"可见他们处心积虑，想要等到他们认为的有利时机，是早有预谋的了。乙未年（1895年）三月，李鸿章在将要出使日本前，先和各国公使进行了会谈。俄国公使喀希尼说："我们俄国能用强大的军事力量来对抗日本，保全中国的领土，只是中国必须以军事防御和铁路交通方面的利益作为报酬。"李鸿章便和喀希尼在私底下进行了约定，在俄国使馆连续密谈了好几天。所以欧洲力量得以逐渐渗入东方，可以说就是在这时候埋下了伏笔。 当时想要通过借助欧洲的力量来对抗日本的中国人不只李鸿章一人，其他的人与李鸿章相比有过之而无不及。张之洞时任两江总督，曾发电反对议和，说："如果把赔偿给日本的钱转给俄国，那么我们所损失的将连一半都不到，就可以转败为胜。恳请命令总理衙门及出使大臣，和俄国商订秘密条约，如果肯帮助我军进攻日本，胁迫日本废除所有的条约，就可以酌情划分新疆地区的土地给他们作为酬劳，并承诺他们加大通商力度。如果英国肯帮助我们，酬劳也一样。"当时所谓的外交家，他们的眼光和手段，基本上

都是这样的，这实在是可叹。

《马关条约》签订后不到一个月，就发生了俄国与德国、法国合议，逼迫日本归还我国辽东半岛的事件。俄国人帮助我们取回辽东半岛，并不是为我们考虑，而是为他们自己考虑。他们把这片土地看作自己的势力范围，觊觎已久。所以绝不想让日本得以鼾睡于卧榻之侧，肆意妄为。于是让我国用三千万两白银代替他们从日本手中将辽东半岛购回，先施予我国一个大的恩情，然后再慢慢地收取回报。俄国人外交手段的巧妙真是令人感到不可思议。而李鸿章一生中误国的过失，再也没有比这个更大的了，李鸿章的外交生涯，实际上是一段失败的生涯。

迫使日本归还辽东半岛的事件结束以后，喀希尼便想将此前和李鸿章私下签订的密约，以公文的形式提出来，向总理衙门提请实现。此事顿时引起轩然大波，议论纷纷。 皇帝知道以后勃然大怒，罢免了李鸿章的所有职务，让其入内阁闲居。于是俄国暂缓了提出的要求，以等待恰当的时机。丙申年（1896年）春天，俄国皇帝尼古拉二世加冕，各国都派出了头等公使前去祝贺。中国也依照国际惯例派遣了使臣，让王之春充当朝贺专使前往。喀希尼却抗议说："皇帝

的加冕仪式，乃是俄国最隆重的礼仪活动，所以充当朝贺专使的，必须是一个国家中最著名的大臣，并且在各国间都享有盛誉才行。王之春人微言轻，不足以担当此重任。中国能够胜任该职责的，只有李中堂一人。"于是朝廷改派李鸿章来担任头等公使。喀希尼又贿赂慈禧太后，威逼利诱，说俄国帮助干涉归还辽东的义举，中国必须给予一定的报酬、请求赐予李鸿章全权处理这件事。而李鸿章在谒见皇帝准备就任之时，慈禧太后召见了他，通过半天时间，一切联俄的密谋就都确定了下来。

沙皇尼古拉二世

　　李鸿章抵达俄国首都圣彼得堡以后，就开始与俄国政府讨论喀希尼草拟出来的条约底稿。等到俄国皇帝加冕日期将近的时候，就前往俄国的旧首都莫斯科，并将议定书签字画押。在开始讨论条约草案的时候，俄国人为了避开其他国家的关注，不派外务大臣去和李鸿章讨论，而是派出户部大臣去负责办理。在加冕的盛典热烈举行、万国来宾云集之时，搞明修栈道、暗度陈仓的计策。而这关系到全球格局的事，就在不到几天的时间内在酒宴谈判中解决了。俄国人外交手段的果断和迅速真是让人既羡慕又害怕。此时是丙申年（1896年）四月。

　　签订密约的事情，办理的过程极为机密，除了来自中国、俄国两国之间的寥寥数人，几乎没有其他人知道。然而，上海的《字林西报》竟然在李鸿章出访未归的时候，得到了这份密约的原文，并将其翻译过来登载在报纸上，听说是用重金从俄国宫廷的内监手中买来的。这份密约的全文如下：

　　大清国大皇帝之前在中日冲突结束后，得到了大俄罗斯国大皇帝的仗义帮助，愿意将两国的边疆、通商等对两国都有益的事情进行妥当商定，以此来加深两国间的友谊。所以特派大清钦命督办军务处王大臣为全权大臣，会同大俄罗斯国钦差出使中国全权大臣一等伯爵喀希尼在北京商定条约，将中国东北三省的铁路与俄国西伯利亚省的铁路相接通，以促使两国通商、往来更加迅速便捷，沿海的边防也能更加稳固，并议定了专项条款来酬谢俄国帮助索还辽东半岛的功劳。

第一条　近来由于俄国的西伯利亚铁路即将竣工，中国允许俄国将该铁路由俄国海参崴延长修建到中国吉林的珲春城，又向西北延续到吉林的省城为止。另外，允许俄国将境内某城市的火车站延续修建到中国黑龙江的瑷珲城，又向西北延续到齐齐哈尔省城，再到吉林伯都讷地区，又向东南延续修建到吉林的省城为止。

第二条　凡是延续修建到中国境内黑龙江及吉林的各条铁路，都由俄国自行来筹集建造费用，铁路的一切规章，也都依照俄国的铁路制度，中国不得参与制定。至于该铁路的管理权，也暂时归俄国所有，期限为三十年。期限到达之后，允许中国筹集资金，进行估价后将该铁路以及一切火车、机器厂房等赎回。不过如何赎回，则等到以后再行商定。

第三条　中国现有的铁路计划从山海关延续修建到奉天盛京城，再由盛京接续到吉林。如果中国日后不便立即修建这条铁路，则准许经俄国筹资由吉林城代为修建，以十年为赎回期限。至于铁路应该从哪条路开始修建，都按照中国已勘定的道路接续到盛京和牛庄等地为止。

第四条　中国所计划延续修建的铁路，从奉天到山海关、到牛庄、到盖平、到金州、到旅顺口以及到大连湾等地方，均应当仿照俄国的火车建造，从而为中俄之间的往来通商提供便利。

第五条　以上俄国自己修建的铁路所经过的中国各地，应得到中国文武官员的照常保护，并应优待铁路各站的俄国文武各官以及一切工匠人员等。但由于该铁路所经过的地方，多半是荒凉偏僻的地方，恐怕中国官员不能够随时提供周全、到位的保护，所以应当准许俄国专门派遣数支骑兵和步兵驻扎在各个主要站点，以妥当保护商务往来。

第六条　自各条铁路修建完成以后，两国彼此进出口的货物，其纳税章程，都按照同治元年（1862 年）二月初四日中俄两国签订的陆路通商条约来缴纳。

第七条　黑龙江及吉林长白山等地所产的五金矿产，从前有禁令，不准许挖掘和开采。自本条约签订以后，准许俄国以及本国商民随时开采，只是必须要提前禀报中国地方官员开具许可证，并按照中国内地的矿务条例和章程，才准许挖掘和开采。

第八条　东北三省虽然有新练陆军，但大多数军营都还在按照传统的方式训练。如果日后中国想在东北三省改为西方的方式来练兵，准许向俄国借请熟悉军务的官员来中国整顿一切，其章程则与两江总督所聘请德国军官的管理方法一样。

第九条　俄国向来在亚洲没有全年不冻的港口，一旦亚洲有军务，俄国在东海及太平洋的海军行动会有诸多不便，不能够随时驶行。有鉴于此，中国应将山东省的胶州地区暂时租给俄国，以十五年为期限。俄国所建造的营房、栈房、机器厂、船坞等，准许中国在期满后估价筹资买下来。但如果没有军事方面的紧急情况，俄国不能够在那里随时屯兵占据，以免引起其他国家的猜疑。赁租的款项应当如何办理，则在日后另有附属条款商议。

第十条　辽东的旅顺口以及大连湾等处地方历来都是险要的军事据点。中国应当迅速整顿各种事宜，以及修理各大炮台等要务，以防不测。确立此条约以后，则俄国承诺将这两个地方加以保护，不准许其他国家侵犯。中国也应该承诺，将来永远都不让其他国家占据。只是日后如果俄国有紧急的军务，中国应准许俄国将旅顺口及大连湾等地暂时让与俄国海军和陆军安营驻扎，从而为俄军的进攻防守提供便利。

第十一条　旅顺口、大连湾等地，如果俄国没有紧急的军务，则由中国自行管理，与俄国无关。只有东北三省的铁路，以及开挖的五金矿产等事务，准许在换约之后立即便宜行事。俄国的文武官员以及商人、普通平民等所到之处，中国官员应当格外优待保护，不能阻挡他们在各地游历。

第十二条　此条约经两国皇帝御笔批准后，各自将按照条约规定执行。除有关旅顺口、大连湾及胶州等条款以外，全部通知各地方官遵照执行。将来应当在什么地方换约，另行商议。从签字画押之日起，以六个月为期限。

《中俄密约》是一个转折点。中国的形势在此以前为一番局面，在此之后则变成了另一番局面。近年来西方列国在中国牟取利益，用的都是新方法：一是租借土地，二是某地不许让给其他国家，三是替中国修建铁路。而这些新方法的开端都是源自这份密约。密约中的第九条租借胶州湾，为之后租借胶州、威海、广州、旅顺等开了头。密约中的第十条关于旅顺、大连不准许让给他人的规定，就是各国划分势力范围的发端。而修建铁路这件事，不仅断送了满清祖宗发祥的地方，加速西伯利亚通道的建成，而且开始挑起各国之间的纷争，这已经不用多说了。唉！牵一发而动全身，合全国九州之铁，却铸成大错，在这件事情上，我实在是不能够宽恕李鸿章。

有人说，这份密约是由慈禧太后做主签订，并由督办军务处的王大臣进行协助的，并非李鸿章的本意等。虽然如此，莫斯科的条约草案，是出自谁的手里呢？这一点是根本无法回避的！自此条约的原文被登报公开以后，各国的报社都接到了大量的电报、书信，人们对此半信半疑，无论是政府还是民间，无不震惊失色。李鸿章在出访欧洲的时候，各国都不断向其询问此事，他却只是一味地敷衍和应付。当年七月，在莫斯科已经签字画押的条约草案到达北京。喀希尼直接拿着它去和总理衙门交涉。皇帝和总理衙门，都不知道有这件事，对此感到异常惊愕和愤怒，表示坚决不同

光绪皇帝

意。喀希尼于是又通过贿赂买通慈禧太后，在她面前说好话，陈述利弊，并运用各种手段进行诱导、胁迫。之后慈禧太后便严厉地责备光绪皇帝，直接命令将这份条约交给督办军务处从速办理，不经过总理衙门。西历公元1896年9月30日，光绪皇帝挥泪批准了密约。

　　李鸿章这次到俄国朝贺沙皇尼古拉二世加冕，并出访欧洲各国，都不过是国际交往中的礼节，如果要说真正和外交事务相关的，则只有签订《中俄密约》与商讨增税这两件事情。根据中国旧的税法规定，凡是进口货物，按5%的税率收税。此次因为赔款的缘故，希望增加到7.5%。首先是和俄国商议，俄国答应了这个请求。然后和德国、法国进行商议，德国、法国说等待英国的意见。等到了英国以后，李鸿章向英国首相索尔兹伯里侯爵[1]提出了请求。当时英国与中国的关系处于低谷，而且由于《中俄密约》的缘故，对李鸿章极为不信任，于是英国首相便借口说要和在上海等处的英国商人商讨以后才能确定，实际上是委婉地进行了拒绝。这件事便没有成功。

　　李鸿章这一次出访欧洲，各国都对他礼遇有加，德国人尤其如此，他们都以为李鸿章此行将会购置大量的军舰、大炮、枪支弹药等，而且还会为他们带

---

　　① 索尔兹伯里侯爵（1830—1903），即罗伯特·盖斯科因–塞西尔，维多利亚时期的三任英国首相（1885—1886，1886—1892，1895—1902），亦曾任外交大臣。保守党贵族政治家，牛津大学名誉校长、皇家协会主席，他在位期间使不列颠殖民帝国广为扩张。现位于我国香港地区九龙尖沙咀的梳士巴利道便是以他来命名。

李鸿章一行访问费城

来种种通商上的便利和优待。等到李鸿章最后什么都没有购买，欧洲人应该都感到非常失望。李鸿章到达德国后，拜访了俾斯麦，到达英国后，拜访了格莱斯顿，都相见甚欢，而他们三人都是十九世纪世界上响当当的伟大人物。八月，李鸿章从美洲回到中国。九月十八日，李鸿章奉旨在总理各国事务衙门任职。从这时起到光绪二十四年戊戌（1898 年）七月，实际上是李鸿章专门负责外交事务的时期。而在这一时期，德国占据胶州，俄国占据旅顺口、大连湾，英国占据威海卫、九龙，法国占据广州湾，实为中国外交事务最繁多也最危险的时期。

归还辽东这件事，是由俄国首先提出来的，而德国、法国则提供了支持与协助。俄国人与中国签订密约以后，在中国的北方得到了极大的权利，踌躇满志；法国人也在光绪二十二年（1896 年）春夏之间，得到了云南、缅甸、越南之间的大片土地，又得到了广西镇南关到龙州的铁路，只有德国则寂寂然没有什么动静。光绪二十三年（1897 年）春，德国公使向总理衙门索要福建的金门岛，被严词拒绝，等到十月，胶州事件就发生了。

在这件事情上，德国的蛮横无理，人们都有目共睹。虽然如此，在中国的外交官身上，也有推辞不了的责任。若是在最开始的时候不依赖于别人也就罢了，既然依赖了，就不能不酬谢别人。能都不酬谢也就罢了，既然已经酬谢了甲、酬谢了乙，那么对丙也应该有所酬谢。在俄国、德国、法国三国干涉下日本归还了辽东，只有德国没有得到回报，怎么会不激怒他们导致其制造事变呢？

1896 年李鸿章到德国埃森的克虏伯射击场访问

不仅如此，《中俄密约》中，还声明将胶州湾借给俄国人使用，是俄国人所享有的权利，这样一来，俄国的势力就不只是在东北三省，而是直接侵入山东。当前正处于西方各国间相互竞争、优胜劣败的时期，其他国家怎么会不嫉妒呢？所以德国做出这些蛮横无理的举动，可以说也是在中国的逼迫下出现的。这一年的十月，爆发了曹州教案①，德国的两名教士遇害。德国人听到消息以后，立即派军舰闯入胶州湾，拔掉中国国旗，竖起德国国旗，并俘虏了总兵章高元。警报传到总理衙门以后，朝廷马上派人和德国公使进行商议。德国驻华公使海靖只是一味地进行威胁恐吓，对所有的求情和委婉的沟通，一概予以拒绝。想要向他国请求援助，却没有一个国家站出来，为我国说几句公道话。拖了两个多月的时间，中国只好忍气吞声地一一答应了德国人所要挟的六件事情，即将胶澳②附近方圆百里的土地，租借给德国九十九年，山东全省的铁路、矿务，都归德国人来承办等。

---

① 1897 年 11 月 1 日，山东省曹州府巨野县张家庄的天主教堂遭到当地大刀会土匪数人的抢劫，2 名在堂内的德国神甫能方济和韩理迦略被杀死。前两日亦有该府寿张县德国教堂被劫。11 月 6 日，德国以此为借口出兵，于 11 月 14 日强行占领胶州湾。该事件之后，山东巡抚李秉衡被撤职，德国获得 22 万两的赔偿，以建造济宁等地的 3 座大教堂。另外，签订了胶澳租界条约，德国取得胶州湾99 年的租期，铁路修筑权及采矿权。

② 青岛地区旧称胶澳。清光绪十七年（1891 年）清朝政府在胶澳设防，青岛建置。第二年，调登州镇总兵章高元率部移驻胶澳。1897 年 11 月，德国以"曹州教案"为由强占胶澳，强迫清政府于 1898 年 3 月 6 日签订了《胶澳租界条约》。

第九章　外交家李鸿章（下）

胶州方面的事情刚刚了结，就又有一件重大的事件发生。李鸿章在与日本签订《马关条约》的时候，在条约中约定了如果能够在三年内还清赔款，那么就可以免去所有的利息，而且前面所缴纳的利息，也可以还给我们，还可省去威海卫四年驻军的费用，一共能节省白银二千三百二十五万两。现在三年的期限马上就要满，政府也想要了结这件公事，于是商议准备继续向国外进行借款。光绪二十三年（1897 年）十一月，俄国人准备提供借款，但要求答应在中国北方各省修建铁路并罢免总税务司赫德这两件事。英国人知道以后，立即与俄国人展开了对抗，也想向中国提供借款，并且利息比俄国更低，但所提出的要求有：一、监督中国的财政；二、从缅甸修建铁路通到长江边上；三、长江流域一带不准许让给其他国家；四、开设大连湾为通商口岸；五、推广内地商务；六、各通商口岸都免除厘金税。当时总理衙门想要答应英国，却立即遭到了俄、法两国的反对，说如果中国向英国借款，会打破西方各国之间的均势局面，于是每天都以粗暴、蛮横的言语来威胁总理衙门，总理衙门里面的人都不胜其苦。正月，总理衙门回绝了各国，表示将不向任何国家借钱，而和日本进行商议，想要延期二十年来偿还，想以此来缓解一下目前的困境。不料日本竟然不同意。而在这个时候，中国可以说真是山穷水尽，进退无路，于是在赫德的周旋下，最后还是向汇丰银行、德华银行借到了一千六百万镑，吃了很大的亏，才了结了这件事。

胶州湾原本是《中俄密约》中所规定的俄国势力范围，现在突然被德国人从俄国人的怀里抢了过来，俄国人本来已经非常气愤，又碰上了英、德两国阻碍俄国提供借款这件事，让俄国人感到更加愤怒。于是在光绪二十四年（1898 年）正月、二月间，发生了俄国索要旅顺、大连湾的事情。李鸿章作为亲自签订密约的人，想要履行条约却又无法履行，想要推诿却也无可推诿，最终便和俄国公使巴布罗福又新签订了一个条约，将旅顺口、大连湾两处及两者邻近相连的海面，租给了俄国，租期为二十五年，并允许俄国人在营口、鸭绿江之间修建铁路，并随意连接到海边的任何地方。

俄国人占据了旅顺、大连之后，英国借口要保持均势的局面，于是向中国索取威海卫。此时中国对日本的赔款刚刚还清，日本的守兵也刚从那里撤退，英国人便依照俄国的前例来租借此港口，以二十五年为期限，其条约所有的细节全都援引租借旅顺、大连的条约。当时李鸿章与英国公使进行了反复地争辩，英国公使怒斥道："你只需要去和俄国公使讲，不需要和我讲。俄国公使只要肯罢休，我立即罢休。"李鸿章顿时无言以对，而这狼狈的情景，真是让人感到既可怜又可叹。如果说英国人算是给了他一点怜悯，那也只是约定若中国以后重新建立了海军，可以借用威海卫来停泊船只而已。

从此以后，中国割地给外国的行为就变成了司空见惯的事情。当俄国、法国与英国因为借款的事情发生冲突时，法国人借助俄国人的力量，要求得到广州湾，并将其作为在南方的海军基地。当时，英国刚刚逼迫我国政府开放了西江一带作为通商口岸，准备垄断这一带的通商利权，法国人看事情紧急，就效仿德国的做法，也直接闯入了广州湾，然后再谈租借的问题，租期为九十九年。中国政府无力表示反对，于是答应了他们的要求。

英国又使用了维持均势的说法，请求租借九龙湾来抵制法国，租期也是九十九年。在签订条约的前一天，李鸿章与英国公使窦纳乐进行了激烈地辩论，李鸿章说："即使租借了九龙，也不得在其山上构筑炮台。"英国公使气愤地拍着桌子说："不要再多说了！我国要这块地也是因为贵国把广州湾让给法国而对我香港造成了危害！如果你能够废除广州湾条约，那我们的请求也立刻撤回。"李鸿章听了这话只能忍气吞声，默然流泪。此时是光绪二十四年（1898 年）四月十七日。

到五月时，还有英国和俄国之间激烈纷争的事情发生，即芦汉铁路和牛庄铁路事件。起初盛宣怀承办芦汉铁路，在光绪二十三年 (1897 年) 三月，和比利时某公司订立了借款合同，约定在次年阳历一月交付第一笔借款。等到德国占领胶州以后，该公司忽然违背了之前的约定，称除非更改条约，否则借款无法提供。盛宣怀便与李鸿章、张之洞等商议，与他们另行签订了条约。而新签订的条约里，比利时的公司不过成了一个傀儡，实权却全在华俄银行。华俄银行实际上无异于俄国政府的银行。由于这个条约的缘故，中国黄河以北地区将全部落入俄国政府的掌控之中，而俄国人的西伯利亚铁路，将以圣彼得堡为起点，以汉口为终点。英国人对此大为嫉妒，于是提议从山海关到牛庄的铁路由英国来承办，准备以此来截断俄国的铁路。俄国公使则到了总理衙门，对此事进行争辩并表达了强烈反对，英俄两国之间几乎因此而开战，形势极其危急，而且矛头都指向中国政府。各种各样的难题，都集中到了几个外交官的身上。那个时候光绪皇帝刚刚亲政，百废待兴，非常痛恨李鸿章因联俄之举而误了国家大事，于是在七月二十四日，下诏解除了李鸿章在总理各国事务衙门行走的职务，外交的风波也暂时平息，而李鸿章担任外交官的生涯也就此结束。

［按语：李鸿章在义和团时期的外交，将在本书第十一章中进行论述。］

西方人评论说：李鸿章是个"有大手段的外交家"。有的人又说：李鸿章是个"惯用小伎俩的外交家"。外交手段狡猾多端，这并不是一个外交家的不良品质。当今世界，各国并立；处处充满生存竞争，人们看到的常常只有利益。所以西方哲人常说"个人有道德，而国家无道德"。试看一下各国所称的大外交家们，谁不是靠着狡猾多端的手段而得名的？虽然如此，李鸿章的外交手段在中国固然称得上第一流，但放到世界上来说，就远远落后了。李鸿章所用的外交手段，主要就是通过联合某个国家来制约另一个国家，而所谓的联合，也不是平时的结盟，而是临时唆使一下，如有一种《战国策》的思想存在心中。看法越战争，会发现他是想唆使英国、德国来制约法国，而在中日战争中，他则想唆使俄国、英国来制约日本，在胶州事件中，他则又想唆使俄国、英国、法国来制约德国，最终却没有哪个得到想要的结果，而且还往往由于这样，丧失得更多。胶州、旅顺、大连、威海卫、广州湾、九龙的事件都不能不说是这个政策所导致的严重后果。天底下还没有只靠人就可以生存的。西方的外交家，也曾积极地与其他国结成联盟，但他们都是先有了可以自立的资本，然后才可以通过外交做到牵制他人而不受他人牵制。而今天的中国动不动就说联合某国，而不管人家是否愿意联合我们，即使愿意和我们联合，也只不过是其他国家的奴隶，是砧板上的鱼肉罢了。李鸿章难道不知道这些吗？我想他也是知道的，只不过没有其他方法来替代。总而言之，不加强内政，则外交实际上也难以进行下去。以中国目前的国家实力来说，即使有比李鸿章才干高出十倍的人，他的外交策略也只能隐忍和迁就一时。这就是我深深同情李鸿章的原因。不过，我没有见过李鸿章在其他的事件中运用他的手段，唯独《中俄密约》是他对日本所采用的手段的结果。用这样的手段，而制造出后来种种的困境，其实也算他自作自受，我又何必去同情他呢？

［按语：胶州事件以后的诸多事件，责任不只在李鸿章一人身上，恭亲王、张荫桓也都是总理衙门中的重要人物，他们需要和李鸿章共同承担这些责任，读者对此也不可不知。］

第十章
赋闲时的李鸿章

从同治元年(1862年)开始,到光绪二十七年(1901年),在这四十年里,李鸿章没有一天不在重要的岗位上。可以称为闲散时间的,只有乙未(1895年)三月至丙申(1896年)三月这一年,戊戌(1898年)八月至庚子(1900年)八月这两年而已。在1898年到1900年,李鸿章奉命治理黄河,很快又被任命为商务大臣、两广总督,对其他人来说,这是一份非常好的差事,但是看一下李鸿章的一

晚年李鸿章

生,就不能不说是闲职了。而其中闲之又闲的时段,是在1895年到1896年之间进入内阁任职,以及戊戌(1898年)八月至十一月退出总理衙门,这期间几乎没有什么可以叙述的事,到了他治理黄河、治理两广,倒还有一些与以往不同的地方。后面将会对比进行一定的论述,这也算是尽了一个写史者的责任。

中国的黄河,自古以来就被认为是最难治理的河流。几千年来的历代政治家,都把它作为一个大问题,如果不用美国人治理密西西比河的方法来治理,那绝不可能从根本上解除水患之害。戊戌(1898年)八月以后,李鸿章刚好没有合适的职务,于是清政府让他负责这个任务。这也可以说是为黄河治理史增

添了一段小小的公案。现将他向朝廷提交的用比利时工程师卢法尔勘察出的黄河水情的奏议原稿摘录如下：

一、雒口到盐窝沿河的情形

河身 黄河自从在河南龙门口改道之后，水流变得向下，由北而东，奔流到山东，汇入大清河，借道入海。在最开始的时候水东奔西突，很难付诸人力，等到两年以后，河流位置已经确定，才筑起了堤岸。河流非常曲折，建起的堤岸也因此曲曲折折。等到河流又有变迁时，堤岸不能全都随之变迁。临水远近不等，然而堤岸完全没有保护，任凭河水冲刷。现在的小水河面，宽为九十丈到一百五十丈。河底则深浅不一，有的河面宽的地方，水深仅仅只有四五尺，不便行船，有的地方河面忽然变窄，水深则达到三丈。河流不断地改道，一会儿左一会儿右，离河流近的堤岸，就被冲刷得厉害，沙土被带到水流减缓的地方，又淤积为沙滩。政府和百姓则都任由河水肆意而为，从来没有好的治理策略，只是在危险的地方救救急，决堤的地方补一补。而沿河经常能看见堤岸上的土，在四五尺高的地方塌陷到了河水里面，现在正值隆冬时节，各大小水流都较为缓慢，尚且如此，等到化冻以后，汛期到来的时候，水大流急，则怎么办呢？下游较低的堤岸尚如此，上游的土山一带地区的情况，就更不用说了。难怪黄河里面泥沙之多，为五大洲所有河流之最。汛期到来时，堤岸内的沙滩全部都被淹没，由于河底的浅深不一，河身也高低不一，所以流水的速度，也处处不同。而且下游的土地极其平坦，每里地之间的高低差距，不超过五寸，河流速度极为缓慢。可以蓄水的地方，一天比一天窄，淤泥则一天比一天垫得高，年复一年，险上加险。正因如此，堤坝外的土地比堤坝内的河滩，有低一尺的，也有低七八尺的。我在监工路过杨史道口的时候，曾对河面进行过测量，测出水面宽为一百三十八丈，河底最深的地方为二丈三尺，流水的速度约为一秒钟四尺。按此推算的话，每秒钟通过的水流量，约为五万七千四百五十六立方尺，容水面积约为一万三千六百八十方尺。我又在盐窝上游进行测量，测出此处的水面宽度仅为一百〇二丈，河底最深的地方为一丈二尺，容水面积约为九千一百八十方尺。在这个时候杨史道口还未合龙，大水有一半从决口流出，不再经过盐窝，该情况应当在这里进行说明。等到大水猛涨之时，通过的水流量，则各人说的都不一样。按照两个地方文武官员所指出的相关河道水系文献记载，杨史道口的容水面积应该为三万六千一百八十方尺，盐窝的容水面积应该为二万四千四百八十方尺。由于发大水时的水流速度无法准确探知，所以其通过的水流量，也同样无法知道。然而不知道进水的流量，就很难确定河面宽窄、堤岸远近等数据。据测量从雏口到盐窝大约为三百七十里。

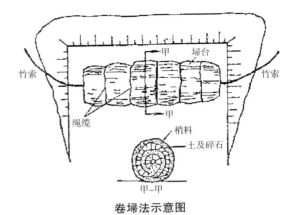

卷埽法示意图

民埝　河边上的堤坝，被称为民埝，是由民众所修建，而由政府来养护的工程，这也是现在黄河上防水的重要堤防。民埝距离水的位置远近不等，有的就在水边上，有的则离水边有三四里远，这些在当时修造的时候，都是随意而为，并没有一定的规律，甚至它们弯曲的程度、角度等都有让人感到无法理解的地方。它们的高低厚薄也是各处都不相同，有高于现在水平面九尺的，有高于水平面达一丈五尺的，高过沙滩从五尺到八尺不等，高过堤外的地面则也是从九尺到一丈五尺不等，这些堤坝的堤顶有宽二丈四尺的，也有宽三丈六尺的，而新筑起的埝则相对较厚。忽高忽低，忽厚忽薄，而且它们收坡的斜直角度也不同，实在是令人诧异。对民埝的看守和维护，并不是非常周密，被水冲刷、冲蚀的地方非常多，并没有随时进行修理，长年累月下来，几乎没有不决堤或坍塌的。民埝都是使用非常疏松的淤泥构筑而成，并没有用焦泥，地基打得也不深。即使有焦泥，也很容易被水冲刷出来。堤坝顶上可以让大车、坐车、手推车通行，碾出的车辙都非常深；过路的人有的是从堤坝上翻越，有的是在堤坝的低处穿行；堤坝上面盖起了民居，但并不对堤坝加宽或是增厚，诸如此类行为都是最容易损坏堤坝的。看看西方各国的堤坝工程就会发现，他们常在河堤的斜坡种上草，不怕费力，也不怕费巨资，这是因为草根是最能保护堤坝的。而我们这里的堤坝则都不种草，就算偶尔有一两处地方有草，也被民众割除殆尽，甚至连根拔起。据说他们是拿回去烧火或是喂牲口，殊不知没有草则堤坝难保，堤坝难保则水患会很快到来。愚昧的百姓却对此毫无意识，这真是为人所嗤笑。耙草的器具对堤坝的损害很大，应该严令禁止，不准许使用，这也算是保护堤坝的一方法。草被拔去，堤坝又被耙松以后，当大风刮起的时候，堤土便四处飞扬，堤顶则逐渐变低，堤身也逐渐变薄，这一器具的危害，难道还不大吗？沿河的堤坝上，种植的柳树有的已成绿荫，有的则刚刚栽种，仅有一尺多高。柳树根的固堤效果很好，应该在沿河堤岸全部都栽种柳树，并设法保护，禁止随意攀爬、折枝。并种上藤子，让堤坝更加坚实，柳条和藤条都可以编织成埽[①]，用来筑堤比秸料要坚固得多，而且可以就近取材，非常方便，不需要再出资去采购，可谓一举两得，没有比这更好的了，为何不这样去做呢？

大堤　大堤是政府修建的，距离民埝非常远，而且远近距离处处都不一样，加上到处弯弯曲曲，令人十分不解。现在虽然有这些大堤存在，但和没有差不多，完全靠不住。大堤上居民的房屋鳞次栉比，已经发展成村落，这些居民挖取大堤的土来修筑房屋，使得大堤残缺不全。而堤上一些民众经常行走过路的地方，已经被踩踏得与地面一样平，形成了大大的缺口。大堤上和斜坡上，也很多被种上麦子，这对大堤的损害非常大。在河水猛涨之时民埝尚且决口，大堤则没有不崩溃的。大堤最宽的地方，堤顶还有三丈六尺，高则从一丈二尺到一丈六尺不等，然而完整的非常少。听说杨史道口的河水从民埝决口而出后竟能流入小清河，淹没了村落，危害了当地的居民，实在是由于大堤旧的决口没有修好，才使得流出的河水有隙可乘。询问河官，为什么不堵上大堤的决口呢？他们的回答是百姓不愿意，若是修筑大堤，则上千个村的居民必然群起而攻之，等等。可见修筑大堤不仅没有益处，而且也不合民意。大堤的外面，居民非常多，有几百户组成村庄的，也有四五家自立门户的，有的筑起围堤自我保护，有的建起高地住在上面，大多都是为了预先做好防水的准备。村庄外周围的土地，都十分肥沃，居民们就用来耕种，以维持生计。此外还有斜堤拦坝，都是用来保护村庄田地的，然而其受损的程度也和大堤差不多。一旦民埝出现险情，这些也是靠不住的。

险工　沿河一带地区，险工最多。只要是水流直冲的地方，或是已经决口的地方，都有该工程。这些工程以磨盘和埽为主，多数用秸料，再盖上土，一层一层地垒起来，形状如同磨盘，有的紧贴在岸边、有的与堤坝相接连，它们的形势各不相同，高低厚薄，每个埽也不同，每个埽错落参差，也互不相连，中间仍然有水流通过，以致埽三面受敌，不知是什么道理。我认为数埽应当一

---

①是旧时治河用来护堤堵口的圆柱形器材，用树枝、秫秸、石头等捆扎而成。累积若干个埽个接连修筑构成的工程就叫埽工。

气呵成，不留下任何罅隙，这样既省料工，也更加坚固。而且料埽进入水中，陡削得如同峭壁一般，不能形成斜坡，这刚好可以阻挡水流的冲击，不让水流通过，但这似乎并不是好办法。而且秸料也不是经久耐用之物，因为它中间有芯，质地就像灯草一样，吸水能力很强，但使得秸料容易腐烂，腐烂以后则如同沙土一般，丝毫没有力量了。我监工时曾经见到有几处旧埽，虽然看着还是连接起来的，但根基已坏，一旦河水猛涨，必然随水漂流，民埝定然为其所累，有人可能会说秸料是本地的土产，用途广价格低，除此之外没有更好的料可用。但如果真能像前一篇"监工"部分所说的，多种藤柳，几年之后，便可足够使用，更无须用巨资构筑这不耐用的工事。有的人又可能说料埽原本是用来挑水的，一两年以后，水流已经改道，料埽即使已经腐烂，也没什么可担心的。我认为这种说法完全不对。如果不改弦更张，到时候真到要抢险的时候就知道这是养痈遗患了。而今之计，虽然没有别的料可用，但埽工的模式应当先行更改。让挨着堤岸的埽连成一片，形成斜坡放入水中，从而导送水流，并且要多使用木桩，将埽牵连着堤岸，用坚固的麻绳系起来，那些为保护埽而投放的石块，也应该加大加多，再加上位置放得合理，才可抵御河水冲刷的力量。我监工时还曾见过用石块排列于埽上夹镇压秸料的，不料石块被风吹走，这是何等可笑。此外还有石堤，如北镇一带，尚且还算稳固，而盐窝的石堤，则已经根底全都被腐蚀掏空，之所以没有立即坍塌，是还有一些石灰黏结，然而也肯定不能持续很久了。

二、盐窝到入海口下游的情形

黄河的下游，在盐窝已经改道了三次，第一次向东北方从铁门关入海，第二次向东方从韩家垣入海，第三次向东南方从丝网口入海。现仅将三处情形按次序进行介绍，还有新挑引河一条，也将其一并进行论述。

铁门关海口，这是大清河入海口。黄河改道山东之后，由此处入海，经过了三十多年以后，直到韩家垣决口，舍弃东北而转向正东。如今铁门关的这条河道，前半部分已经被淤泥垫得很高，河身逐渐变成平地，无法辨识，左右两边的堤岸，也全都变成了村落。铁门关以下的部分，堤坝已经全部毁掉，只剩一片黄沙，土地极为贫瘠。大约在距离铁门关下游八里的地方，能再次看到河道的形状并有水直通到大海，河边的土地，虽然是沙滩，但沙下不深的地方，便是混合的泥土。河中的水平时大约深二尺，涨水时可深到三四尺，距离可到

黄河水患

达神庙，如果东北风大作，则可增加到五六尺不等。从三沟子那个地方起，有船只可以出海，与烟台相往来。这次由于河流冻结、地面潮湿，不能出海勘查，仅到三沟子往下十里，就见到满地的苇草，正是大潮所经之地，于是便返回，不再前行。据当地人说，再往下八里，已经能见到平常的潮汐，再往下十二里，便到达海滨。海口有拦门沙，当潮水退去的时候，仅仅深两尺。这片沙的长度与宽度，没有进行再次勘查，估计必然也不太小。计自盐窝至铁门关，海口约一百一十里。

　　韩家垣海口，自从韩家垣决口以后，黄河的下游，就从这里取道入海，持续了八九年的时间，最近又改道向东南方向流去。韩家垣一带，已经没有了黄河的踪迹，只有从新萧神庙往下，在距离大海约六十里的地方，可以再次看到河流的形状，中间也还有河水，这是地势最低的地方，常年积水不消。听说距大海约十一里的地方，这条河又分为两股，形状如同燕尾，但是水也不深。海口同样有拦门沙，当潮水退去时，直接堵塞在入海口，阻碍着河水的泄出。这片拦门沙露出水面，宽度约为二里。据调查，韩家垣的这一河道，并未修筑堤坝。而从盐窝到韩家垣入海口的距离，大约为一百里。

第十章　赋闲时的李鸿章

新挑引河，这条河是在韩家垣决口之后，特意在口门以下，挑挖了一河道，以便引水到萧神庙旧河道进入大海。然而这条河道当时深度仅有四五尺，宽度仅有三丈，现在则连这个数字都达不到。这条河弯曲的地方非常多，它的长度为四十里，如果取直线长度的话共有二十五里，大约是沿着原有水道挑挖比较节省工费的缘故。在萧神庙、韩家垣两处的河底，挖到深度为三尺的地方，便有了泥土，也有的泥土甚至在地面上就能看到。周围的各个村庄都有水井，在深度达一丈一尺的地方，就可以见到水，泥在水中，不是很深。铁门关的附近，有烧瓦器的窑。这里的土质如何，就可想而知了。

丝网口海口，现在的黄河从这个入海口进入大海，河水漫散在地上，并没有河道。存水量小的时候占大多数，水流得都不深，水中央有沙滩，中间的水流，深度仅有三四尺，有一两处最深的地方，也不超过一丈。将近入海口的地方，水深则只有一尺四五寸，这里的水面非常宽，大约有三百多丈。据说海口并没有拦门沙，想来是因为那里流速缓慢、河床较浅，沙子已经在地上淤积起来，再也没有可送入海里的了。在对北岭子决口进行调查的时候，还有上游三处地方同时开口，所以丝网口的水流不是很迅猛，北岭子门被淹没的树，至今仍然竖立在水中，古庙一座，也依旧巍然独立，这都是其水流变缓的明证。若说到辛庄等地方，房屋被冲毁漂流而走，则是土屋不坚固的原因，并非水力汹涌才导致了这样的结果。在北岭子以下的河流北岸，并未设立堤坝，只是以铁门关的南堤作为北岸，来保护村落而已。在南岸则从盐窝重新修筑起堤坝，一堤距离河水约二里远，从盐窝到丝网口海口大约为九十里。

三、根据实际情况来治理黄河

治河就如同治病，必须要先清楚其病原。想要找到病原，就必须先把脉，才能知道病原在什么地方，然后再施药。这样的话，不仅可以治疗重病，而且还可以永绝后患。如果只是按疮敷药，不问疮毒来自哪里，则不是好医生的做法。黄河在山东引起水患，但病原并不在于山东。如果只针对山东来治理黄河，那与按疮敷药有什么区别呢？虽然可以止住一时的疼痛，但不久之后旧病就会复发了，这是因为疮毒未消，病根并未消除。水性就像人性一样，最初的时候性本善，如果不对其加以引导，性情就会发生变化。老天造出了水，原本是用来养人的，何曾是用来害人的呢？都是由于人不了解水性，不注意对它的变化加以防范，从而使其泛滥肆虐，百姓受困，国库空虚，还始终不能制止。推究其缘故，是因为治水仅仅针对一个小范围内，没有统筹全局。现在如果一误再误，那么恐怕还将徒劳无功。想要一劳永逸，就应当先找准水患的根源。从山东来观察黄河，则黄河只在山东境内。从整个中国来观察黄河，则黄河还有不在山东省内的部分，怎么就知道山东的黄河水患灾害，不是由黄河其他地方引发的呢？所以如果能在整个中国的范围内治理黄河，则黄河水患可治。如果只是在山东境内治理黄河，那黄河恐怕到最后也难以根治。请让我进行详细陈述。

上溯黄河的源头，它出自星宿海，经过甘肃，流入蒙古的沙漠，并在改道多次以后，到达山西，这时候已经是挟带泥沙滚滚而来，从陕西流出来时，又和渭水交汇，河水变得更加混浊，再穿过土山向东方流出，拖泥带水，径直进入河南，浩浩荡荡，不可阻挡，而水也变得越来越混浊了。这就是黄河的病原。下游的水患灾害正是由此而起，要想治理水患就应当在病原上下功夫。因为下游淤积的泥沙，都是从上游拖带而来的。上游海拔较高，水势如高屋建瓴，而且两边都有山紧紧围着，河水的流速极快，水中的泥沙始终停不下来，等到过了荥泽一带，进入平原水势变缓，水流变缓则泥沙停滞。泥沙停滞则河流淤积，河流淤积过高以后，河水便改道，这也是很自然的道理。回顾以往的历史，都

可以为据。只要一有河流改道，百姓就要遭殃，往往辗转奔波于沟壑之间，死于饥寒交迫，从古到今，已经不知道发生过多少起这样的灾祸。而黄河的河道则是南迁北徙，畅所欲为，以开封为中心，自行开辟了一条条迁徙的半径，在扬子江北部千五百里之间的扇形地域里，随意地穿行，即使是齐鲁大地上的一座座高大的山峰，也难以阻止。河水所经过的地方，泥沙停滞，形成沙滩，百姓则为生计所困，简直防不胜防，到现在都没有什么好的办法，只能是局部的修修补补，劳民伤财，它所造成的祸害比疾病、战争都要厉害。不过天下没有不能治理的水患，虽然治理起来不是一件很容易的事，但也还不是人力所达不到的。办法是什么呢？答案是求之于数学而已。

说到治理水患的办法，可不像说起来那么容易！黄河绵延于中国境内，共有一万多里长。地势的高低，河流的曲直，水性的缓急，含泥沙的多少，以往都没有进行详细考究，并没有相关的图表。向水边的居民问询，也很少有能准确答上来的。如今想要治理这条河，有三件事应当先办：一、测量黄河全河的形势。包括河身的宽窄、深浅，堤岸的高低、厚薄，以及水大时和水小时的浅深，都必须详细地记载。二、测绘河图，必须详细，丝毫不能有所遗漏；三、

分段派人勘查河水情况，对比水力，记载水志，测量泥沙量，并随时查验水力的大小，淤积泥沙的数量。凡是水性和沙性稍有变化，必须详细地记载，以供参考。

以上这三件事，都是极其细致的工作，而且是最紧要的事情，不这样就不能知道河水的情况，不能确定应该做的工作，不能疏导河流，不能预防水位上涨，不能防患于未然。这三件事情没有做的话，所有的工程，最终都难以收到想要的效果，即便可以稍稍缓解当下之急，用不了多久便会前功尽弃。如果经过详细测绘，反复考察，把握了全局，就可以考虑应当实施的工程，从而可以得出长久之计。此外，还须将各省的黄河，统归一位官员来管理，才能实现整体保护，永远没有后患，不过若照此办理，所需经费必然巨大。然而如果想要一劳永逸，则应当先统计出每年养河的费用要多少，堵漏修筑的费用要多少，蠲免粮钱的费用要多少，赈济抚恤的费用要多少，财产淹没多少，民命死亡多少，以及除弊以后能兴利多少，累积若干年共计多少，和所消耗的资金相比，哪个轻哪个重，是损失大还是获益大，才不至于在决策时犹豫。按照图志中的标示，就可以知道某地的水性和地势，从而确定其河身。再由河身，可以限定水流的速度，不让它发生变更；水面的高低，也不让它随便涨落。凡是河底的浅深，河岸的坚脆，工料的松固等，均可以确定下来，不用担心会发生意外。这都是数学中的精微学问，不能随意而为。确定河身是最困难的事。必须知道河水猛涨时水高出多少，水性怎么样，停积在河底和停积在河滩上的沙有多少。河水上涨的高低、速率也都不同，确定河身必须了解速率的变化，才能使得河水无论上涨多高，它的速率都足以把泥沙冲刷入海。由于河形弯曲，以致造成不少危险的工事，这也应当酌情更改，然而这并非易事，若不经详细谨慎的推算则不能奏效。裁弯取直后路途变近，路途变近则河水落差变大，即地势高低的差距就增大。落差增大则速率也增大，流速增大则水流量也随之增大，在河水猛涨之时尤其应当将上下游统一进行筹算后，才能裁去一处河身弯曲。因为裁截河身的弯曲，可能会造成其他危险，不能不加以周全考虑，这也不是仅凭眼力就可以做到的事。

河堤是用来约束水流的，必须连同河身一并进行推算。就连进入河水的斜坡，也都必须加固，以防异常情况下的河水猛涨，方才不致误事。至于堤坝的高低、厚薄，则要看土性的松实，料质的坚脆。至于应当如何建造，也要看水线的高低、水流的缓急。所需的材料，只要是能抵御水流冲击的就好，不必全部使用石堤，也不用全部使用料埽，只要土堤筑造得坚实，再用柳树、草木等加以保护，也足以抵御平常的水力。观察各国的护河堤坝会发现，大多数是用土建造而成的，并没有全部使用石头。但要推算合法，位置得当，看守不懈，并且不任意对其践踏。那些石头的堤坝料场，只在险要的地方使用就行。总而言之，可以节省的就应当节省，不可以节省的则一定不节省，然而这些若不经精确、详细的测算是做不到的。我在监工时曾绘制了两种堤坝的样式，大概还算比较适合黄河，但什么地方应用什么样式，则要临时进行查勘，因地制宜，并不是说整条黄河都应该改用。只是无论需要使用哪种材料，都必须采购质量上乘的才能坚固耐用。涨水的时候河流流到堤根的位置，水小的时候河流在两岸中间。而堤与岸都是松土，常被急流卷走就化成了泥沙，到了水流变缓的地方，就淤积成了高高的沙滩，长此以往，就逐渐产生了危险。这固然值得忧虑，但更加值得忧虑的是，上游的各土山随时会坍塌到河水中，化成泥沙流到下游以后，造成非常严重的祸患。应当想办法进行保护，将水流通过的两岸，全部修筑成斜坡，先在外面护上一层泥，再在泥上种上草，并且多栽种树木来使其坚实。有危险的地方，则应当在岸根的地方打桩，用树枝编织成筐，用泥土填成块，再用石头垒成墙，或者砌石为坡，并抛大石头到水底，才足以抵御水力。土山的两旁，也必须向水底抛石头，再在上面修筑石墙，以阻止其塌陷，这样则能保证岸土不至于被流水拖带，河流才可以逐渐变清，河患也自然可以逐日减轻。这是治理河患应该办理的最紧要的工程。

大的水流应当令其从河道的中间经过，至于应当在什么地方进行引导水流，则现在还不能预先确定。大概需要在河道弯曲处的水底多修筑挑水坝，来引导水流流向。挑水坝应该用树枝或者用石块来构建，而且需要随时根据当时的具体情况来处理，只是秸料不够耐久，而且没有抗冲击能力，因而不可用。减水坝也应该讲究，以防河水异常猛涨，所以最好设在堤坝边上。应该先测量好地势，勘察好情形，以河流流动的方向，来确定坝口的方向。此坝必须用大石头加上混凝土来建造。坝后面所挑分出来的引河，以及现在已有的河流，应当修筑坚固的堤坝来进行约束，使这些所经过的河流，不至于以邻为壑，对周边造成危害。引河也必须足够宽深而且不太弯曲，并且要低于黄河水面，令其河身确有容水的空间时，方才能够使用。

黄河下游的入海口处地势变高且再次有拦门沙出现，致使河水入海并不通畅。应当用机械挖土船来疏通和挖掘，不过若先修筑海塘，再使用机械，或能够取得事半功倍的效果。该海塘接续长河堤进入大海，则水力更加集中，能够将泥沙冲到大海的深处，是入海口必不可少的工程。再用机械拦沙深挖一道，使得水力更加猛烈，可以冲刷掉身下的泥沙。这项工程，需要的费用非常大，不过这是各国的河流入海口都有的东西，为何独独黄河没有呢？美国的密西西比河的入海口，奥地利的多瑙河的入海口，之前也都曾被泥沙堵塞，如今大轮船却可以自由往来，就是这个工程有效的有力证据。法国的塞纳河的入海口，之前也曾有拦河沙的阻碍，船舶航行十分险恶，后来经过用大石来填海，筑造了海塘，高出大潮水面，两塘之间的距离达到了九十丈，海塘建成的那一天，海口竟然深达二丈，到现在船只可以随便通行。比利时的默兹河入海口，也曾经兴建此大工程。在此之外还有很多地方，也就不一一地例举了。

黄河绵延了中国的几个省份，与国计民生关系极为密切。现在黄河上游的水流到下游，下游不能马上知道；而当下游出现险情时，上游也是在事情发生以后才发觉，上下游之间沟通不畅，防范不够周密。应该按照永定河的办法，沿着河岸设立电线，按河段用电报联系，随时随地报告管理整条河流的官员，使水患得到预防。这是刻不容缓的事情。治河的工程，既然已经实施，那保护河流的章程规定也应该确定下来，使沿河地区一律严格遵循，坚持按规定办事，方才不至于前功尽弃。现在的河流防治的工作人员，即使能够克己奉公，但是百姓践踏堤埆、挑土、砍柳、锄草等恶习，并没有受到广泛禁止。所以，应当妥当确定律例，严厉禁止，周密巡查，对犯者进行惩治。堤坝上不准许随便搭建房屋，有车辆需通行的地方，一定要专门修筑马路，并且格外增加它的厚度，这样才不至于让堤坝受损。官员们随时进行稽查，发现稍有残缺不全的地方，就立即修补。这样一来，工程则可以永远保持完固，不用担心会有意外发生。黄河的上游是否应当建设闸坝用来拦沙，或是挑选大的湖泊用来减弱水量，也应当进行考虑。因为治河有这样的办法，所以应当在这里进行说明。上游的山，都应当下令栽种草木，以此来削减水势。西方各国，由于山洪暴发，多次造成灾害，便命令在源头以及临近河水的山上栽种草木，水势才得到削减。偶尔有一两处的树木被人私下砍伐，水势便会再次猖狂，于是政府严令禁止砍伐树木，并设置官员来专门管理树木。西方人对这些方面事情如此重视，正是该方法有效的有力证明。分析山洪暴发的原因，则主要有两点：一是因为山上的土质疏松，不能够很好地吸收水分；二是因为山势陡峭，不能够很好地阻碍水流。如果在山上种满树木，则树根既能够坚固土壤，又能够吸收水分，而且可以削减水势，让山洪缓缓地流下，不至于倾泻而下。倘若山上不适合种树，也应当种草，它的功效虽然不如种树那么大，但也比什么都不种要好。法国颁布了阿尔卑斯诸山种树律例以来，已经收到了很显著的成效。

四、现时应办救急事宜

前文所述治河应当办理的各项事务，并非一朝一夕就能够做到的，必须等到对全河进行了详细测量，估算好工料，妥善筹划好方法之后，才能够称得上做好准备。只是担心河流汹涌，迫不及待，所以应先现行办理救急事宜，这样或许能使现在灾患不生，将来治理起来也比较容易。救急的事情都有哪些呢？无非是培修堤岸，固筑险患工程，并疏通河流下游。至于更改河道形状以畅通水流，延伸或缩短河身来顺应其水性，保护堤岸以阻止两岸坍塌，各项工程都应当等到日后再从容办理，现在暂时无暇顾及。

培修河堤的办法，前文已经进行了详细论述，就不用再多说了。只是应当以民埝作为堤坝。如果依靠大堤的话，则之间的距离太远，有河面过宽的隐患，而且大堤残缺不全，修都没有办法修，就算修好也起不了作用。各处的危险工程，应当全部加固修筑，派遣官员对整个工程进行勘察，对工程进行预估。凡是直接受水流冲击的堤坝、已经朽坏的埽，必须一律进行保护，过低过薄的堤坝，也应当加高增厚。堤坝内和水接触的斜坡上，应该铺一层泥，用来种植青草，并在堤坝根基处遍植树木，设法禁止人践踏，这是目前最要紧的事，越快办理越好。有危险隐患的堤坝底部，要么抛石要么修坝来进行加固，这些也都须因地制宜。凡是堤坝有开通了道路的地方，应当立即进行修补，并在堤坝顶部筑造石子马路，以便车马往来，不致损坏堤坝。

黄河末流的入海通道，最好协商后妥善确定，铁门关、韩家垣现在都已经淤塞，丝网口则水势散漫，根本没有河道。调查黄河入海的末流地区时，人们对选择的地点意见不一：有的说应该在铁门关淤塞处挑通，让水仍旧从旧河道入海；有的说应当仍然从韩家垣旧河道入海；有的说应当从十六户挑引河直到铁门关，以避开盐窝的危险工程；有的说应当由盐窝挑一引河，仍然从丝网口入海；有的说应当在蒲台县三岔河引河水入海；有的说黄河应该在大马家挑河至孔家庄并入徒骇河，然后使其入海。大马家在利津上游八里的地方，调查发现，徒骇河的河道形状十分弯曲，孔家庄的河面宽大约九十丈，水流小的时候河面宽大约六十丈，两岸非常高，并且没有修筑堤坝，涨水时大约比两岸还低八尺，它的上游在禹城以下的地方，全部都已经淤塞，海口大约距孔家庄七十里，并且没有拦门沙。我认为对黄河末流进行治理，水流不应该走徒骇河，唯恐浊流汇入清流，使原来的清流也变为浊流，就未免太可惜了。如想要商酌确定一个入海口，必须在各处进行详细测量，比较各地地势的高低，考察流水的方向。据了解，现在的武备学堂测量专业的学生都非常聪明，再加上十分勤奋，四处进行测量，不遗余力，只可惜时间太短，没能得到足够详细的数据，所绘制出来的图，只能查阅大概情况。各段河中所经过水流量的数据，以及各地的落差，都无从查考。至于引河的河道形状，只按入海口的地势应当平坦的原则，引河则是越短越直越好。因为河流短水势就大，即落差增大，流水也就更有冲击力。河身则以能够容纳猛涨时的河水为标准，两岸堤坝则以能够约束水流为标准，还需要格外加固，以防被河水冲出缺口。入海口原有的所有旧河槽，尽量不用为好，因为旧槽形都比较曲折，堤坝也不完备，不如另选一个新的地点，考虑当地形势后再进行治理为好。现在无论引河挑分在什么地方，入海口都必须用机器来挖沙，不能依靠河水自行冲刷，因为河流的隐患没有消除，河流的泥沙也没有减少，所流经之处出现泥沙停滞淤积的问题，仍然不能避免，恐怕新挑的引河，在不久之后也会如旧河口一样，被泥沙堵塞不通。我认为引河的河形以能够让河水畅流为标准，使得不会担忧有意外的发生。减水坝也是必不可少的工程，但应当设在什么地方，还有待详细考察。有人指出在济南城下游十八里的地方，原来有一处滚坝，似乎正好可以使用。我在监工的归途中抄便道徒步进行了勘查，发现此坝距离黄河还有五里，原先建造它的目的，是为了引济南周围各山的清水进入黄河，以此来帮助冲刷泥沙，但是从来都没有启用。坝门非常小，只有一丈四尺，又与各条河流不通，若想使用，还须另再开凿一条引河来连通小清河。调查小清河的河身后，发现其仅仅能容下自身水量，河水猛涨时水已经漫上堤岸，又没有河堤的约束，如果再将黄河灌入其中，势必造成河水漫漫，到时候就连济南省城也都可能会遭到淹溺。我认为，如果想减水，汇入徒骇河是最好的，不过仍然需要经过测量筹算才能够下定论，只是徒骇河也必须加宽河流并添筑河堤，才能够使用。

以上的四大方面问题，都是知无不言，言无不尽。是否恰当，都等待上面研究之后决定。我这次担任监工职务被奉派勘察河道，经常与司道大员和地方官一起进行勘察。虽然每个人的看法都稍有不同，但都和衷共济，为国家操劳，为中堂效命，心怀国计民生，不约而同地希望能够做到一劳永逸。无论中外，每个人都想成就这样利国利民的大功业，心中不敢怀有丝毫的成见。

卢法尔谨上

先后任两广总督的李瀚章、李鸿章兄弟

李鸿章出任两广总督的时候，承继了先前的李瀚章、谭钟麟两任总督留下的摊子，百事废弛已经到了极点，盗贼横行，草寇遍地。李鸿章就任后，雷厉风行，恢复了就地正法的制度，以峻烈、严酷的手段来处理治安，杀了不少人，仁人君子都因此指责他。然而盗贼们却慑于他的威名，要么被杀要么逃跑，地方上也由此获得了短暂的安定。而其中对两广地区的人祸害最深的，则莫过于让赌博的人承担军饷这一件事。两广地区盛行偷盗的风气，其根源实际上是从赌博的风气而来。偷盗的人没有不赌博的，赌博到最后没有不去偷盗的。李鸿章鼓励赌博，美其名曰"缉捕经费"，意思是说抽取赌博的彩金作为抓捕盗贼的费用。这何异于担心民众不会去偷盗，而教会他们偷盗呢？既然教了他们，接下来又杀了他们，仁人君子都说他没有人心。

孟子说："及陷于罪，然后从而刑之，是罔民也。"不教育百姓却对他们用刑，就可以说是欺骗百姓了，更何况是教百姓犯罪再对他们加以处罚呢？扬汤止沸，抱薪救火，难道李鸿章是越老越糊涂了？如果不是这样，为什么到了晚年末路，还要做出这样败坏道德、有损名誉的事情给后人抓住把柄呢？有人说："李鸿章清楚赌博的风气最终不可能根除，不如因此借用来帮助筹集急需的政务经费。"但淫乱的风气也不容易根除，没有听说过政府可以开设妓院的；盗窃的风气也不容易根除，没有听说政府可以开设山寨的。这种道理，李鸿章未必知道。如果他知道还有意这样做，那真可以说是全无心肝了。

李鸿章在两广任职期间，准备在省城实行警察法，这是听从了黄遵宪的建议。只可惜还没有完成，他就离职而去了。

两广地区中国人和洋人杂处，各色人等，良莠不齐。狡黠之徒，常把加入宗教作为护身符，从而横行乡里，而天主教及其他教会的牧师，常常袒护、庇佑乃至纵容他们。十年以来，大臣们都闲散无能，老朽将死，怕洋人如怕虎，正是如此才使得这些人的气焰日益嚣张。李鸿章到两广以后，这些教民还想故伎重演，以此来试探他。李鸿章招来他的牧师，依据事实，摆明道理，严格权限，不允许他们有半点越权行为。经过一两次事情以后，没人还敢再依靠宗教来做坏事了。唉！对于像李鸿章这样有几十年老练经验的外交家，在面临大敌之时也许还有所不足，但对付这样的小辈，则实在是不费吹灰之力。现在的地方官，把办理教案看作可怕的事，这不免也太可怜了。

康有为

李鸿章来到两广任职时，正好赶上朝廷下旨，称康有为等人在海外的势力越来越壮大，命令他对此进行镇压，李鸿章于是捕杀了康党海外志士的家族成员三人。而他在任期间，常有人无罪而受罚，平民百姓受尽骚扰，就算是最野蛮的政体也不过这样。有人可能会说：这其实并非李鸿章的本意。虽然这也有道理，我却不敢以此为由替他隐讳和辩护。

第十一章
李鸿章的末路

李鸿章最初被任命为江苏巡抚时，只是徒有虚名，并不能到任；后来被任命为直隶总督时，同样是仅有一个虚名，也没能到任。命运仿佛是在其间故意捉弄他一般。虽然这样，从李鸿章身上看其今昔的变化，也给人一种英雄气短的感觉。

李鸿章担任两广总督还不到一年，就爆发了义和团运动。义和团是因何而起呢？是戊戌维新变法的反作用力所致。最初的时候，当今圣上光绪皇帝因为支持维新变法而惹怒了慈禧太后，于是慈禧太后在八月发动了政变，"六君子"遇害。小人四起，而康有为逃亡英伦，梁启超逃跑到日本。满朝的顽固派官员，本来就都将外国人视为仇敌，又不懂得国际公法，便认为外国将要和康梁等人

1900 年，前去英国驻华使馆谈判的李鸿章

联手起来算计自己，于是对外国人的怨恨也越来越深。而中国北方的人民，自从天津教案到德国在胶州形成割据以来，胸中的愤懑不平之气，已经积蓄了很久，于是假借狐鸣篝火等迷信手段，乘机而起。顽固派认为可以借助这些人的怨愤来达到自己的目的，于是对其加以利用。所以义和团实际上是政府与民间势力的一个联合体，但他们各自所怀有的目的却不同：民间是完全出于公心，但他们愚昧而无谋，实在是可怜可叹；政府则是完全出于私心，悖而无道，全天下都恨他们。

假如当时李鸿章在直隶任职，那么这一场祸事或许就可以避免，或者祸事发生时李鸿章先与袁昶、许景澄等人受难，这都是未知的。而上天偏偏不让这场祸乱早些平定，偏偏不让李鸿章早些死去。就像是想要为李鸿章设置一个位置，让他一生的历史成就更大的功业。到六月以后，八国联军进逼北京，于是李鸿章再次被任命为议和全权大臣。

在当时，有人为李鸿章出主意，建议他拥两广自立，为亚洲开创一个新的政体，这是上策；率军北上，勤王助剿，消灭义和团，对西方各国做出答复，这是中策；奉命进京，投身虎口，正如顽固派所希望的那样，这则是下策。虽然如此，第一条建议，只有具有非常之学识，非常之气魄的人，才能够做到，而李鸿章实在不是那样的人。在他四十年前正当壮年之时，尚且不敢有破格的举动，何况已经是近八十岁的老翁，怎么还能给他提这样的建议呢？所以说这种话的人，真是不了解李鸿章是什么样的人。第二条建议还比较切合实际，然而当时广东实在是没有一兵一卒可以用，而且这样的行为也容易引起他人的猜疑，万一朝廷里面有大臣与李鸿章不和的，给他扣上个兴兵作乱的罪名，将会让他骑虎难下，那样李鸿章也将困顿不堪！而且他每天都在考虑苟且和迁就，以图保全自己名声，这也不是他所能做到的。虽然这样，但他还是曾认真地考虑了第三条建议，而且做出了自己的选择，他知道自己一个人进京城或许会发生意外，所以迟迟没有行动；他知道京城不被攻破则和议必然不会成功，所以逗留在上海，几个月都没有动身。

皇上和皇太后逃到西安以后，才开始和议。这次和议虽然不像李鸿章上次去日本的那次艰险，但

克林德

第十一章 李鸿章的末路

其间的麻烦和纠葛却更加得多。李鸿章在这种情况下，保持了清醒镇定，从容地进行磋磨，好在各国都厌倦了动乱，朝廷也有悔过的意思，便在光绪二十七年（1901年）七月，签订了以下十二款条约：

第一款　一、大德国钦差大臣男爵克林德①被杀害一事，先前已经在西历今年6月9日，即中历四月二十三日，奉谕旨（附件二）任命醇亲王载沣为头等专使大臣，前往大德国大皇帝前，代表大清国大皇帝表示国家惋惜之意。醇亲王已遵旨于西历今年7月12日即中历五月二十七日，自北京起程。

二、大清国国家已经声明，在克林德遇害的地方竖立铭志之碑，与克林德的身份地位相匹配，上面记载有大清国大皇帝对死者表示的哀悼、惋惜的圣旨，以拉丁、德语、汉语三种文字书写。先前于西历今年7月22日，即中历六月初七日，经大清国钦差全权大臣发文到大德国钦差全权大臣那里（附件三）。现在于克林德遇害的地方建立一座牌坊，占满一条街，已于西历今年6月25日，即中历五月初十日开始动工。

第二款　一、惩办在伤害各国国家及人民中为祸首的诸位大臣。将于西历今年2月13日、21日等几天，即中历的去年十二月二十五日、今年正月初三等几天，先后降旨，把所定的罪名，依次列在后面（附件四、五、六）。端郡王载漪、辅国公载澜的罪名均定为斩监候②，又约定如果皇上认为应当加恩免其一死，就发往新疆终身监禁，永远不得减免；庄亲王载勋、都察院左都御史英年、刑部尚书赵舒翘均定为赐令自尽；山西巡抚毓贤、礼部尚书启秀、刑部左侍郎徐承煜均定为立即正法；协办大学士吏部尚书刚毅、大学士徐桐、前四川总督李秉衡，均已经死去，但仍要追夺其原来的官职，立即革职。另外，兵部尚书徐用仪、户部尚书立山、吏部左侍郎许景澄、内阁学士兼礼部侍郎衔联元、太常寺卿袁昶，由于去年激烈驳斥那些有悖于各国公法的极恶之罪而被害的，都在西历今年2月13日，即中历上一年的十二月二十五日奉圣谕官复原职，以示昭雪（附件七）。庄亲王载勋于西历今年2月21日，即中历正月初三日；英年、赵舒翘于24日，即六日，都已经分别自尽。毓贤于22日，即初四日；启秀、徐

---

① 克林德（1853—1900），外交官，德国驻华公使，1881年来华，曾任广州等地领事官。1900年义和团事变期间，在北京街头被清军枪杀。这一事件成为八国联军对华用兵的导火线之一。

② 又称"斩候决"。明清时代刑律将判处斩刑的犯人暂时监禁，清朝有专门处理绞、斩监候的会审制度，候秋审、朝审后再决定是否执行。

承煜于 26 日，即初八日，被正法。还有，西历今年 2 月 13 日，即中历上年十二月二十五日，圣谕将甘肃提督董福样革职，等应得的罪名定下来以后严加惩治。西历今年 4 月 29 日、6 月 3 日、□月□□日等几天，即中历三月十一日、四月十七日、□月□□日等几天先后降旨，将去年夏天发生的凶惨案中所有已经确认有责任的各外省官员，分别进行惩治。

二、皇上下旨将各国人民遇害被虐地所在城镇的文武各级考试停止五年（附件八）。

Le Petit Journal
SUPPLÉMENT ILLUSTRÉ

DIMANCHE 14 OCTOBRE 1900

ÉVÉNEMENTS DE CHINE
Li-Hung-Chang escorté par les troupes russes et japonaises

1900 年，李鸿章与陪同的俄罗斯军队和日本军队（法国报纸）

第三款　因大日本国使馆书记生杉山彬[①]被害，大清国大皇帝应从优荣之典，已于西历今年 6 月 18 日，即中历五月初三日降旨派遣户部侍郎那桐为专使大臣，到大日本国大皇帝面前，代表大清国大皇帝及国家致以惋惜之情（附件九）。

第四款　大清国政府承诺在各国被亵渎和挖掘的坟墓旁边修建涤垢雪侮之

① 杉山彬（1862—1900），日本常陆国水户藩人，日本外交官。于明治三十年（1897 年）到中国赴任。1900 年在义和团运动中，于 6 月 11 日在北京被甘军董福祥部所杀。

碑，已经与各国的全权大臣共同商定，这些墓碑由各国的使馆督建，并由中国国家承担估算所需支付的银两，京师一带，每处一万两，外省每处五千两。此项银两，已经付清。现将建碑的坟墓，列出清单附在后面（附件十）。

第五款　大清国政府不准将军火及专为制造军火的各种器料运入中国境内，已于西历1901年8月17日，即中历今年七月初四日降旨禁止进口两年。以后如果各国认为仍有应当继续禁止的必要，也可以降旨将两年的期往后延续（附件十一）。

第六款　大清国大皇帝下旨承诺付给各国赔偿款海关银四亿五千万两，该款是西历1900年12月22日，即中历光绪二十六年十一月初一日的条款内第二款所记载的各国、各教会、各人及中国人民的赔偿额的总数（附件十二）。

（甲）这四亿五千万两指的是海关银两，按照市价折合为金款，此市价按照各国的货币比价折合出来如下：海关银的一两，合德国的三点五五马克，合奥国的三点五九五克朗，合美国的零点七四二美元，合法国的三点五法郎，合英国英镑的三先令，合日本的一点四零七日元，合荷兰国的一点七九六弗罗林，合俄国的一点四一二卢布。俄国的卢布，按照汇率进行合算，即十七点四二四多理亚。这四亿五千万两，按四厘整来计算年息，本金由中国分三十九年按后

《辛丑条约》签约时场景

面所附的表格各章程来清还（附件十三）。本息用黄金给付，或者按应还日期的市价折算成黄金付给。归还本金于1902年1月1日起到1940年终止。还本各款，应按每年一次的频率付还，初次定于1901年1月1日。付还利息，从1901年7月1日起算。不过中国也可以将所欠的前六个月到1901年12月31日的利息，延期到从1902年1月1日起算，在三年内还清。但所延期息款的利息，也应当按照年利四厘付清。这些利息每隔六个月偿还一次，第一次定在1902年7月1日给付。

（乙）这些欠款的一切事宜，都在上海办理。如果此后各国各自派出银行董事一名，在一起将所有负责还款的中国官员付给他们的所有本金和利息全部收存，分给有关系的国家和个人等，由该银行出具付款回执。

（丙）中国将全数保票一纸交到驻京的各国钦差领衔大臣的手中。此保票以后分为零票，每张票上都由中国的特派官员签字画押。此环节以及发票等一切事宜，应由前款所述的银行董事各自遵照本国的命令来办。

（丁）付还保票财源的各项进款，应当每月都交给银行董事收存。

（戊）所规定承担保票的财源，列在下面：

一、新设关税所进款项，等到前面已作为担保的借款各本金、利息都付清以后，剩下的款项再加进口货税。进口税增加到百分之五，将所增加的数额也加上。所有以前规定进口免税的各种货物，除了外国运来的大米、各种杂色粮面以及金银和金银各种钱币以外，均应当列入抽取百分之五税款的货物种类中。

二、所有常关①所进款项，在各通商口岸的常关项目，全部用新关管理。

三、所有盐政各类所进款项，除了归还西方借款一项以外，剩下的一并归入，至进口货税增加到百分之五。各国现在都同意实行，只是有两点还需要说明：一是现在照估价抽收的各项进口税，凡是能改的，都应当迅速改为按件抽税。改办一层如后，作为估算货价的基础，应以1897年、1898年、1899年三年卸货时的各货物计算价值，就是除去进口税及杂费总数的市价。在税费没改以前，各项税收仍然照估价来征收。二是北河、黄浦两条水路，均应加以改善，中国政府也应拨款相助。至于增税这一点，等到此条款签字画押两个月后，就开始办理，除了在此画押日期之后最迟十日已经在途的货物以外，一概不得免税。

---

① 我国清代为了与海关相区别，将工关、户关等传统税收机构统称常关。

第七款　大清国政府承诺使馆界内，作为各国人专门居住的地方，并由使馆自主管理。中国的百姓，一概不准在界内居住，各国使馆也可以自行安排防卫。使馆界线在附件的图上已经标明如后（附件十四）：东面的界线，是崇文门大街，图上是十、十一、十二等字样；北面图上是五、六、七、八、九、十等字的线；西面图上是一、二、三、四、五等字之线；南面图上是十二、一等字的线，此线是沿着城墙南址随着城垛的形态而画的。按照西历1901年1月16日，即中历上一年十一月二十六日的文中后附的条款，中国应当允诺各国分别自主管辖，并常驻军队分别保护使馆。

第八款　大清国政府应当允诺将大沽炮台及有碍京师到大海通道的所有炮台一律拆除，目前已经设法照办。

第九款　按照西历1901年1月16日，即中历上一年十一月二十六日文中后附的条款，中国应当允诺由各国分别主办，共同商定几个地方派兵驻守，以保证京师到大海通道的安全与畅通。现在各国驻防的地方，是黄村、廊坊、杨村、天津军粮城、塘沽、芦台、唐山、滦州、昌黎、秦皇岛、山海关。

第十款　大清国政府承诺两年的时间内，在各府、厅、州、县将后面所述的皇帝旨谕颁行通告：

一、西历今年2月1日，即中历上一年十二月十三日皇上下旨永远禁止设立或加入与各国为敌的集会、组织，违者都将被斩首（附件十五）。

二、西历今年□月□□日，即中历□月□□日的一道圣旨，犯罪的人如何进行惩办，都一一进行裁明。

三、西历今年□月□□日，即中历□月□□日的圣旨，将在各国人民遇害和被虐地方的各城镇停止文武各级考试。

四、西历今年2月1日，即中历上一年十二月十三日的圣旨，各省的抚督文武大臣和有关的各部门官员，在所管辖的境内均有保护地方平安的责任，如果再次发生伤害各国人民的事端，或是再有违约的行为，必须立即镇压和惩办，否则该管辖地的官员，立即革职，永不叙用，也不得为这些官员开脱并给予奖励（附件十六）。

以上谕旨现于中国全国上下依次张贴。

第十一款　大清国政府承诺将通商行船的各条约当中，各国认为应当商酌修改的地方，以及其他有关各地通商的事宜，都进行商议修改，以求达到简便易行的效果。按照条约第六款的赔偿事宜，约定中国政府应当同意协助改善北河、黄浦两条水路，其协助各事项如下：

一、北河改善河道，在 1898 年与中国政府共同兴修的各项工程，全部由各国派人兴修。一等治理天津事务交还以后，就可以由中国政府派遣人员与各国所派遣人员共同办理，中国政府应支付海关银每年六万两作为工程费用。

二、现设立黄浦河道局来经管整理、改善水道的各工程所，派到该局任职的各位成员，都代表中国及各国保护在上海的所有通商利益。预计以后的二十年里，该局的各工程及经管的各项费用应当为每年支出海关银四十六万两，这笔费用的数额平分，一半由中国政府支付，一半由外国各相关国家出资支付。该局职员的任务、权责以及收入等各种详细情况，都在后面所附的文件内列明（附件十七）。

第十二款　西历今年 7 月 24 日，即中历六月初九日降旨，将总理各国事务衙门按照各国商定的意见，改为外务部，位列六部之前。圣旨内已经委派外务部各王大臣（附件十八）。并且变通各国钦差大臣觐见的礼节，这均已经商定由中国全权大臣历次照会①备案。此照会在后面所附的节略内说明（附件十九）。

现特声明，以上所述的各项内容，以及后面所附的各国全权大臣所回复的文件，均是以法文为依据。大清国政府如果按照以上所述处理之后，到西历 1900 年 12 月 22 日，即中历光绪二十六年十一月初一日，文内的各项条款，能完全依照各国的意愿办理妥当，则表示中国愿将 1900 年夏天的变乱所生出的局势了结，各国也将按照条约的规定来行动。为此各国的全权大臣奉各国政府的命令代为声明，除了第七款所述的防守使馆的军队外，各国的军队将在西历 1901 年□月□□日，即中历□月□□日全部从京城撤离。并且除去第九款所述各地方外，也将于西历 1901 年□月□□日，即中历□□年□月□□日从直隶省撤退。现在将以上条款缮定出内容相同的十二份，都由各国全权大臣签字画押，各国全权大臣各自留存一份，中国全权大臣收存一份。

《辛丑条约》签订以后，还有一件李鸿章一直没有了结的旧事，那就是俄国的满洲事件。根据最开始签订的《中俄密约》，俄国人有自行派遣军队保护东方铁路的权利，等到义和团兴起的时候，两国之间在疆场上不和，俄国人就借此

---

① 是对外交涉和礼仪往来的一种重要手段，其使用体现国家的立场，涉及国家关系。

EN CHINE
Le gâteau des Rois et... des Empereurs

中国蛋糕（1897 年法国报纸）

挑起事端，侵入吉林、黑龙江等地，并到达营口北。当时，北京有八国联军侵入，无暇顾及这边的情况。等到和议开始的时候，俄国人坚持这件事应当由中俄两国之间另行商议，与北京的事不是一回事。中国政府不得已，答应了俄国。等到与各国的和约确定以后，满洲的问题也就自然到来了。李鸿章是害怕俄国呢？还是亲俄国呢？还是有什么不得已的隐情呢？我们虽然不可得知，但他在最初的时候所议定的和约，实不异于将东北三省完全置于俄国的势力范围之下，这一点相当明显。现将当时的《中俄满洲条约》（草案）内容抄录如下：

第一条　俄国将满洲交还给中国，行政上的事务，照旧办理。

第二条　俄国留驻军队保护满洲铁路，等到地方局面安定，再加上本条约最主要的四条都履行以后，才可以撤军。

第三条　如果中国有事变发生，俄国将用这支军队帮助中国镇压。

第四条　如果中国铁路（注：疑指满洲铁路）没有开通，中国不能在满洲驻军。即使他日可以驻军，驻军的数量也必须与俄国协定，而且禁止向满洲输入兵器。

第五条　如果地方官员在处理各项事务上，有不得当的地方，则必须依照俄国的请求，将这名官员革职。满洲的巡察部队，必须与俄国商量确定其人数，并且不能雇用外国人。

第六条　满洲、蒙古的陆军和海军，不得聘请外国人训练。

第七条　中国应当放弃旅顺口的北金州的主权。

第八条　满洲、蒙古、新疆伊犁等地的铁路、矿山以及其他利益，非经过俄国许可，不得让给其他国家，或者由中国自行占有，也必须经俄国批准。牛庄周围的地区，不得租借给别的国家。

第九条　俄国的所有军事费用，全部由中国来承担。

第十条　如果对满洲铁路公司有任何利益方面的损害，中国政府必须与该公司商定。

第十一条　现在所损害的东西，中国应当赔偿，或者以全部利益，或者以一部利益来作为担保。

第十二条　准许中国从满洲铁路的支线修一条铁路到达北京。

该条约草案一经公布，南方各省的官员、百姓群情激愤，纷纷发电报阻止，有些人则举办演讲，联名上书抵制这份条约。而英、美、日各国，也多次利用其舆论发表意见，表示将进行干涉。俄国公使不得已，只好自己答应做出让步。又经过几个月以后，将之前的条约修改数条如下：

第一条　同

第二条　同

第三条　同

第四条　中国虽然可以在满洲驻军，但军队人数的多少，必须和俄国协商，俄国协定的数目，中国不能反对。然而仍然不能向满洲地区输入兵器。

第五条　同

第六条　删

第七条　删

第八条　想得到在满洲开矿山、修铁路及其他各种利益的国家，中国如果不与俄国商议，则不准将这些利益让给其他国家的个人经营。

第九条　同

第十条　同　并追加"这是驻扎在北京的各国公使的协议，而为各国所采用之方法"字样。

第十一条　同

第十二条　中国可以从满洲铁路的支线修一条铁路到直隶省疆界的长城为止。

到这时，李鸿章已经病得非常严重了。李鸿章以近八十岁的高龄长期经受患难，到如今已是垂暮之年，又遭受此变故，内心忧郁、积劳成疾，已大大超过了普通人所承受的。今年以来，肝疾愈加严重，时时大发雷霆，就如同发疯了一般。再加上俄国公使，助纣为虐，对他不断恫吓催促，令他难以忍受，而等他听到徐寿朋①的死讯时，则捂住胸口呕血，病情也进一步加剧，到光绪二十七年（1901年）九月二十七日，最终病逝于北京的贤良寺。在传出他去世消息之前的一个小时，俄国公使还来催促他签字画押。最终这份条约没有签订，现在已经交付给庆亲王和王文韶。李鸿章到临终也没有提及家事，只是愤恨而切齿地说："可恨毓贤误国到如此地步。"然后又长叹道："皇上和太后都不肯回宫啊。"随后便闭眼离世，享年七十八岁。行在②政府得到李鸿章去世的电报后，深表震惊和哀悼。第二日圣旨便来到：

朕钦奉太后懿旨。大学士、一等肃毅伯、直隶总督李鸿章，器识渊深，才能过人、谋略深远，以翰林身份创建淮军，剿灭太平军、捻军诸匪，居功甚伟，朝廷特别施恩，晋封他为伯爵。他辅佐、服务朝廷，又任命他为直隶总督兼北洋大臣，他能匡济国家于危难，与国外和睦相处，经验丰富，一心为国，忠心耿耿。去年京师发生动乱，特派大学士李鸿章为全权大臣，与各国使臣妥善签订和约，处理恰到好处。本准备待大局全定之后，对其进行奖赏，突然就听说他已溘然长逝，让人深感震惊和哀悼。对李鸿章的功绩进行加恩，照大学士的规格赐予抚恤，赏给陀罗经被③下葬。派恭亲王溥伟带领侍卫十人，前往祭奠。授谥号"文忠"，追赠太傅，晋封一等侯爵，列入贤良祠让后人供奉，以表示深深思念忠臣的深远用意。其他在送终时的饰物和恩典，再另行降旨。钦此。

---

① 徐寿朋（？—1901），字进斋，清朝官员。光绪二年，以道员充美日使馆二等参赞。光绪二十六年（1900年），八国联军入京，徐寿朋协助李鸿章与各国议和，于光绪二十七年（1901年）议定《辛丑和约》。六月，迁外务部左侍郎。闰月，病逝。

② 是指天子"行銮驻跸的所在"。是名义上并非帝都，但实际上是皇帝、皇宫和朝廷所在并行使首都职能的地方。八国联军攻陷北京后，慈禧太后与光绪帝出逃至西安，因此这里指的是西安。

③ 又作"陀罗尼经被"，也称"陀罗尼衾"，又名"往生被"，是一种织有金梵字经文的随葬物。清代的皇帝、后妃（贵人以上）可用陀罗经被，王公大臣死后，奏上遗疏，可由皇帝御赏"陀罗经被"。

之后，朝廷又赏赐了白银五千两办理丧事。赏给他的儿子李经述四品京官的职位，承袭李鸿章的一等侯爵的爵位，赏给李经迈候补京官的职位，其他的子孙也都给予了不同的优待和奖赏。又赐予在天坛、地坛祭祀的待遇。还下令在他的原籍所在地、立功的省份和京师建立专门的祠堂，地方官每年

李鸿章一家

过年的时候去祭祀，并列入国家祠典，朝廷所能给予他的荣誉和待遇也算是达到了极点。而这样的一代风云人物，竟然就随着北洋舰队、津防练勇一起与这个世界和他国家的国民永远地告别了。我听说他去世消息的那天还专门写了一副挽联：

太息斯人去，萧条徐泗空，莽莽长淮，起陆龙蛇安在也。
回首山河非，只有夕阳好，哀哀浩劫，归辽神鹤竟何之。

第十二章

结　论

李鸿章自然是中国几千年历史上的一个重要人物，这一点没有什么值得怀疑的；李鸿章一定是十九世纪世界历史上的一个重要人物，这一点也没有什么可以怀疑的。既然这样，他这样一个人物究竟能处于什么位置呢？他与中外的历史人物相比较，又究竟有什么样的价值呢？在此我将试着一一对其进行讨论。

霍　光

第一，李鸿章与霍光。史家评论霍光时说他是不学无术，我评论李鸿章也说他不学无术。那么李鸿章与霍光是同一类人吗？回答是：李鸿章没有霍光的权力和地位，也没有霍光的魄力。李鸿章是一个谨慎、本分守己的人，不是能根据时势来坚持追随自己内心的想法，从而做出非常举动的那种人。他的一生都不能充分施展自己的理想和抱负，怎么能比得上霍光呢？虽然如此，他对普通学识的掌握上，或许比霍光要略强一些。

第二，李鸿章与诸葛亮。李鸿章是一个忠臣、儒臣、军事家、政治家、外交家。中国自尧、舜、禹三代以来，同时具有这五大身份而被百世所钦佩的，莫过于诸葛亮。李鸿章手中所能依靠的资本，超过了诸葛亮，但在取得君主的信任上不如诸葛亮。李鸿章最开始在上海的时候，仅仅依靠着三座城市，就能在江南建立大功，他们创业的艰难，也都比较相似。后来他在用兵方面的成就，又远远超过了诸葛亮。然而诸葛亮治理道路崎岖的蜀国时，能够使得官员都不怀奸险，百姓都自强自立，但李鸿章做了几十年的重臣，不能使国民团结友爱，让他们为己所用。诸葛亮死的时候，所有财产只有成都的八百株桑树，李鸿章却以豪富闻名天下，怎么差距会这么大？至于他们的鞠躬尽瘁、死而后已、犬马恋主的忠诚，倒是很相似。

第三，李鸿章与郭子仪。李鸿章中兴朝政、平定祸乱的功劳，和郭子仪非常相像，而且他们所享有的福气和运气也不相上下。然而郭子仪在平定祸乱之外，就再没有做过其他更有影响的事，但戎马生涯对于李鸿章来说，却不过是他终生事业中的一部分而已。假如让他们的位置互换一下，郭子仪未必会比李鸿章做得更好。

第四，李鸿章与王安石。王安石由于他的新变法而遭到世人诟病，李鸿章由于他的洋务运动而遭到世人诟病，王安石变法与李鸿章兴办洋务，虽然都不是很完善的政策，但他们的远见卓识都不是那些非议他们的人所能及的。那些号称贤良士大夫的人，都不肯帮助他们，还群起对他们进行诘难和攻击，拖他们的后腿，在背后说他们的坏话，最后弄得他们不得不用一些奸诈小人来协助自己，这一点上，王安石和李鸿章的境地差不多。然而王安石更多地得到了皇帝的支持，他对民政方面进行了精心谋划，局面更加宏大深远，这一点又超过了李鸿章。

第五，李鸿章与秦桧。中国那些迂腐的儒士骂李鸿章是秦桧的最多。在中法战争、中日甲午战争两场战役爆发的那段时间，这样的言论尤其盛行。这种话语若是出自市井小人的口中也就罢了，士君子说出这样的话，让我都不知道该怎么来形容他们，只能说他们是在像狗一样狂吠吧。

第六，李鸿章与曾国藩。李鸿章和曾国藩的关系，就如同管仲和鲍叔牙，韩信和萧何的关系。不仅如此，李鸿章一生的学问、见识、事业，没有一样不是靠曾国藩的提携和成全。所以李鸿章实际上是曾国藩门下的人物。曾国藩不是李鸿章能比得上的，世人对此早已有定评。虽然这样，曾国藩毕竟是一位儒者，如果让他担任外交上的要职，他的手段、智慧和机警，也可能不如李鸿章。加上曾国藩始终秉持知止、知足的人生信条，常常将急流勇退的念头挂在心上，李鸿章则往往血气方刚，无论面临什么样的大难，都是毅然挺身而出，自己承担起来，从没有流露过半点畏难退避的神色，这也算是他的特长了。

第七，李鸿章与左宗棠。左宗棠和李鸿章齐名于当世，然而左宗棠更加张扬，李鸿章则更加隐忍。说到他们的器量，左宗棠则远比不上李鸿章。一部分虚骄自傲的湖南人，曾想推左宗棠为守旧派的领袖来与李鸿章对抗，但其实这两个人在洋务方面的见识不相上下，左宗棠不是一个只会守旧的人，李鸿章也不是一个只讲维新的人。左宗棠幸亏早去世十多年，所以得以保全自己在当世的声名，而后来的那些困难和责骂，全都落到了李鸿章一个人的身上。左宗棠的福气和运气可以说是很好了。

第八，李鸿章与李秀成。"二李"都是近代的人中豪杰。李秀成忠于太平天国，李鸿章忠于清朝，死后一个封了忠王，一个谥号文忠，都可以说是当之而无愧。李秀成的军事才能、政治才能、外交才能，都不逊于李鸿章，但他们一个失败，一个成功，则都是上天注定。所以我遍览近世的人物，想将两个人写成合传而毫无遗憾的，就只有"二李"。然而李秀成不杀赵景贤、礼葬王有龄，李鸿章却假意宴请投降的"八王"，而后将他们全部杀死，在这件事情上李鸿章还是有愧于德的。

张之洞

第九，李鸿章与张之洞。近十年来，与李鸿章齐名的人，就是张之洞了。虽然如此，张之洞其实又怎能比得上李鸿章呢？李鸿章是从实践中锤炼出来的人，张之洞却是个浮华的人。李鸿章最不喜好虚名，张之洞则最追求虚名，不图虚名所以能任劳任怨，迷恋虚名就会常常投机取巧。张之洞在对外交往的事件中，处处给李鸿章制造麻烦，总结他所谋划的种种策略，没有哪一个不是说起来容易做起来难的。李鸿章曾对人说过："没想到香涛①做官几十年，仍然还是书生之见。"在我看来，这一句话也能概括张之洞的一生了。而张之洞虚骄自傲、心胸狭隘、残忍苛刻等，与李鸿章的见识和大器量相比，可以说是有天壤之别了。

第十，李鸿章与袁世凯。今后能够承续李鸿章身后"遗产"的人，就只有袁世凯一个了。袁世凯是李鸿章一手栽培出来的人，目前正值壮年，初担大任，他的表现还不算特别明显，现在还很难对其妄下结论。但是这个人的功名心非常重，他有气魄，也敢于做出破格的举动，看起来比李鸿章似乎要更强一些。不过他的心术如何，他的毅力如何，都不是现在所能断言的。在目前的文武百

① 张之洞，字香涛。

官中，资历、声望和才识上能够继承李鸿章的，除了
袁世凯真就很难找到其他人了。

袁世凯

第十一，李鸿章与梅特涅。奥地利宰相梅特涅，
是十九世纪的第一大奸雄。在他当政的四十年时间里，
专门要弄他那狡猾的外交手段，对外以此来指挥整个
欧洲，对内以此来镇压民主党派。十九世纪的前半
期，欧洲大陆的腐败形势，有很大一部分的罪责可以
归到他身上。有的人说李鸿章和他很相像。不过，李
鸿章的心术其实并不如梅特涅那样险恶，他的才干也
不如梅特涅那样大。梅特涅懂得民众的力量而进行压
制，李鸿章不懂民众的力量而视若无睹，梅特涅的外交政策能够操纵群雄，李
鸿章的外交政策则连一个朝鲜都不能安抚，这就是我认为李鸿章比不上梅特涅
的原因。

第十二，李鸿章与俾斯麦。虽然有的人称李鸿章为"东方俾斯麦"，但实际
上即使这不是阿谀奉承，也是胡言乱语。李鸿章怎么可能比得上俾斯麦呢？从
军事的角度来说，俾斯麦所战胜的都是敌国，李鸿章所杀戮的则都是同胞；从
内政的角度来说，俾斯麦能够将长期以来散漫的一些小国合成一个大的联邦，
李鸿章则是使一个庞大的中国降为了二等国家；从外交的角度来说，俾斯麦联
合奥地利、意大利并使它们为其所用，李鸿章则是联合俄国，最后反而落入了
俄国的圈套。从这三方面来比较，他们真是何异于天壤之别？这并不是用成败
的标准来评论人，李鸿章的学问、智谋、胆识，没有一样能比得过俾斯麦的，
他的成就不如俾斯麦，实际上也是优胜劣汰的公理所决定的。虽然李鸿章的际
遇或许比不过俾斯麦，他的资本却比俾斯麦多。人各有所难，若没有战胜困难，
就不足以称为英雄。李鸿章向俾斯麦讲述了他自己的难处，却不知道俾斯麦也
有自己的难处，这不是李鸿章所能明白的。就算将两个人的位置互换，我知道
失败的还会是李鸿章。所以认为李鸿章是"东方俾斯麦"，持"东李西俾"论调
的人，实在是对他们有很大的误解。

第十三，李鸿章与格莱斯顿。有的人也将李鸿章、俾斯麦、格莱斯顿并称
为"三雄"。这大概是从他们长久的主政时间、尊贵的地位和名望的角度来说的，
其实李鸿章与格莱斯顿没有一点相似的地方。格莱斯顿的长处在于处理内政，
尤其是在民政方面，而军事与外交方面则不是他的得意功业。格莱斯顿是一位

有德有识的人，是民主政治国家人物中的典范，李鸿章则是一个追求功名的东方人物，是十八世纪以前的那种英雄类型。二者之间相去甚远。

第十四，李鸿章与梯也尔。法国总统梯也尔，是当时法国被迫与普鲁士政府签订城下之盟时的全权议和大臣。他那时所处的地位，恰好和李鸿章在1895年到1900年间的状况相仿，在危急存亡时刻，忍气吞声，这实为最难以让人忍受的事了。但梯也尔不过是偶尔这样做，李鸿章则是一而再、再而三地这样做；梯也尔所面对的只是一个国家，李鸿章面对的则是多个国家，他的遭遇与梯也尔相比，更让人产生同情。然而梯也尔在议和之后能够通过一场演说，立即募集了59多亿法郎，而法兰西过了不到十年时间，就再次成为欧洲的第一等强国；李鸿章却被偿款所困，没有补救的办法，中国的沦落与颓废，一天比一天厉害。这是由于两国人民的爱国心有什么差别吗？还是李鸿章利用民心的方法不得当呢？

第十五，李鸿章与井伊直弼[①]。日本大将军掌握大权的时候，有一位幕府重臣井伊直弼，他身居内政与外交的要职，深谙当今世界大势，明白闭关锁国的种种不利，因此积极与欧美各国结盟，并迫切地想学习西方各国的长处来自强自立。可当时日本的民间"尊王攘夷"的论调正极为兴盛，井伊直弼则对此用武力进行镇压，以此来效忠于幕府，于是全国上下的怨愤都集中到了他一个人身上，他最终被壮士刺杀在樱田门外。不过日本的维新运动也就此兴起了。井伊直弼，是明治政府的大敌，也是明治政府的功臣。他的才干让人敬佩，但他的遭遇值得可怜，直到今天都还有一些日本人为他鸣冤。李鸿章的境遇，大体上也和他差不多，而所遇到的困难还要比井伊直弼多得多。井伊直弼遭事故英年早逝，而李鸿章死后仍受尊崇，他的福气、命运都比井伊直弼要好。然而日本此后逐渐强大起来，中国却还是和以前一样衰败、腐朽。

伊藤博文

第十六，李鸿章与伊藤博文。李鸿章与日本首相伊藤博文是中日战争中的两大巨头。若以成败来

---

① 井伊直弼（1815—1860）日本的近江彦根藩主、江户幕府末期的大老。1858年即位，就任大老。他就任后不久便与美国签订《日美修好通商条约》，赋予美国商人与海员治外法权，并开放港口。1860年在樱田门外被倒幕志士暗杀。

论英雄，自当是崇尚伊藤博文而贬抑李鸿章，不过，伊藤博文事实上并非李鸿章的对手。日本人常常评论说伊藤博文是命运最好的人，也是有一定道理的。他在日本明治维新的初期并没有什么大功劳，和李鸿章栉风沐雨的复杂人生阅历相比就已经输了一筹，所以伊藤博文对于日本的重要性，远远比不上李鸿章在中国的重要性，如果把他放到李鸿章的位置上，我估计他也比不上李鸿章。虽然如此，伊藤博文有一点是胜于李鸿章的，那就是他曾留学于欧洲，更清楚政治的本原是什么。这也是伊藤博文能够制定出宪法来作为日本长治久安之计的原因，李鸿章则只是对残败的现状修修补补，学点皮毛，照猫画虎，而最终一事无成。在日本，有像伊藤博文这样才学的人，在他的同辈中不下百人，而在中国，具有像李鸿章这种才干的人，他的同辈中却找不出一个人，因此不能把中日战争失败的责任全部都推到李鸿章身上。

李鸿章日常办公时，案头上从没有堆积下来的公文，厅堂里从没有等候接待的宾客，这些方式也许是从曾国藩那里学到的。他的饮食起居，都确定好一个固定的时间，很有西方人的风格。他重视纪律，严于律己，中国人中很少有能比得上他的。不论是严寒还是酷夏，五点钟就起床，他有家藏的一幅宋朝拓印的《兰亭序》，每天早晨必临摹一百字，临本从来不给人看。这也是一种养心自律的方法。曾国藩在军中每天必下一盘围棋，也是这个道理。每天吃过午饭以后，他一定要睡一个小时的午觉，从来不耽误。他在总理衙门任职时，每天午休将起床的时候，都要打个哈欠，然后伸出一只脚穿靴，伸出一只手穿袍，身边伺候他的人一刻也不许延误。

李鸿章养生一贯使用西医的方式，每顿饭都有人为他送上两只鸡熬出来的鸡汤，每天早上都要经过随从医师诊断和检查身体，而且经常使用电子仪器。戈登曾经到天津去拜访过李鸿章，并在那里逗留了好几个月。当时俄国通过伊犁战争方面的事，对清政府施压，并不断进行恐吓，大有要和中国决裂的姿态。李鸿章就此事咨询了戈登，戈登说："中国如今的这个样子，最终也是不能在往后的世界立足的。除非您自己取而代之，手握全部权力以后，大加整顿。您如果也有意这样做，我愿意为您效犬马之劳。"李鸿章听到后马上变脸，舌头僵住而口不能言。

李鸿章在待人接物的时候常常都带有傲慢轻侮的神色，不把一切放在眼里，还常常戏耍和嘲弄他人，只有在面对曾国藩的时候，他才如同面对严父一般，毕恭毕敬，有些时候甚至让人不理解他为什么这样。

李鸿章与格兰特

李鸿章与外国人交涉的时候，常表现出尤其轻蔑、侮辱的态度，他大概是在心里将他们全都看作市侩小人，说他们都是奔着利益而来，我也就精打细算，把利益作为唯一的衡量标准。那种崇洋媚外的劣根性，在李鸿章身上是没有的。

在外国人中，李鸿章最为敬重的只有两个人，一个是戈登，一个是美国将军格兰特——他在美国的南北战争中立下了大功。格兰特到天津访问的时候，李鸿章用高规格的礼节接待了他。此后在接见美国公使的时候，李鸿章也经常询问格兰特的生活起居。等到他出访西方各国，经过美国的时候，听说美国人为格兰特设立纪念碑，还立即赠送了白银千两以表敬慕之情。

李鸿章做事情非常认真、细致，每遇到一个问题，必会再三盘问，毫不敷衍。他平时也不轻易许诺，但许诺的事他就必然做到，可以说是一个言行一致的人。

李鸿章在欧洲访问的时候，多次问到他人的年龄以及家产有多少等。随行人员有时便提醒他："这些都是西方人最为忌讳的事情，最好不要再问。"李鸿章却不予理会。也许他根本就没有把欧洲人放在眼里，想的不过是把欧洲人玩弄于股掌之中罢了。最为可笑的是，李鸿章有一次参观了英国的某一个大工厂，参观完以后，突然对他们的工头问了一个奇怪的问题："像你管理这么大的一个工厂，一年有多少收入？"工头回答说："除了正常薪水之外并没有其他收入。"

李鸿章然后缓缓地指向他手上戴着的钻石戒指说："那么你的这个钻石是从哪里来的？"弄得十分尴尬。欧洲人将这件事传为奇谈。

社会上的人还传说李鸿章富甲天下，这个说法大概不足为信，但李鸿章约有几百万两白银的产业，倒是情理之中的事，毕竟在招商局、电报局、开平煤矿、中国通商银行这些企业中，他都有不少股份。有的人还说，南京、上海等地的当铺银号也大多归他管理。

李鸿章在北京的时候，经常居住在贤良寺①。大概是因曾国藩平定江南之后，他第一次入京觐见的时候就是居住在这里，此后也就习以为常了。将来这座寺院想必也会为《春明梦余录》②增添一段故事了。

李鸿章平生最遗憾的一件事，就是不曾担任过科举考试的主考官。戊戌会试那一年，李鸿章正好在北京，心想这次是志在必得，最终却没能成功。哪怕是殿试时的阅卷大臣的职务，也没有一次派他担任过，李鸿章对此一直耿耿于怀。像他这样功名盖世的人，还对此念念不忘，可见科举考试对人的毒害之深。

以上的几条，不过是我偶尔拾掇而来的，姑且记录进来，作为观察和了解李鸿章一个侧面的材料。作者与李鸿章之间交往不深，不能够知晓更多他的逸闻轶事，也由于有很多无关大体的事件，记都记不完，所以其他也就不多记述了。然而李鸿章究竟是一个什么样的人物呢？我想在此用两句话来对他做个评断："不学无术，不敢破格，是他的短处；不避劳苦，不畏谤言，是他的长处。"唉！李鸿章已经去世，然而国家依旧多难，或许还会出现比李鸿章时代更加糟糕的局面，后世的仁人君子，又将如何面对呢？

---

① 贤良寺临近皇宫，是清朝时内城中一座著名寺院。位于现北京市东城区现金鱼胡同、校尉胡同、煤渣胡同一带，寺庙建筑现在已基本不存在。贤良寺最早在明朝时是著名的"十王府"，满清入关后这里成了清王公贝勒的府邸。乾隆二十年（1755年），贤良寺迁建于冰碴胡同路北，之后贤良寺便成了外省的朝廷重臣进京朝见的住处。曾国藩、李鸿章、左宗棠、张之洞等晚清督抚以及康有为、沈曾植等人物进京时都寄住于此。1901年11月7日，李鸿章在贤良寺死于钦差大臣任上。从民国到新中国成立以来，贤良寺几经变迁，从设国殡仪馆到设校尉小学。二十世纪九十年代，校尉小学改建，贤良寺的大部分建筑被拆除，现只剩下寺东边的一进小院，深藏在小学的高楼东边。

② 明末清初孙承泽作品，记载明代北京的情况，体例似政书，又似方志，分《建置》《形胜》《城池》《畿甸》《城坊》《宫阙》《坛庙》《官署》《名迹》《寺庙》《石刻》《岩麓》《川渠》《陵园》十四门。

第十二章 结 论

我在读日本的报纸时，发现有一篇德富苏峰①所写的评论，他对李鸿章的评论有独到之处，现特将其译录如下：

支那的名人李鸿章去世了，东洋地区的政局，从此以后不免会有些寂寞，而不仅是替清朝朝廷失去栋梁支柱而感到叹惋。

总的来讲，若说李鸿章这个人有多么伟大，建立的功业有多么巨大，不如说是他的福气和命运过人。他早年就参加科举考中进士，入翰林院，获得了高贵、清雅名望的地位，恰逢太平天国叛乱，他就做了曾国藩的幕僚，担任淮军统帅，依靠戈登之力平定了江苏；等到他平定捻军的时候，也是秉承了曾国藩遗留下来的策略，从而成就了大功；等他担任直隶总督，办理天津教案，正当他受到法国要挟，狼狈不堪之际，忽然碰上普法战争爆发，法国、英国、俄国、美国，全都忙于应付西欧的大事，而天津教案的事也就无声无息地不了了之。近来这二十五年间，他担任北洋大臣，在天津开设衙门，之后总揽支那的大政，站在了世界的舞台上，这实在可以算是他的全盛时代。

虽然如此，他的地位和势力，并非都是侥幸得来的。他在支那文武百官当中，确实有超凡的眼力和敏捷果断的手腕，这些都不是常人能及的。他知晓西方东渐的大势，了解外国的文明，并思索利用西方的文明来自强，这样的眼光，即使是他的前辈曾国藩，恐怕也要差他一截，而更不要说左宗棠、曾国荃这些人了。

他在天津训练淮军，用西洋的方法操练他们；兴办北洋水师，在旅顺、威海、大沽等地设防；开办轮船招商局，以方便沿海河川的交通；设置机器局，制造兵器；开办开平煤矿；倡议修建铁路。从军事到商业、工业，没有一个方面他不留意的。暂且不论这些想法是否出自他本人，不论这些大权是否全部在他手上，也不论他办理的这些事是否卓有成效，如果就说引领大清国前进并达到今日地位的人究竟是谁？那排在第一位的不得不说是李鸿章。

世界上的人大概都知道李鸿章，却未必知道北京的清廷。尽管李鸿章对于北京的清廷来说，并不是值得深信的人。不仅如此，清廷还常用猜疑、嫉恨的

---

① 德富苏峰（1863—1957），日本著名政治家、记者、历史学家，曾担任大日本言论报国会、文学报国会、大日本国史会会长，文豪德富芦花之兄。他被认为是继福泽谕吉之后日本近代第二大思想家，对当今日本右翼仍然有很大影响。"二战"后曾被远东国际军事法庭认定为甲级战犯嫌疑，不过最后得到不起诉的处分。

眼光来看待他，只不过由于受
到来自外界的压迫，而解决此
困难和纠纷，除了他无人能办
好，所以不得已而用他。而且
各省的督抚、满朝的文武官员，
对李鸿章心存不满的人，也比
比皆是。所以，即使是在他事
业的全盛时期，李鸿章在朝廷
内部的势力都是非常薄弱的，
并不像他在对外时所拥有的那
般无限的权力和光荣。

中日战争是李鸿章一生命
运的重要转折点。他究竟是不
是从最开始就打算和日本一战
呢？对此我们不得而知。但从
李鸿章在情况万分紧急之时，
忽然去和俄国公使喀希尼协商，
请他帮忙干涉以平息战争的举
动来看，或许从他最开始派兵
到朝鲜的时候，就打算用威胁

日本的明信片（世界之五大伟人之三：清国李鸿章）

的手段，让日本不战而屈，是否如此，我们也不得而知。又或者是他自视过高，
过高地估计了中国的实力，对敌情的掌握和考察不到位，对东亚的大势不甚了
解。总之，李鸿章算是失误了，在这里也不能为他隐瞒错误。而用一句话来概
括，则可以说中日战争实为他平生孤注一掷的一场赌注，而这一掷不中，致使
他多年积累下来的功劳、名声，几乎一扫而光。

平常人若是遭受这样的挫折、失意，恐怕没有几个不会忧愤而死的。虽然如
此，已经七十三岁高龄的李鸿章，还是能在内承受朝廷的指责，在外勉力支撑残
局，挺身而出负责议和谈判，而在议和中不幸被刺客袭击后，还能够从容不迫，
不辱其命。之后他又远赴俄国，祝贺俄皇加冕，并访问欧美各国，仿佛之前的事
都没有发生过一样，毫不介意。他所为一般人不能及的地方，正在于此。

李鸿章的晚年，萧条至极。他的前半生，十分亲近英国，他的后半生，则

最亲近俄国，所以在英国人眼里他已经卖身给了俄国政府。李鸿章之所以亲近俄国，是因为俄国可怕，还是因为俄国可信呢？我们不得而知。总之，他认为俄国是东方最有势力的国家，因此宁愿用关外的土地来贿赂俄国，在俄国势力的庇护之下求得一时的安宁。这是他亲近俄国最主要的原因。他处理了与俄国之间签订《中俄密约》《满洲条约》等事情，因此有的人还将他的行为看作和秦桧侍奉金国一样，认为他是同秦桧一般的卖国贼臣，这样的评论未免太过苛刻。他的这些行为，只是好与坏、得与失的问题，而不是正与邪、善与恶的问题。

李鸿章自从退出总理衙门以后，要么是负责治理黄河而远走山东，要么是负责商务而远驻两广，直到义和团事件爆发，才再次就任直隶总督，与庆亲王一起担任全权议和大臣。但事情刚办完不久他就溘然长逝，这实在可以说是悲惨的晚年，但不能说是耻辱的晚年。为什么呢？因为他的雄心壮志，至死也没有被消磨殆尽。

假如李鸿章是死于中日战争之前，那么他将成为十九世纪的一大伟人，写世界史的人无疑也将对他大书特书。他相貌堂堂，善于辞令，敏锐机警，收放自如，让人一看就知道是伟人。虽然如此，在他的血管中是不是也曾流淌着英雄的血液呢？这一点我倒不太确定。他不具有像格莱斯顿那样高尚的道义情怀，不具有像俾斯麦那样强硬的男子气概，不具有像康有为那样的爱国热忱，也不具有像西乡隆盛[1]那样推心置腹的坦诚。乃至他的见识和经历等也都没有能够令我感到不由自主地叹服。总之，他并不是那种能让人心生无比崇敬之情的英雄偶像。

虽然如此，李鸿章的大手笔，还是有让人惊叹之处的。他是个支那人！他是个伟大的支那人！他无论经历什么样的事情，都能做到处变不惊、不恼不怒，他能忍常人所不能忍，无论多么失望的事，他都能将其看作空中之浮云，即使他在心里并非一点都不懊恼或是悔恨，然而在表面上却一丝痕迹也看不出来。没有见到过铁血宰相俾斯麦吗？一旦在政坛上失意并退隐后，他胸中的愤恨和怒气，简直就像是火焰一般喷射出来。但李鸿章对于发生在他身上的大事，却表现得像是一点都不值得他去挂虑一样，他的忍耐力之强，实在是让我等敬佩、膜拜且无法企及的。

假如他是像诸葛孔明那样来做人做事，那他绝不可能长期在这个世界生存下去。为什么呢？他一生的历史实际上就是支那帝国的衰亡史，就像是剥笋皮

---

[1] 西乡隆盛（1828—1877）：日本明治维新时期的重臣，著名的军事家和政治家。

一样，局势一天比一天更紧急，与他同时代的人物都凋落殆尽，而他的一生也混杂了前半生的光辉和后半生的黯淡，直到最终离世而去。但他处于这样危急的境况下，内心也不曾有过动摇。有的人可能会说："他大概就是一个没脑子的人！"就算这样，天下的人能像他这样没脑子的又有几个？没脑子都还能做出这样的成就，难道不是更令人赞赏吗？

陆奥宗光^①是这样评论李鸿章的："与其说他胆识过人，才干超群，又有决断力，还不如说他聪明机敏又有智慧，能很好地察觉事情的利害与得失。"这句话真可以说是恰如其分。不过，李鸿章从来不逃避责任，这是别人比不上的，这也是他之所以几十年来都是清廷最重要的人物，临死之前还肩负重任，承担着国内外深切期望的原因。有的人会说："他自己不把这些看作责任，所以无论是多么重大的责任，他都承担下来而不推辞。"然而也正是这一点，使他能够成就大事。

李鸿章可以说是支那的代表人物。他就像一个纯粹的冷血动物，这是支那人的特性；他奉行事大主义^②，这是支那人的特性；他具有超强的忍耐力，这是支那人的特性；他头脑倔强而又无情，这是支那人的特性；他善于巧妙的辞令，这是支那人的特性；他狡猾而又有城府，这是支那人的特性；他自信而又自大，这是支那人的特性。他没有管仲那样经世济民的器识，也没有诸葛孔明那样治国的实才，不过，他也不是像王安石那样古板的学究。他能够以逸待劳，机智周旋，平心静气，面对百般的艰难和纠纷，仍能从容不迫地进行排解。遍寻海内外，大概也找不到和他一样的人了。

143

以上的评论，确实能够很好地描绘李鸿章这个人物的真面目，而且没有什么遗漏的，在对他进行褒扬的时候不过分，对他进行贬抑的时候也不夸大，我都没有什么可以再多说的了。至于他把李鸿章看作我国的代表人物，则我四亿同胞们不能不深深地进行反省。我曾经写的《饮冰室自由书》里，有一篇叫作《二十世纪之新鬼》的文章，现将文中论述李鸿章的部分摘录于下：

① 陆奥宗光（1844—1897）：又名陆奥阳之助，日本明治时代的政治家、中日甲午战争时期的日本外务大臣、日本外交之父。明治维新前加入神户的海军学校，1868 年得岩仓俱视的赏识，步入日本政界，后在伊藤博文内阁任外务大臣。1888 年任日本驻美公使，兼任墨西哥外交大使。他曾任中日《马关条约》的谈判代表，是近代中日关系史上关键性的人物之一。

② 是一种陈旧的儒家外交理念和政策，是指小国保存自身、应对大国的策略，它的形成与传统的华夷秩序有密切的关系。此处特指 1392 年至 1895 年朝鲜王朝对中国明朝和清朝称臣纳贡、积极效仿的政策。

星　亨

唉！像星亨①、朱塞佩②这样的人难道还称不上是旷世豪杰吗？这五人者（注：指维多利亚、星亨、朱塞佩、麦金莱③、李鸿章），都是他们所在国家中举足轻重的人物。除了维多利亚是立宪国家的君主，君主不须承担责任，不必多论断以外，像朱塞佩、麦金莱，都让他们的国家为之一新，像星亨，则是想要革新却最终没能完成其志向。从这个角度来看，李鸿章相比于这三个人，是应该感到惭愧的。李鸿章经常自我辩解说："我被全国上下所牵制，有志却不能够实现。"就算这是事实，和星亨、朱塞佩冒尽千难万险、忍受种种屈辱，排除万难从而最终达到其目的相比起来又能怎么说呢？真正的英雄不会永远依靠他人的势力，而是常常能够自己营造势力。比如星亨、朱塞佩的势力，皆是自己营造出来的。而李鸿章则只会在一个政府的统治之下安于富贵荣华的生活。如果他把强国利民作为自己的志向，那么像他这样的一个掌权四十年的功勋老臣，怎么会不能赢得民心从而战胜旧党呢？可惜啊！李鸿章没有星亨那样的学识，他也没有朱塞佩那样的热忱，所能凭借的资本多于他们十倍，而所做出的成就却远远不如他们。实际说来，李鸿章真是一个没有学识也缺乏热忱的人。不过，偌大的一个中国，有学识又有热忱，能超过李鸿章的人，又有几个呢？十九世纪各国都有英雄，唯独我国一个英雄都没有，而我们又怎么能不指鹿为马，聊以自慰，把李鸿章推到世界上给各国看，说："他就是我们国家的

---

① 星亨（1850—1901），日本明治时期的政治家，自由党领袖。他努力学习西方学问，在各地从事英语教学，最终得到陆奥宗光的赏识。他曾任司法省附属发言人，1892年当选参议员，同时当选议长。他和伊藤博文共同组织立宪政友会，并率自由党参加政友会。1901年在东京市议会议长任上被刺身亡。

② 朱塞佩·马志尼（Giuseppe Mazzini，1805—1872），意大利作家、政治家，近代意大利资产阶级民主主义革命家、民族解放运动领袖。民主共和派左翼领导人和思想家，与加富尔、加里波第并称为"意大利独立三杰"，被认为是"意大利独立之父"。1830年马志尼加入秘密革命组织烧炭党。1831年前往马赛，创立青年意大利党。他从未接受君主制，因此在意大利统一之后继续为建立民主及共和制而努力，他所带领的政治运动后来成为意大利共和党，直到今天还存在。

③ 威廉·麦金莱（William Mckinley，1843—1901），美国第25任总统。他年少从军，以少校军衔退伍，先后当过律师、县检察官、众议员和州长，1897年当选为总统。他执政期间，提高关税、稳定货币，加上其他措施，使美国经济有很大起色，从而获得"繁荣总统"的美名。出席布法罗泛美博览会时，被一名无政府主义者射伤后不久去世，是美国立国后第三位遇刺身亡的总统。

英雄。"唉！他也倒算是我们国家的英雄，可也只能算是我们国家十九世纪以前的英雄罢了。

1900 年，李鸿章与时任香港总督卜力合影留念

　　总而言之，李鸿章是一个有才干却没有学识、有阅历却没有血性的人。他并不是没有鞠躬尽瘁、死而后已的心，但到后来他却只是弥缺补漏、苟且偷安地等死。他在没死之前，对待责任从来都不推卸，却从来没有立百年大计以泽被后人的志向。正如谚语所说的"做一天和尚撞一天钟"。中国朝野上下所有人的心理，莫不如此，而李鸿章不过是他们中的代表人物。虽然如此，现在满朝二品以上的大员、五十岁以上的高官中，没有一个人能比得过李鸿章的，这一点我敢肯定。唉！李鸿章时代的败绩已经屡见不鲜了，今后这样内忧外患的风潮，还将会超过李鸿章时代很多倍，而如今想要找一个像李鸿章这样的人却几乎不可能了。一想到中国未来的前途命运，我不禁毛骨悚然，不知道最终将会走向何方。

　　九州生气恃风雷，万马齐喑究可哀。
　　我劝天公重抖擞，不拘一格降人才。

第十二章　结论

言思有则

行必威

李鸿章的字

附　录

李鸿章家族世系简表（部分）

李鸿章家族世系简表（部分）

李文安（1801—1855）

↓

李瀚章	—	李鸿章	—	李鹤章	—	李蕴章	—	李凤章	—	李昭庆
(1821—1899)		(1823—1901)		(1825—1880)		(1829—1886)		(？—1890)		(1833—1873)

↓	↓	↓	↓	↓	↓
李经畬①	李经毓（殇）	李经楞②	李经世	李经藩③	李经方（出继）
李经楚④	李经方（嗣子）⑤	李经奎（殇）	李经邦	李经祜⑥	李经榘⑦

---

① 李经畬（1858—1935），光绪八年（1882年）江南乡试举人，1890年光绪庚寅恩科进士，殿试二甲，朝考一等。同年五月，改翰林院庶吉士。光绪十八年（1892年）五月，散馆，授翰林院编修。此后曾经历任翰林院撰文、侍讲，实录馆提调，兵部武选司员外郎。二品顶戴，赐紫禁城骑马，诰授光禄大夫。还曾任资政院议员。

② 李经楞（1854—1892），又名天钺，字雨岩，更字孟威，号孟仙，别号蓬园。县学优廪生，同治癸酉科（1873年）拔贡，候选内阁中书。江苏试用道，加按察使衔，二品顶戴。奉旨嘉奖，交部从优议叙。赏戴花翎，诰授资政大夫。

③ 李经藩（1862—1919），原名经润，字价丞，号襄廷，别号芗亭。安徽合肥人。李鸿章侄子，李凤章长子。1889年江南乡试举人，1894年引用成例晋升道员，加三品衔。1898年，用盐捐捐输，赏孔雀翎，加二品顶戴，诰授资政大夫。看时局艰难，已无进取之心，1904年移居上海，1911年后闭门不出。

④ 李经楚(1867—1913)，字仲衡。以三品衔、二品顶戴任江苏后补道，后为参赞官赴比利时、法国等国。回国又任京师大学堂提调并兼办大学堂工程处等，后长期任职于邮传部，官至邮传部右丞。1908年任交通银行首任总经理。

⑤ 李经方(1855—1934)，晚清大臣。字伯行，号端甫，安徽合肥磨店人。李鸿章六弟李昭庆之子，李鸿章年已四十，膝下无子，过继给李鸿章为长子。光绪举人。历任出使日本大臣、出使英国大臣、邮传部左侍郎。

⑥ 李经祜（1866—1875），字子受，李凤章次子。国学生，盐运使职衔，一品封典。1894年5月16日诰授荣禄大夫。

⑦ 李经榘（1860—1933），字仲洁，安徽合肥人。李鸿章的侄子，李昭庆次子。荫生，候选知州、候补知府，赏戴花翎。江苏候补道，加二品顶戴，赏给一品封典，1895年诰授光禄大夫。他是中国第一任驻英国公使郭嵩焘的女婿。

李经滇　李经述①　　李经羲②　李经钰③　　李经翊（嗣子）④　李经叙⑤

李经湘⑥　李经远（殇）　李经馥⑦　李经衡（殇）　　　　　　李经翊（出继）

李经沅　李经迈⑧　　　　李经达⑨

李经澧⑩　李经进（殇）　　　李经禔（殇）

李经沣⑪　李经璹（女）⑫　　　李经禄（殇）

李经湖　李经璞（女）

李经淮⑬

① 李经述（1864—1902），字仲彭，号澹园，李鸿章次子，实为亲生的长子。二十二岁中举人，手书《澹园日记》十一册，记录了他在京城贤良寺随侍老父身边所见的、最后的生活起居诸事。

② 李经羲（1859—1925），字忠生，号仲仙。李鸿章弟李鹤章之子，清末民初政治人物，一度曾任国务总理之职。光绪五年（1879 年）优贡生，先后历任四川永宁道、湖南盐粮道、按察使、福建布政使、云南布政使等职。1901 年起任广西巡抚、云南巡抚、贵州巡抚。1909 年升任云贵总督，为清末最后一任的云贵总督。1911 年辛亥革命后，蔡锷于云南起事响应，将其送离云南，后避居上海。

③ 李经钰（1867—1922），字连之，号庚馀，一号逸农。李鸿章侄子，李蕴章之子，1893 年举人，河南候补道。1901 年诰授通奉大夫，资政大夫。有《友古堂诗》。

④ 李经翊（1867—1922），字季重，安徽合肥人。李鸿章侄子，李昭庆五子，过继给李凤章为第三子。府学廪贡生，分省补用道，军机处存记。赏戴花翎，加二品顶戴。赏给一品封典。诰授荣禄大夫。

⑤ 李经叙（1867—1909），字叔伦，李鸿章侄子，李昭庆三子。近代外交官。曾被李家托付给晚清著名外交官伍廷芳，后出任江南制造局会办和金陵制造局总办。伍廷芳出任驻美国、西班牙、秘鲁公使时，李经叙以二等参赞的身份赴秘鲁，负责代办公使事务。数年后，又赴墨西哥任职，但不久病逝在那里。

⑥ 李经湘（1878—1967），字季于，李瀚章第四子。县学附贡生，江南乡试第七十二名举人。历任山东候补知府，直隶补用道，出使日本随员，山东抚署洋务文案，师范学堂监督，淮军营统领。加三品衔，一品封典，荣禄大夫。

⑦ 李经馥，曾纪泽长女曾广璇丈夫。

⑧ 李经迈(1876—1938)，字季高，李鸿章的小儿子。1905 年任出使奥地利大臣。次年授光禄寺卿。1907 年归国，历任江苏、河南、浙江等地按察使。1910 年随员前往日本、欧美考察军事。次年署民政部右侍郎。辛亥革命后退居上海，密与宗社党人往来。1917 年张勋复辟时被授外务部左侍郎。

⑨ 李经达（1863—1902），原名经良，字郊云，别号拙农，李蕴章四子。县学生，刑部督捕司郎中，江西候补道，加三品衔，赏戴花翎，赏给二品封典，诰授资政大夫。著有《滋树室全集》。

⑩ 李经澧（1881—1922），字汇东，李瀚章六子。国学生，历任浙江试用知府，嘉兴电报局总办，哈尔滨电报局总办，沙市盐务稽查核分所所长。二品封典，通奉大夫。

⑪ 李经沣（1881—1934），原名经江，字问岷，号听香。历任陕西长武县、长安、富平等县知县，加同知衔。候补直隶知州，江苏试用道，南洋劝业会秘书参议官，两江巡防营务处会办，奉天铁岭税捐局局长，直隶第五厘捐局局长，第九统税局局长，署理直隶束鹿县知县，中宪大夫，民国时任杨子盐栈栈长。

⑫ 李经璹，嫁清末大臣张佩纶。其子张廷众是二十世纪四十年代上海著名女作家张爱玲之父。

⑬ 李经淮（1885—1904），原名经沘，字禹生，李瀚章第九子。县学附贡生，盐运使职衔，加四级，一品封典。诰授荣禄大夫。

李经粤①

李经淦②

（以上是李文安公子孙三代人世系，曾孙及玄孙等以下世系在下面依次排列，用"↓""→"表示世系延续，用"—"表示同辈。以下世系表仅列举了部分家族代表。）

● 李瀚章支系：

李经畲

↓

李国成③——李绣轩（女）

↓

李家美—李家珉（女）—李仲明（女）—李家英（女）—李家蓉（女）—李家传（女）—

李家仪（女）

↓

↓

李道和④——李道顺——李道善⑤

↓   ↓

于琪—于莉（女）   李上元 ——李晓山——李艾婴（女）

李经楚

↓

李国式⑥ ——李国武⑦——李国奎（女）⑧——李舜如（女）⑨

↓

---

① 李经粤（1894—1956），原名经广，字益堂，李瀚章第十子。内务部主事，授予六等嘉禾章。夫人云南华宁县朱氏（翰林院庶吉士、头品顶戴、安徽巡抚朱家宝之女）。

② 李经淦（1899—1920），李瀚章第十一子。

③ 李国成（1876—1919），字秉庵，李经畲之子。国学生，候选知府，二品衔。历任外务部郎中、邮传部郎中、北京电话局总办、福建省营务处总办，并参与创办开滦煤矿。诰授资政大夫。

④ 李道和，1926年生。李家美长子。毕业于北京燕京大学新闻系，任职于《内蒙日报》记者、包头市师范学院教授，外语系主任，市人代会代表。

⑤ 李道善，1929年生。李瀚章玄孙。中央戏剧学院舞美系主任，著有《清代以来的北京剧场》等书，兼任国际舞台美术学会中国分会秘书长等职。

⑥ 李国式（1888—1956），字玉如，李经楚长子。德国柏林大学法政系毕业，历任外交部主事、随赴黑龙江查办事件，代理外交部佥事，直隶井泾矿务局清理员，中东铁路局上海办事处主任。

⑦ 李国武（1891—1944），字威如，李经楚次子。通会计学及俄语，历任宁湘铁路工程局第二测量队委员、江苏交涉署秘书、沪海道尹署科员、沪宁铁路局地亩委员、赴俄聘问代表随员、驻俄鄂穆斯克总领事馆主事、驻俄海参崴总领事馆主事、上海造币厂筹备处筹备员、会计科员。

⑧ 李国奎，嫁外交部特派黑龙江交涉员范其光。长子范续筠，美国普渡大学教授，著名原子能物理学家；次子范续箕，留学美国麻省理工大学，著名教授，航空动力学家，创建了浙江大学航空系，南京航空学院院长，上海交通大学原校长。

⑨ 李舜如，嫁京兆大学、驻俄赤塔领事馆主事毕文秉。

李家声——李家耿——李家聃（殇）——李家馨（殇）——李家瑜（女）

  ↓   ↓

  ↓   李道蔚（女）

  ↓   李道安（女）

  ↓   李道雯（女）

  ↓

李道林—李道桦（殇）—李道椿—李道极—李道棠—李道模—李道楷①—李道柔（女）—李道桢（女）

  ↓   ↓   ↓   ↓   ↓

  ↓   ↓   ↓ 李晨（女）李永蘅（女）李永源（女）

  ↓   ↓ 李永荔（女）

  ↓   李彤—李丹（女）

  ↓

李缨——李立凤（女）

李经滇

  ↓

李国炽②—李国斌（殇）—李国珹（出继）—李国彩（女）③—李国绮（女）④—李国绶（女）

  ↓

  ↓

李家祐——李家褆——李家祁——李家瑾（女）——李家璁（女，殇）——李家琳（女）

        ↓   ↓

      李小刚   李兵

      李东   李军（女）

      李若冰（女）

---

① 李道楷，1949 年生。李瀚章玄孙。毕业于六安师专，曾在安徽金寨一中任教，现在上海从事艺术策划与制作。

② 李国炽（1897—1960），字孟昌，又字昌伯，李经滇长子。毕业于上海圣约翰大学附中，曾任南京关务署科长。

③ 李国彩，上海培成女校毕业，嫁留美哥伦比亚大学哲学博士，云南省教育厅厅长、内政部礼俗司司长、中央大学法学院院长、新中国法商学院院长、上海文史馆员卢锡荣。

④ 李国绮，毕业于东吴大学法学院，嫁沈时达，居台湾。

李经湘

↓

李国溶（殇）——李国岑（女）——李国筹（女）——李国馥（女）——李国琼（女）

李经沅

李经澧

↓

李国芬（女）

李经沣

↓

李国光[1]——李国秦（长女）——李国邠（次女）

↓

李家亮[2]——李家尧——李家贤（女）

↓

李道霖—李道欣（女）

李经湖

↓

李国威[3]

↓

李家繁（女）

李经淮

↓

李国瑊（嗣子）[4]

↓

李家振[5]——李家同——李家衍

---

① 李国光，生于1927年。李瀚章孙，李经沣之子。毕业于上海圣约翰大学政经系，精通英文，任职于西报自由论坛编辑（上海），后居港经营船务，曾任香港木材航运工会主席。曾应邀参加港某庆典，为李氏族亲步入港督府第一人。

② 李家亮，1959年生。留美，先在港经营船务。现任日本常石集团舟山造船厂董事、副总经理。

③ 李国威（1906—1948），字吉如，又字康伯，李经湖之子。居乡读私塾，后住天津李鸿章专祠，民国乙丑年移居上海，在沪闲居。1948年卒于上海。

④ 李国瑊，字壬仲，李经淮嗣子，曾执教于台湾清华大学，省立法商学院教授、教务长。

⑤ 李家振，1936年生。毕业于上海交通大学，居美。

李经粤

↓

李国轼① ——李国建

↓

李刚② ——李家玲（女） ——李家利（女） ——李强（女） ——李浩（女）

李经淦

●李鸿章支系：

李经方

↓

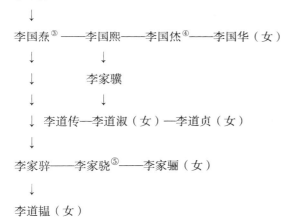

李国焘③ ——李国熙——李国烋④ ——李国华（女）

↓　　　　　↓

　　　　李家骥

↓　　　　　↓

↓　李道传—李道淑（女）—李道贞（女）

↓

李家骈——李家骁⑤ ——李家骊（女）

↓

李道韫（女）

153

附录　李鸿章家族世系简表（部分）

① 李国轼（1913—1993），字效苏，李经粤长子。毕业于燕京大学，曾在开滦煤矿、五洋公司、北京石油设计院、中海油公司工作。

② 李刚，1949年生。李瀚章曾孙。毕业于北京四中，1969年黑龙江兵团41团知青，1974年中海油学校教师，中教高级。

③ 李国焘（1889—1962），字子厚，又名厚甫，号意康，李经方长子，其法国夫人生。1906年至1910年就读于英国剑桥大学经济科，优等毕业生，获学士学位。曾任上海邮政局局长，海军部海道测量局秘书。正一品荫生，特赏举人。新中国成立初在沪建控江中学，兼任董事长。1959年，印度驻沪领事馆曾聘译著《尼赫鲁传》，曾译著《西厢记》英文本，后因诸未成，书稿毁于"文化大革命"期间。

④ 李国烋，字子嘉，号祥徽，二品荫生，李经方英国太太生。曾去武汉救济公署当翻译。新中国成立前夕，死于伤寒。

⑤ 李家骁，1938年生。李鸿章曾孙。毕业于上海市纺织专科学校。从事中小学教学工作。曾在上海爱国中学任教师。

李经述

↓

李国杰[①]——李国燕——李国煦[②]——李国熊[③]——李国照（殇）

李家瑾—李家瑷（殇）　　李家珑→李道铿[④]—李道钧（女）—李道钟（女）

—李家瑜（女）　　李家琚　李勇[⑤]

李家琳→李道森—李道桐—李道松—李道杉（女）

李家璟

李家珂→李炤—李炘（女）

李家玖→→→李道堃—李俨—李伟——李侠

李家珍（女）

李家琦（女）　李晔　李永喆　李滢昀（女）李永劼

李家瑛（女）

————————

① 李国杰（1881—1939），字伟侯，号元直，清朝及"中华民国"官员、实业家。李鸿章的嫡长孙，李经述的长子，承袭了李鸿章一等侯爵的爵位，清朝末年，李国杰为散轶大臣。1906年任广州副都统，1907年改任镶黄旗蒙古副都统，1908年任农工商部左丞。1910年，李国杰任出使比利时钦差大臣，归来时已是民国。1914年任民国参政院参政。1916年，经轮船招商局董事会选举，任董事；1924年当选董事会董事长。1927年南京国民政府指派张静江等人组织整理招商局委员会，查封盛宣怀财产。后经中央交通部长王伯群几度与李国杰商洽，同意由政府监督，改设交通部监督招商局办事处，由王伯群兼监督，交通部参事赵铁乔任总办。赵任总办之后，大权独揽，李国杰只能代行董事长之职。1930年7月下旬，赵在招商局门前（上海福州路）被枪杀。行政院副院长宋子文，全国经济委员会副委员长朱家骅火速赴沪查办。宋朱至沪，旋将李国杰拘留查究，后交法院，1932年12月27日，以擅自出卖国家土地、虚报价款，欺蒙政府等罪名，上海地方法院判处李国杰有期徒刑三年，剥夺公民权利四年。经段祺瑞向蒋介石疏通后最终被释放。1939年2月19日（正月初一），在上海遭到枪击，在医院身亡。

② 李国煦（1886—1918），字明侯，李经述三子。特赏员外郎，分部行走。加二品衔，一品封典，诰授荣禄大夫。李国煦自幼双目失明，体弱多病，然志高聪慧，不愿单靠余荫生存，刻苦攻读，精通中外文，家中洋医来诊，均由其任翻译。传张爱玲的《金锁记》中的姜二爷就是拿他的家事为原型创作的。

③ 李国熊（1888—1952），字渭侯，号渭渔，李经述四子。特赏举人，度支部江西司郎中，户部福建司郎中。调邮传部船政司郎中。赏戴花翎，诰授奉政大夫。

④ 李道铿，1933年生。毕业于清华大学。水利部辽宁水利水电设计院工作，历任高级工程师、主任工程师、副总工程师。

⑤ 李勇，1958年生。李鸿章裔孙。毕业于辽宁建筑工程学院，获清华大学硕士。主要研究方向为地域性建筑、公共建筑设计和行为建筑学。主要教授的课程有建筑设计、建筑现象学和毕业设计等。

↓　　↓　↓

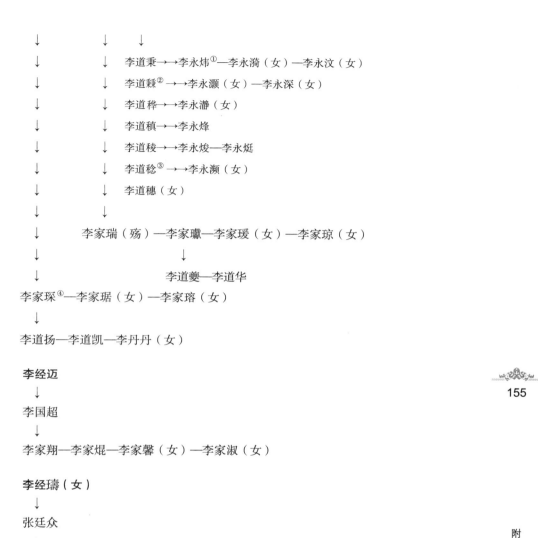

↓　　↓　李道秉→→李永炜[1]—李永漪（女）—李永汶（女）

↓　　↓　李道稣[2]→→李永灏（女）—李永深（女）

↓　　↓　李道稃→→李永瀞（女）

↓　　↓　李道稹→→李永烽

↓　　↓　李道稜→→李永焌—李永娗

↓　　↓　李道稔[3]→→李永濒（女）

↓　　↓　李道穗（女）

↓　　↓

↓　李家瑞（殇）—李家瓛—李家瑗（女）—李家琼（女）

↓　　　↓

↓　　　李道夔—李道华

李家琛[4]—李家琚（女）—李家瑢（女）

↓

李道扬—李道凯—李丹丹（女）

李经迈

↓

李国超

↓

李家翔—李家焜—李家馨（女）—李家淑（女）

李经璹（女）

↓

张廷众

↓

张子静—张爱玲（女）

李经璞（女）

---

① 李永炜，1962年生。李鸿章裔孙。毕业于武汉大学。曾任职于南京电力自动化研究院，高级工程师。留学美国MBA毕业，获美国建筑师执照，创办TIGER BUILDERS, Inc.公司。

② 李道稣，1932年生。李鸿章玄孙。毕业于同济大学。曾任南昌铁路局副总工程师，福州勘测设计所所长，福州铁路分局总工程师等职。从事铁道科技和领导工作四十多年，享受政府特殊津贴。

③ 李道稔，1944年生。李鸿章玄孙。毕业于上海市第二医学院。长期从事医学领域工作，曾在上海市第八人民医院工作，职称主任医生。徐汇区政协委员。

④ 李家琛（1909—1967），字叔献，李国杰之子。天津市木材厂会计师。

●李鹤章支系：

李经楞（天钺）

李国荪————李国蔺————————————李国芬

李家源————李家瀛————李家汉

李道益（嗣子）　李道益（出继家源）　李道绪

李道刚　　　　李道秀（女）

李道林（女）

李家褆（殇）—李家音—李家銮（女）—李秀婉（女）

李建军—李建伟—李健强—李海燕（女）

156

李家齐—李家亮——李家襄————————李家衷————————李家京

李道煊（出继家襄）

李道煊（嗣子）—李道赫 → 李永武—李永定

李道英（女）　　　　　李道械→李永坚—李晓晖（女）

李永钰　　李道华（女）　　　　　李道溦→李永楠

李永华（女）　　　　李昌龙　李昌黎　李道城

李永蕙（女）　　　　李昌宏　李昌麒　李道炽→李艳春（女）→李永明（女）

李永蓉（女）　　　　　　　　　　　李道奎→李永斌

李道茂（女）

李道承—李道正—李道炘—李道铮—李道琦（女）—李道琳（女）

李永一——李永二

李道壬—李道铭—李道桢—李道钦

李永敏—李永兰（女）—李永和（女）

李永琦—李永瑜（女）—李永瑾（女）—李永琳（女）

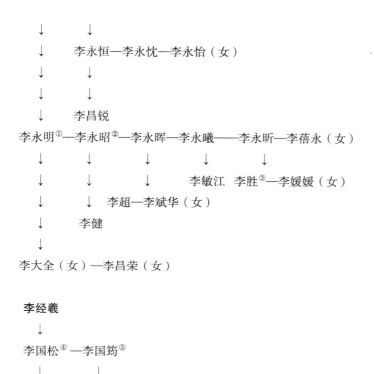

李永恒—李永忱—李永怡（女）

李昌锐

李永明①—李永昭②—李永晖—李永曦——李永昕—李蓓永（女）

李敏江　李胜③—李媛媛（女）

李超—李斌华（女）

李健

李大全（女）—李昌荣（女）

李经羲

↓

李国松④ —李国筠⑤

---

　①李永明（1936—2013），李道壬长子。1950年毕业于芜湖内思中学，其后长期从事教育工作，曾先后在肥东县长乐乡临河小学、长乐中心小学、长乐中学任教师、教导主任、一级教师。

　②李永昭，1938年生。李道壬次子。1953年毕业于上海市北中学，1956年毕业于上海建筑工程学校，其后一直在上海市工业设备安装公司工作，直至退休。历任技术员、专业工程师、公司副经理、公司经理、高级工程师。

　③李胜，1981年生。李鹤章来孙。毕业于合肥市师范学校，从事教育、旅游、销售、建筑等行业，现从事建筑工程结算审计工作。

　④李国松（1877—1950），初名国桢，榜名松寿，字健甫，又字木公，号般斋，李经羲长子。县优廪生，1897年江南乡试举人。度支部军饷司郎中。赏戴花翎，加三品衔。特赏四品卿衔，奏留襄办安徽学务，庐州府中学堂监督。安徽咨议局议长。赏戴头品顶戴。诰授光禄大夫。辛亥革命前担任合肥商会会长。

　⑤李国筠（1878—1929），字斐君，号浩存，李经羲次子。县学优廪生，1902年补行庚子辛丑恩正并科江南乡试举人，正二品荫生，郎中职衔。赏戴花翎，保应经济特科候选知府，分省补用道。加三品衔，二品顶戴。合肥县教育会会长，庐州商会总理，安徽咨议局副议长。资政院议员。诰授资政大夫。安徽财政司长，内务司长。国税厅筹备处处长兼任财政司长。广东巡按使。授予二等大授嘉禾章，二等文虎章。少卿传令嘉奖。巡按使。参政院参政。大总统府顾问。特派经济调查局总裁。授予二等大授宝光嘉禾章。大总统府秘书。授予一等大授嘉禾章，一等大授宝光嘉禾章。临时执政府参政。特派督办浦口商埠事宜。

李鸿章传

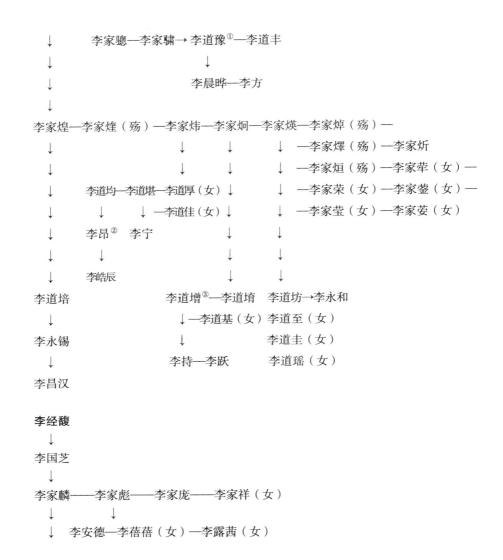

↓　　李家聪—李家骢→李道豫①—李道丰

↓　　　　　　　　　　　　↓

↓　　　　　　　　　李晨晔—李方

↓

李家煌—李家烓（殇）—李家炜—李家炯—李家焕—李家焯（殇）—

↓　　　　　　　　　　↓　　↓　　　↓—李家燡（殇）—李家炘

↓　　　　　　　　　　↓　　↓　　　↓—李家烜（殇）—李家荦（女）—

↓　　李道均—李道堪—李道厚（女）↓　　↓—李家荣（女）—李家銮（女）—

↓　　　↓　　↓—李道佳（女）↓　　↓—李家莹（女）—李家娈（女）

↓　　李昂②　李宁　　　　　↓　　↓

↓　　　↓　　　　　　　　　↓　　↓

↓　　李皓辰　　　　　　　　↓　　↓

李道培　　　　　　李道增③—李道埙　李道坊→李永和

↓　　　　　　　　　↓—李道基（女）李道至（女）

李永锡　　　　　　　↓　　　　　　李道圭（女）

↓　　　　　　　李持—李跃　　　李道瑶（女）

李昌汉

李经馥

↓

李国芝

↓

李家麟——李家彪——李家庞——李家祥（女）

↓　　　　↓

↓　　李安德—李蓓蓓（女）—李露茜（女）

158

---

① 李道豫，李鹤章玄孙，李家骢长子，生于上海，毕业于上海沪江大学，1952年进入外交部，曾任中国常驻日内瓦联合国机构副代表，外交部国际司司长，外交部部长助理，常驻纽约联合国代表兼特命全权大使（副部级），驻美国特命全权大使（副部级）。1998年回国后，当选第九届全国人民代表大会代表，全国人大华侨委员会副主任委员，全国人大常务委员会委员。

② 李昂（永钵），1959年生。李鹤章裔孙，李道均长子，生于陕西咸阳。1979年毕业于西安西北纺织工业学院机电系，工学学士。分配到国营西北第一棉纺织厂任技术员、车间副主任、车间主任、生产技术科长、省纺织工业总公司下属股份公司筹建处高级工程师。现在上海维鲨实业有限公司任出口成套设备主管，项目经理，高级工程师。

③ 李道增，1930年生。李家炯长子。教授、博士生导师，中国工程院院士。毕业于清华大学，曾执教于北京清华大学建筑学院，中国工程院院士。

李道卫①—李道明（女）—李道顺（女）

● **李蕴章支系：**

李经世
↓
李国荣（殇）——李国模②——李国楷③
          ↓   ↓
          ↓   李家霖—李家焕（女）—李家谷（女）
          ↓
          李家震④—李家懿（女）

李经邦
↓
李国棣⑤—李国柱（殇）—李国樑（殇）—李国杞（殇）—李靖国⑥—李季琼（女）⑦
↓   ↓
↓   李家珉—李家麟—李家蕙（女）
↓
李家鼎（殇）—李家彝—李家鼐—李家卣—李家香（殇）—李家英（女）—李家璟（女）—

----

① 李道卫。1963 年生。李家麟之子。1990 年毕业于香港理工学院（现香港理工大学）。香港查册公司董事总经理。1986 年代表香港羽毛球队参加汉城亚运会。

② 李国模（1884—1930），字方儒，号筱崖，别号吟梅。李鸿章侄孙，李蕴章长孙，李经世次子。国学生，山东候补道。赏戴花翎，加二品顶戴。诰授资政大夫。著有《合肥词钞》四卷，《吟梅吟草》一卷，《瘦蝶词》一卷附一卷。

③ 李国楷（1886—1953），字荣青，号少崖，别号餐霞，李经世三子。国学生，江西候补道，赏戴花翎，加二品顶戴。署理江西南、饶、九、广兵备道兼九江关监督，诰授资政大夫。著有《餐霞仙馆诗存》三卷三册。

④ 李家震，1922 年生。李蕴章曾孙。上海交通大学机械系学士。曾在京沪、沪杭涌两铁路管理局任高级工程师，后在上海重型机械研究所任高级工程师。

⑤ 李国棣（1879—1941），字伯唐，号鄂楼，别号一隐，李经邦长子。府学生，光绪壬寅补行庚子辛丑恩正并科江南乡试举人，1903 年会试，国棣考送日本政法大学政治经济科，毕业后分省补用知府，加三品衔。赏戴花翎，保升候补道，分发湖北补用，任湖北候补道，湖北善技场总办，湖北官立法政学堂监督。诰授通议大夫，继任安徽司法司长。

⑥ 李靖国（1887—1924），原名国权，字仲衡，号可亭，李经邦五子。国学生，分省候补同知，保升江苏补用知府。赏戴花翎，分省补用道。奏调邮传部路政司行走。诰授朝议大夫。第一届国会参议院议员，授予二等大授嘉禾章。

⑦ 李季琼（1894—1984），字敬婉，李经邦长女。毕业于上海爱国女学，学生时代曾参加过五四运动，二十世纪五十年代参加过上海民主妇联社会活动，曾出席上海市静安区各界人民代表会议。嫁安徽太湖赵曾鬓之子赵恩廊。

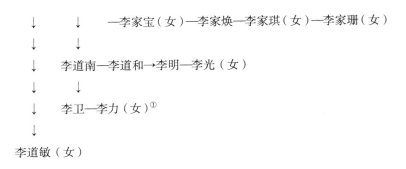

—李家宝（女）—李家焕—李家琪（女）—李家珊（女）

李道南—李道和→李明—李光（女）

李卫—李力（女）①

李道敏（女）

李经钰

李国怀②—李国枢③—李国桂④—李国萱（女）—李国朴（女）

李家铿—李家淞—李家滢—李家溶

李家晋→李道彭—李道郁（女）—李道辉（女）—李道昭（女）

160

李家孚—李家谦（殇）—李家泰（殇）—李家晋（出继国枢）—李家震（出继国模）—李家咸⑤—李家恒（女）—李家颐（女）—李家复（女）—李家济（女）—李家豫（女）

　　① 李力，1958 年生。李蕴章裔孙女。毕业于中国人民大学。1985 年，以《李鸿章年谱》作为研究课题，并走访数十家李氏长辈，收集资料，整理编写出《李鸿章家世简表》，附于河北师范大学苑书义教授所著《李鸿章传》书中（1991 年出版）。现从事投资理财领域工作。

　　② 李国怀（1887—1958），原名国槐，又名国瑰，字伯琦，号敕苏，别号瘦生，晚号器器子，李经钰长子。国学生，分部主事，加五品衔。诰授奉政大夫。授予五等嘉禾章，五等文虎章。财政部造币厂总收支主任，南京造币厂会办。晚年任苏州安徽同乡会会长，安徽公学校长。

　　③ 李国枢（1900—1925），字仲璇，号问淞，李经钰次子。国学生。

　　④ 李国桂（1907—1950），字季琨，号少庚，李经钰三子。毕业于复旦大学银行系，上海中央银行、上海中央储金会供职，江苏宜兴竺西中学执教。沈阳皇姑屯铁路工厂会计员。

　　⑤ 李家咸，1926 年生。李蕴章曾孙。毕业于上海交通大学。中国著名桥梁专家。曾主持和参与设计武汉大桥、南京长江大桥、缅甸仰光大桥、济南黄河大桥、武汉江汉二桥等。全国人大代表。

李经达

↓

李魁寿（殇）—李魁林（殇）—李国柱①—李国檀②—李从衍③—李国相（殇）—李国福（女）④

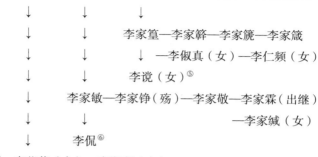

                 ↓   ↓

          ↓   ↓   李家篁—李家簳—李家簾—李家箴

          ↓   ↓   ↓—李俶真（女）—李仁频（女）

          ↓   ↓   李诜（女）⑤

          ↓   李家敏—李家铮（殇）—李家敬—李家霖（出继）

          ↓   ↓   —李家缄（女）

          ↓   李侃⑥

      李家锦⑦—李蕙英（女）—李淑宜（女）

●李凤章支系：

李经藩

↓

---

① 李国柱（1896—1954），原名榛，字晓耘，别号遂庵，李经达三子。国学生，分部主事，加五品衔，诰授奉政大夫，在北京中华大学时，品学兼优，为校长王揖唐赏识。随姐夫两淮盐运使刘文揆在天津创办震义银行，任总司库。王揖唐任安徽督军兼省长时，任安徽省政府简任秘书，简任职书记。后家居芜湖。抗日战争爆发，携眷逃难，芜湖住宅及市房均为日寇轰炸及侵占，濒于破产。流离皖、赣、鄂、湘、浙诸地，逃难至沪后，经济困窘，生计维艰，抗战胜利后，章士钊荐至上海市财政局任秘书兼档案组长，以完整档案交新中国成立后军管小组。1950年辞职家居。

② 李国檀（1898—1971），字彦舆，号偶园，李经达四子。国学生，分部主事，加五品衔。诰封奉政大夫。

③ 李从衍（1899—1966），原名国荣，字公峻，号莼季，别号借园，李经达五子。国学生，北京大学法律系毕业生，古诗文造诣较深，分部主事，加五品衔，诰授奉政大夫。

④ 李国福，嫁直隶候补道、两淮盐运使、天津震义银行总办、江苏武进刘文揆。

⑤ 李诜，1956年生。李蕴章玄孙女。毕业于济南大学，硕士学位，高级国际商务师。曾任陕西省省长助理。现任中国通用技术（集团）控股有限责任公司董事、总经理，民建中央副主席、监督委员会副主任，全国政协常委。

⑥ 李侃，1946年生。李蕴章玄孙。毕业于安徽师范学院附中。曾供职安庆集贤关煤矿，安庆电厂和安庆供电局，现任安庆供电局电力发展公司经营部经理，职称助理经济师。

⑦ 李家锦，1924年生于北京。字绣谷、湘帆，李国柱之子。三岁丧母。毕业于东吴大学上海附中，大夏大学，高级经济师。中国建业银行苏州分行、军政部台湾第12卫材库工作。新中国成立后中国新民主主义青年团上海市工委青年服务部（对外上海市民主青年联合会）工作，由团市工委输送华东贸易部计划处，华东商业局计划财务室计划组组长，上海市第三、第一商业局计划处计划科副科长，中国五交化公司上海交电站副科长、副经理，上海交电批发公司副经理，顾问，上海交电咨询服务公司经理。全国交电商品科技经济情报中心站副站长，《交电市场》报总编。上海市第二届商业经济学会理事，副秘书长。退休后，立信实业公司贸易顾问，长城科技产业公司副总裁，崇信经济发展公司董事、副总经理。

李国麟[①]—李国森

  ↓   ↓

李家献   李家榛

  ↓

李道纮—李道绪—李道紃—李道纲（殇）—李道纶—李道统—李道琼（女）

  ↓   李永亨—李永静（女）—李永定（女）—李永珏（女）—李永荣（女）

  ↓

李永元—李永方—李永正—李永庄（女）[②]

李经祐

  ↓

李国澄（嗣子）[③]

  ↓

李家载—李家珍（女）—李家宝（女）—李家贤（女）

  ↓

李道明—李炎—李玲玲（女）—李渊渊（女）

李经翊

  ↓

李国洵[④]—李国昙（殇）—李国澄（出继经祐）—李国睿（殇）

李家驹（殇）—李家轼—李家辙（殇）—李家辂—李兆男（女、殇）—李家琪（女）

           ↓   —李家瑛（女）—李家璘（女）

           ↓

---

① 李国麟（1883—1902），字仁卿，号瑞生，李经藩长子。国学生，分省辅用知府。赏戴花翎，诰授朝议大夫。

② 李永庄，1943年生。李凤章裔孙女。毕业于天津大学。国家电力部、电力科学研究院教授、高级工程师。从事电力系统规划、电压稳定性等专题研究。

③ 李国澄（1893—1948），原名国泰，字鲁瞻，李经祐嗣子。国学生，候选道。赏戴花翎，加二品衔。诰授资政大夫。

④ 李国洵（1887—1957），原名国治，字平斋，李经翊长子。国学生，候选知府，补缺后以道员用。赏戴花翎，加三品衔。诰授通议大夫。

李道钦①—李道铢—李珮瑶（女）—李珮瑜（女）

● **李昭庆支系：**

李经方（出继鸿章）

李经矩
↓
李国栋②—李国钰（女）
↓

李家骧—李家骧（出继国熙）—李家骏—李家骅—李家驹—李家麒（女）—李家麟（女）
↓   ↓
↓   ↓   李道翧→李永浩—李永涛—李永涓（女）
↓   ↓   李道翼→李岳华
↓   ↓   李道羣→李光冀—李永强 —李永红（女）
↓   ↓   李道蠹→李晨—李叶（女）
↓   ↓   李道翔（女）
↓   李道恒
↓   李道恺
↓   李道懿（女）
李道瀛
李道洪③ →李永轩—李永煌
李道淳（女）

---

① 李道钦，1935 年生。李凤章玄孙。毕业于同济大学。曾在上海大学建筑设计院工作。任总建筑师，高级工程师，一级注册建筑师。

② 李国栋（1878—1914），字子干，号薇香，李经矩之子。县学生，东南乡试举人，江西补用知府，调作出使奥地利大臣二等参赞，江西候补道。赏戴花翎，加盐运使衔。江西客籍学堂监督，诰授中宪大夫。第一届国会参议院议员。

③ 李道洪，1952 年生。李家骧次子，生于香港，香港珠海大学理工科肄业。1975 年加入香港翡翠台，有《狂潮》《网中人》等节目。1985 年任台湾电视公司制作人。1987 年回港加入亚洲电视台，主持晚间节目《活色生香》。1994 年中华人民共和国国庆节香港七台联播晚会节目主持人。1995 年在电视剧《新包青天》中饰演皇帝宋仁宗。1996 年在电视剧《我和春天有个约会》中饰演"白浪"。1996 年为安徽省政协港澳委员。1997 年起从商、贸易、地产、影视媒体制作等。

李经叙
↓
李国澄—李国源①—李国济②—李国沆—李国光（殇）—李国涟（殇）—李国珍（女）
↓　　↓　　↓　　　↓
↓　　↓　　↓　　李家皓—李家曙③—李家昕—李家晶—李家雯（女）—李家曼（女）
↓　　↓　　↓
↓　　↓　　李家智—李家旭—李家昱④—李家昇—李家晃—李家旺（女）
↓　　↓
↓　　李家明（女）—李家晋（女）—李家星（女）—李家曜（出继国澄）—
↓　　—李家昶⑤——李家昌———李家景———李家晖———李家晨
↓　　↓　　　↓　　　　↓　　　　↓　　　　↓
李家曜　李道明⑥　李道冀⑦　　李道邦⑧　　李道唯　　李道帜
↓　　李道樑　李道平　　李道兴　　李道薇（女）李道帆（女）⑨
↓　　李道启　李道燕（女）李道敦（女）
↓　　李道汾（女）陈红（女）
↓

①　李国源（1896—1974），字仰尼，李经叙次子。毕业于英国麦伦斯科学学院。历任国民政府外交部简任参事，驻仰光代理总领事。抗战前参与创建江南铁路局。1950年在沪创办侨商碳酸钙厂，1957年去香港。原配夫人国务院总理段祺瑞长女段式萱（1892—1919）。

②　李国济（1900—1969），字渡普，李经叙三子，生于秘鲁。毕业于北京大学经济系。曾任芜湖盐务局专员，后任职于上海中央信托局，1941年，与友人共组益丰贸易公司，后又聘任集成贸易公司经理。抗日战争胜利后，复入中央信托局，先后任黄埔码头仓库主任和储运处专员。上海解放后，先任上海市五金公司昌平路仓库主任，1952年后供职于上海市五金公司建筑材料批发部。1969年病逝于上海。

③　李家曙，1927年出生。李昭庆曾孙。毕业于上海圣约翰大学。1965年在新加坡创办利勤工业公司和沾利李有限公司，为新加坡著名实业家。创建李氏家族网站，将海内外李鸿章家族族人凝聚到一起。1999年夺得元老杯高尔夫球金牌。

④　李家昱，1927年生。李昭庆曾孙。毕业于国立复旦大学政治系。曾任上海市玉屏中学副校长兼教导主任。多次被评为教育系统先进工作者。

⑤　李家昶，1925年生。李昭庆曾孙。毕业于复旦大学。抗日战争时期加入海军，后从商，在香港、印度尼西亚、尼日利亚创办了多家实业公司。是香港苏浙同乡会的赞助人、上海总会永久名誉会长。

⑥　李道明，1951年生。李家昶长子。美国南加州大学硕士，美国洛杉矶 Global Printing Services LTD 董事长。

⑦　李道冀，1954年生。李家昌长子。毕业于北京汽车工业总公司职工大学经济师。曾就职于北京吉普汽车有限公司配套科。

⑧　李道邦，1963年生。李家景长子。毕业于美国波士顿大学，香港万顺集团有限公司董事长、行政总裁。投资房地产开发、金融、资讯、科技、制造与零售业等。

⑨　李道帆，1960年生。李昭庆玄孙女。毕业于河北医科大学。现任广东中山市人民医院综合病区主任、康怡特诊中心主任，中山市老年医学研究所所长，职称主任医师。广东省政协第九届、第十届委员，第十一届特聘委员。

李道钧—李道铣—李道铨（女）—李道宁（女）
　↓　　　↓
　↓　　李永恒
李永峰

李经翊（出继凤章）

译 后 记

　　李鸿章是晚清最后的几十年中一位独一无二的人物，"四十年来，中国大事，几无一不与李鸿章有关系"，他几乎参与了晚清时期中国各种最重要的历史事件：一、他编练淮军，收编洋枪队，是清政府镇压太平天国和捻军的一大主力；二、他倡导学习西方，兴起洋务运动，创办轮船招商局，以图自立自强；三、他力主购进"坚船利炮"，建立起中国第一支近代化海军舰队——北洋水师，这也是当时中国实力最强、规模最大的海军舰队；四、他几次出访俄、法、德、英、美等西方强国，是中国晚清最后几十年在国际舞台上颇具影响力的人物；五、他参与了《中俄密约》以及影响重大的《马关条约》《辛丑条约》两大条约的谈判。可以说，晚清最后几十年的历史，怎么都绕不开李鸿章。同时，李鸿章也是一个具有很大争议的历史人物，签订《马关条约》和《辛丑条约》让他背负了世人的种种指责与谩骂。他的谨小慎微，他解决问题的"外交思维"，也为他带来了很多的非议。不过，更深入地去探寻历史，我们也会发现在李鸿章背后的那些愤恨或是无奈，也会发现他的才干，乃至于感慨他近乎"悲壮"的人生。李鸿章寻求自强，却始终未能让大清国真正变得强盛，他作为代表签署不平等条约，让他背上千古骂名，这既有时代原因，也有他自身的原因，然而不妨碍我们观察他的整个人生，对他做一个中肯、到位的评价。

　　在李鸿章最后的几年生涯中，他组建的北洋舰队参加甲午海战战败，之后八国联军侵华，中国社会跌落到了历史的低谷。斗转星移，时空变迁，大清国已化为历史中的烟尘，中国人也早已不再是任人宰割的"东亚病夫"，当今世界，风起云涌，逐渐强盛起来的中国在全球化的大潮中将进行新一轮的"国运"竞争。但是，历史总是会带给我们一些启示，尤其是那些"写满艰辛"、被动挨打的历史。对于像李鸿章这样的历史人物，现在的我们，应该如何来品读呢？我想，梁启超先生的话我们要好好理解，他说平庸的人们总是在不断地对一些人或事进行指责，却没有很好地去考虑环境、个人等因素，更没有从自己身上找原因。的确，一个历史事件的发生，总是社会环境、文化因素、人的因素等各方面共同促成的。换句话来讲，大清的腐朽和衰败，其实晚清时期很多人身上都有无法推卸的责任，他们麻木不堪、高谈阔论、无所事事。指责他人总是容易的，自我反思则往往很难。

这部《李鸿章传》创作于1901年，李鸿章刚逝世不久，是了解李鸿章的一本难得的作品。梁启超先生以一个同时代的中立者身份对李鸿章做出了自己的评价，"吾敬李鸿章之才，吾惜李鸿章之识，吾悲李鸿章之遇"，他肯定了李鸿章在当时时代环境下超越于一般人的能力，肯定了他振兴国家的各种尝试，也指出了李鸿章在才学和眼光上的不足。本书保存了不少的历史资料，因此也是研究李鸿章乃至晚清历史的一部重要著作。在中华民族迈向伟大复兴的新时代，我们仍任重道远，需要从历史中不断汲取力量，进行自我反省与提升。本书将梁启超的原文译写成现代文，目的就是希望更多的人通过阅读历史，获得自我的升华。

该版本《李鸿章传》中对文中涉及到的一些人物、事件、地点和一些典故作了一些相关的注释，让读者能够更加深入地了解历史，获取更加丰富的内容；还配上了与正文相关度较高的一些历史图片，让本书变得更加生动。同时，本书还在现代文后面增加了"附录：李鸿章家族世系简表"，李鸿章裔孙李永炜先生通过邮件和越洋电话对资料的整理提供了很大帮助，在此向其表示感谢。最后，衷心希望读者能从此书有所收获。

杨智

2018 年 9 月于北京

李鸿章传（原文）

梁启超

序　例

一、此书全仿西人传记之体，载述李鸿章一生行事，而加以论断，使后之读者，知其为人。

二、中国旧文体，凡记载一人事迹者，或以传，或以年谱，或以行状，类皆记事，不下论赞，其有之则附于篇末耳。然夹叙夹议，其例实创自太史公，史记:《伯夷列传》《屈原列传》《货殖列传》等篇皆是也。后人短于史识，不敢学之耳。著者不敏，窃附斯义。

三、四十年来，中国大事，几无一不与李鸿章有关系。故为李鸿章作传，不可不以作近世史之笔力行之。著者于时局稍有所见，不敢隐讳，意不在古人，在来者也。恨时日太促，行箧中无一书可供考证，其中记述误谬之处，知所不免。补而正之，愿以异日。

四、平吴之役，载湘军事迹颇多，似涉枝蔓；但淮军与湘军，其关系极繁杂；不如此不足以见当时之形势，读者谅之。

五、中东和约，中俄密约，义和团和约，皆载其全文。因李鸿章事迹之原因结果，与此等公文关系者甚多，故不辞拖沓，尽录入之。

六、合肥之负谤于中国甚矣。著者与彼，于政治上为公敌，其私交亦泛泛不深，必非有心为之作冤词也。故书中多为解免之言，颇有与俗论异同者，盖作史必当以公平之心行之。不然，何取乎祸梨枣也！英名相格林威尔尝呵某画工曰 Paint me as I am 言，勿失吾真相也。吾著此书，自信不至为格林威尔所呵。合肥有知，必当微笑于地下曰：孺子知我。

光绪二十七年十一月既望 著者自记

第一章　绪　论

　　天下惟庸人无咎无誉。举天下人而恶之，斯可谓非常之奸雄矣乎？举天下人而誉之，斯可谓非常之豪杰矣乎？虽然，天下人云者，常人居其千百，而非常人不得其一，以常人而论非常人，乌见其可？故誉满天下，未必不为乡愿；谤满天下，未必不为伟人。语曰：盖棺论定。吾见有盖棺后数十年数百年，而论犹未定者矣。各是其所是，非其所非，论人者将乌从而鉴之。曰：有人于此，誉之者千万，而毁之者亦千万；誉之者达其极点，毁之者亦达其极点；今之所毁，适足与前之所誉相消，他之所誉，亦足与此之所毁相偿，若此者何如人乎？曰是可谓非常人矣！其为非常之奸雄与为非常之豪杰，姑勿论，而要之其位置行事，必非可以寻常庸人之眼之舌所得烛照而雌黄之者也。知此义者，可以读我之《李鸿章》。

　　吾敬李鸿章之才，吾惜李鸿章之识，吾悲李鸿章之遇。李之历聘欧洲也，至德见前宰相俾斯麦，叩之曰："为大臣者，欲为国家有所尽力。而满廷意见，与己不合，群掣其肘，于此而欲行厥志，其道何由？"俾斯麦应之曰："首在得君。得君既专，何事不可为？"李鸿章曰："譬有人于此，其君无论何人之言皆听之，居枢要侍近习者，常假威福，挟持大局。若处此者当如之何？"俾斯麦良久曰："苟为大臣，以至诚忧国，度未有不能格君心者，惟与妇人孺子共事，则无如何矣。"（注：此语据西报译出，寻常华文所登于《星轺日记》者，因有所忌讳不敢译录也。）李默然云。呜呼！吾观于此，而知李鸿章胸中块垒，牢骚郁抑，有非旁观人所能喻者。吾之所以责李者在此，吾之所以恕李者亦在此。

　　自李鸿章之名出现于世界以来，五洲万国人士，几于见有李鸿章，不见有中国。一言蔽之，则以李鸿章为中国独一无二之代表人也。夫以甲国人而论乙国事，其必不能得其真相，固无待言。然要之李鸿章为中国近四十年第一流紧要人物。读中国近世史者，势不得不曰李鸿章，而读李鸿章传者，亦势不得不手中国近世史，此有识者所同认也。故吾今此书，虽名之为"同光以来大事记"可也。

不宁惟是。凡一国今日之现象，必与其国前此之历史相应，故前史者现象之原因，而现象者前史之结果也。夫以李鸿章与今日之中国，其关系既如此其深厚，则欲论李鸿章之人物，势不可不以如炬之目，观察夫中国数千年来政权变迁之大势，民族消长之暗潮，与夫现时中外交涉之隐情，而求得李鸿章一身在中国之位置。孟子曰："知人论世。"世固不易论，人亦岂易知耶？

今中国俗论家，往往以平发平捻为李鸿章功，以数次和议为李鸿章罪。吾以为此功罪两失其当者也。昔俾斯麦又尝语李曰："我欧人以能敌异种者为功。自残同种以保一姓，欧人所不贵也。"夫平发平捻者，是兄与弟阋墙，而盬弟之脑也，此而可功，则为兄弟者其惧矣。若夫吾人积愤于国耻，痛恨于和议，而以怨毒集于李之一身，其事固非无因，然苟易地以思，当夫乙未二三月庚子八九月之交，使以论者处李鸿章之地位，则其所措置，果能有以优胜于李乎？以此为非，毋亦旁观笑骂派之徒快其舌而已。故吾所论李鸿章有功罪于中国者，正别有在。

李鸿章今死矣。外国论者，皆以李为中国第一人。又曰："李之死也，于中国今后之全局，必有所大变动。"夫李鸿章果足称为中国第一人与否，吾不敢知，而要之现今五十岁以上之人，三四品以上之官，无一可以望李之肩背者，则吾所能断言也。李之死，于中国全局有关系与否，吾不敢知，而要之现在政府失一李鸿章，如虎之丧其伥，瞽之失其相，前途岌岌，愈益多事，此又吾之所敢断言也。抑吾冀夫外国人之所论非其真也。使其真也，则以吾中国之大，而惟一李鸿章是赖，中国其尚有瘳耶？

西哲有恒言曰："时势造英雄，英雄亦造时势。"若李鸿章者，吾不能谓其非英雄也。虽然，是为时势所造之英雄，非造时势之英雄也。时势所造之英雄，寻常英雄也。天下之大，古今之久，何在而无时势？故读一部二十四史，如李鸿章其人之英雄者，车载斗量焉。若夫造时势之英雄，则阅千载而未一遇也。此吾中国历史，所以陈陈相因，而终不能放一异彩以震耀世界也。吾著此书，而感不绝于余心矣。

史家之论霍光，惜其不学无术。吾以为李鸿章所以不能为非常之英雄者，亦坐此四字而已。李鸿章不识国民之原理，不通世界之大势，不知政治之本原，当此十九世纪竞争进化之世，而惟弥缝补苴，偷一时之安，不务扩养国民实力，置其国于威德完盛之域，而仅撷拾泰西皮毛，汲流忘源，遂乃自足，更挟小智小术，欲与地球著名之大政治家相角，让其大者，而争其小者，非不尽瘁，庸有济乎？孟子曰："放饭流歠，而问无齿决，此之谓不知务。"殆谓是矣。李鸿章晚年之著著失败，皆由于是。虽然，此亦何足深责？彼李鸿章固非能造时势者也，凡人生于一社会之中，每为其社会数千年之思想习俗义理所困，而不能自拔。李鸿章不生于欧洲而生于中国，不生于今日而生于数十年以前，先彼而生并彼而生者，曾无一能造时势之英雄以导之翼之，然则其时其地所孕育之人物，止于如是，固不能为李鸿章一人咎也。而况乎其所遭遇，又并其所志而不能尽行哉？吾故曰："敬李之才，惜李之识，而悲李之遇也。"但此后有袭李而起者乎？其时势既已一变，则其所以为英雄者亦自一变，其勿复以吾之所以恕李者而自恕也。

第二章　李鸿章之位置

中国历史与李鸿章之关系
本朝历史与李鸿章之关系

欲评骘李鸿章之人物，则于李鸿章所居之国，与其所生之时代，有不可不熟察者两事。

一曰：李鸿章所居者，乃数千年君权专制之国，而又当专制政体进化完满，达于极点之时代也。

二曰：李鸿章所居者，乃满洲人入主中夏之国，而又当混一已久，汉人权利渐初恢复之时代也。

论者动曰："李鸿章，近世中国之权臣也。"吾未知论者所谓权臣，其界说若何。虽然，若以李鸿章比诸汉之霍光、曹操，明之张居正，与夫近世欧美日本所谓立宪君主国之大臣，则其权固有迥不相侔者。使鸿章而果为权臣也，以视古代中国权臣，专擅威福，挟持人主，天下侧目，危及社稷，而鸿章乃匪躬蹇蹇，无所觊觎，斯亦可谓纯臣也矣。使鸿章而果为权臣也，以视近代各国权臣，风行雷厉，改革庶政，操纵如意，不避怨嫌，而鸿章乃委靡因循，畏首畏尾，无所成就，斯亦可谓庸臣也矣。虽然，李鸿章之所处，固有与彼等绝异者，试与读者燃犀列炬，上下古今，而一论之。

中国为专制政体之国，天下所闻知也。虽然，其专制政体，亦循进化之公理，以渐发达，至今代而始完满，故权臣之权，迄今而剥蚀几尽。溯夫春秋战国之间，鲁之三桓，晋之六卿，齐之陈田，为千古权臣之巨魁。其时纯然贵族政体，大臣之于国也，万取千焉，千取百焉。枝强伤干，势所必然矣。洎夫两汉，天下为一，中央集权之政体，既渐发生，而其基未固，故外戚之祸特甚。霍、邓、窦、梁之属，接踵而起，炙手可热，王氏因之以移汉祚，是犹带贵族政治之余波焉。苟非有阀阅者，则不敢觊觎大权。范晔《后汉书》论张奂、皇甫规之徒，功定天下之半，声驰四海之表，俯仰顾盼，则天命可移，而犹鞠躬狼狈，无有悔心，以是归功儒术之效，斯固然矣。然亦贵族柄权之风未衰，故非贵族者不敢有异志也。斯为权臣之第一种类。及董卓以后，豪杰蜂起，曹操乘之以窃大位，以武功而为权臣者自操始。此后司马懿、桓温、刘裕、萧衍、陈霸先、高欢、宇文泰之徒，皆循斯轨。斯为权臣之第二种类。又如秦之商鞅、汉之霍光、诸葛亮，宋之王安石，明之张居正等，皆起于布衣，无所凭藉，而以才学结主知，委政受成，得行其志，举国听命，权倾一时，庶几有近世立宪国大臣之位置焉。此为权臣之第三种类。其下者则巧言令色，献媚人主，窃弄国柄，荼毒生民，如秦之赵高，汉之十常侍，唐之卢杞、李林甫，宋之蔡京、秦桧、韩侂胄，明之刘瑾、魏忠贤，穿窬斗筲，无足比数。此为权臣之第四种类。以上四者，中国数千年所称权臣，略尽于是矣。

要而论之，愈古代则权臣愈多，愈近代则权臣愈少，此其故何也？盖权臣之消长，与专制政体之进化成比例，而中国专制政治之发达，其大原力有二端：一由于教义之浸淫，二由于雄主之布划。孔子鉴周末贵族之极敝，思定一尊以安天下，故于权门疾之滋甚，立言垂教，三致意焉。汉兴叔孙通、公孙弘之徒，缘饰儒术，以立主威。汉武帝表六艺黜百家，专弘此术以化天下，天泽之辨益严，而世始知以权臣为诟病。尔后二千年来，以此义为国民教育之中心点，宋贤大扬其波，基础益定，凡缙绅上流，束身自好者，莫不兢兢焉。义理既入于人心，自能消其枭雄跋扈之气，束缚于名教以就围范。若汉之诸葛，唐之汾阳，及近世之曾、左以至李鸿章，皆受其赐者也。又历代君主，鉴兴亡之由，讲补救之术，其法日密一日，故贵族柄权之迹，至汉末而殆绝。汉光武、宋太祖之待功臣，优之厚秩，解其兵柄；汉高祖、明太祖之待功臣，摭其疑似，夷其家族。虽用法宽忍不同，而削权自固之道则一也。洎乎近世，天下一于郡县，采地断于世袭，内外彼此，互相牵制，而天子执长鞭以笞畜之。虽复侍中十年，开府千里，而一诏朝下，印绶夕解，束手受吏，无异匹夫，故居要津者无所几幸，惟以持盈保泰守身全名相劝勉，岂必其性善于古人哉？亦势使然也。以此两因，故桀黠者有所顾忌，不敢肆其志，天下藉以少安焉。而束身自爱之徒，常有深渊薄冰之戒，不欲居嫌疑之地，虽有国家大事，明知其利当以身任者，亦不敢排群议逆上旨以当其冲。谚所谓"做一日和尚撞一日钟"者，满廷人士，皆守此主义焉，非一朝一夕之故，所由来渐矣。

逮于本朝，又有特别之大原因一焉。本朝以东北一部落，崛起龙飞，入主中夏，以数十万之客族，而驭数万万之主民，其不能无彼我之见，势使然也。自滇、闽、粤三藩，以降将开府，成尾大不掉之形，竭全力以克之，而后威权始统于一，故二百年来，惟满员有权臣，而汉员无权臣。若鳌拜，若和珅，若肃顺、端华之徒，差足与前代权门比迹者，皆满人也。计历次军兴除定鼎之始不俟论外，若平三藩，平准噶尔，平青海，平回部，平哈萨克布鲁特敖罕巴达克爱乌罕，平西藏廓尔喀，平大小金川，平苗，平白莲教天理教，平喀什噶尔，出师十数，皆用旗营，以亲王贝勒或满大臣督军。若夫平时，内而枢府，外而封疆，汉人备员而已，于政事无有所问。如顺治、康熙间之洪承畴，雍正、乾隆间之张廷玉，虽位尊望重，然实一弄臣耳。自余百僚，更不足道。故自咸丰以前，将相要职，汉人从无居之者（将帅间有一二则汉军旗人也）。及洪杨之发难也，赛尚阿、琦善皆以大学士为钦差大臣，率八旗精兵以远征，迁延失机，令敌坐大，至是始知旗兵之不可用，而委任汉人之机，乃发于是矣。故金田一役，实满汉权力消长之最初关头也。及曾、胡诸公，起于湘、鄂，为平江南之中坚，然犹命官文以大学士领钦差大臣。当时朝廷虽不得不倚重汉人，然岂能遽推心于汉人哉？曾、胡以全力交欢官文，每有军议奏事，必推为首署，遇事归功，报捷之疏，待官乃发，其挥谦固可敬，其苦心亦可怜矣。试一读《曾文正集》，自金陵克捷以后，战战兢兢，若芒在背。以曾之学养深到，犹且如是，况李鸿章之自信力犹不及曾者乎？吾故曰：李鸿章之地位，比诸汉之霍光、曹操、明之张居正，与夫近世欧洲日本所谓立宪君主国之大臣，有迥不相俟者，势使然也。

且论李鸿章之地位，更不可不明中国之官制。李鸿章历任之官，则大学士也，北洋大臣也，总理衙门大臣也，商务大臣也，江苏巡抚，湖广两江两广直隶总督也。自表面上观之，亦可谓位极人臣矣。虽然，本朝自雍正以来，政府之实权，在军机大臣（自同治以后，督抚之权虽日盛，然亦存乎其人，不可一例），故一国政治上之功罪，军机大臣当负其责任之大半。虽李鸿章之为督抚，与寻常之督抚不同，至若举近四十年来之失政，皆归于李之一人，则李固有不任受者矣。试举同治中兴以来军机大臣之有实力者如下：

第一　文样沈挂芬时代　　　同治初年
第二　李鸿藻翁同龢时代　　同治末年及光绪初年

第三	孙毓汶徐用仪时代	光绪十年至光绪廿一年
第四	李鸿藻翁同龢时代	光绪廿一年至光绪廿四年
第五	刚毅荣禄时代	光绪廿四年至今

［案　观此表，亦可观满汉权力消长之一斑。自发、捻以前，汉人无真执政者，文文忠汲引沈文定，实为汉人掌政权之嚆矢。其后李文正、翁师傅、孙徐两尚书继之，虽其人之贤否不必论，要之，同治以后，不特封疆大吏，汉人居其强半，即枢府之地，实力亦骤增焉。自戊戌八月以后，形势又一变矣，此中消息，言之甚长，以不关此书本旨，不具论。］

177

由此观之，则李鸿章数十年来共事之人可知矣。虽其人贤否才不才，未便细论，然要之皆非与李鸿章同心同力同见识同主义者也。李鸿章所诉于俾斯麦之言，其谓是耶。其谓是耶，而况乎军机大臣之所仰承风旨者，又别有在也，此吾之所以为李鸿章悲也。抑吾之此论，非有意袒李鸿章而为之解脱也。即使李鸿章果有实权，尽行其志，吾知其所成就亦决无以远过于今日。何也？以鸿章固无学识之人也。且使李鸿章而真为豪杰，则凭藉彼所固有之地位，亦安在不能继长增高，广植势力以期实行其政策于天下？彼格兰斯顿、俾斯麦，亦岂无阻力之当其前者哉？是故固不得为李鸿章作辩护人也。虽然，若以中国之失政而尽归于李鸿章一人，李鸿章一人不足惜，而彼执政误国之枢臣，反得有所诿以辞斧钺，而我四万万人放弃国民之责任者，亦且不复自知其罪也。此吾于李鸿章之地位，所以不得置辩也。若其功罪及其人物如何，请于末简纵论之。

第三章　李鸿章未达以前及其时中国之形势

李鸿章之家世

欧力东渐之势

中国内乱之发生

李鸿章与曾国藩之关系

李鸿章，字渐甫，号少荃，安徽庐州府合肥县人。父名进文，母沈氏，有子四人，瀚章官至两广总督，鹤章昭庆，皆从军有功。鸿章其仲也。生于道光三年癸未（西历一千八百二十三年）正月五日，幼受学于寻常塾师，治帖括业，年二十五，成进士，入翰林，实道光二十七年，丁未也。

李鸿章之初生也，值法国大革命之风潮已息，绝世英雄拿破仑，窜死于绝域之孤岛。西欧大陆之波澜，既已平复，列国不复自相侵掠，而惟务养精蓄锐，以肆志于东方。于是数千年一统垂裳之中国，遂日以多事：伊犁界约，与俄人违言于北；鸦片战役，与英人肇衅于南。当世界多事之秋，正举国需才之日。加以瓦特氏新发明汽机之理，艨艟轮舰，冲涛跋浪，万里缩地，天涯比邻，苏伊士河，开凿功成，东西相距骤近，西力东渐，奔腾澎湃，如狂飚，如怒潮，啮岸砰崖，黯日蚀月，遏之无可遏，抗之无可抗。盖自李鸿章有生以来，实为中国与世界始有关系之时代，亦为中国与世界交涉最艰之时代。

翻观国内之情实，则自乾隆以后，盛极而衰，民力凋敝，官吏骄横，海内日以多事。乾隆六十年，遂有湖南、贵州红苗之变；嘉庆元年，白莲教起，蔓延及于五省，前后九年，（嘉庆九年）耗军费二万万两，乃仅平之。同时海寇蔡牵等，窟穴安南，侵扰两广闽浙诸地，大肆蹂躏，至嘉庆十五年，仅获戡定。而天理教李文成、林清等旋起，震扰山东直隶，陕西亦有箱贼之警。道光间又有回部张格尔之乱，边境骚动，官军大举征伐，亘七年仅乃底定。盖当嘉道之间，国力之疲弊。民心之蠢动已甚，而举朝醉生梦死之徒，犹复文恬武熙，太平歌舞，水深火热，无所告诉，有识者固稍忧之矣。

抑中国数千年历史，流血之历史也，其人才，杀人之人才也。历观古今以往之迹，惟乱世乃有英雄，而平世则无英雄。事势至道咸末叶，而所谓英雄，乃始磨刀霍霍，以待日月之至矣。盖中国自开辟以来，无人民参与国政之例，民之为官吏所凌逼、憔悴虐政，无可告诉者，其所以抵抗之术，只有两途，小则罢市，大则作乱，此亦情实之无可如何者也。而又易姓受命，视为故常，败则为寇，成则为王。汉高明太，皆起无赖，今日盗贼，明日神圣，惟强是崇，他靡所云，以此习俗，以此人心，故历代揭竿草泽之事，不绝于史简。其间承平百数十年者，不过经前次祸乱屠戮以后，人心厌乱，又户口顿少。谋生较易，或君相御下有术，以小恩小惠徼结民望，弥缝补苴，聊安一时而已。实则全国扰乱之种子，无时间绝，稍有罅隙，即复承起，故数千之史传、实以脓血充塞，以肝脑涂附、此无可为讳者也。本朝既能龙兴关外，入主中华，以我国民自尊自大蔑视他族之心，自不能无所芥蒂，故自明亡之后，其遗民即有结为秘密党会、以图恢复者，二百余年不绝，蔓延于十八行省，所在皆是。前此虽屡有所煽动，而英主继踵，无所得逞，郁积既久，必有所发。及道咸以后，官吏之庸劣不足惮，既已显著，而秕政稠叠，国耻纷来，热诚者欲扫雾雾以立新猷，桀黠者欲乘利便以觊非分，此殆所谓势有必至，理有固然者耶。于是一世之雄洪秀全、杨秀清、李秀成，因之而起。于是一世之雄曾国藩、左宗棠、李鸿章等，因之而起。

鸿章初以优贡客京师，以文学受知于曾国藩。因师事焉，日夕过从，讲求义理、经世之学，毕生所养，实基于是。及入翰林，未三年，而金田之乱起，洪秀全以一匹夫揭竿西粤，仅二年余，遂乃蹂躏全国之半，东南名城，相继陷落，土崩瓦解，有岌岌不可终日之势。时鸿章适在安徽原籍，赞巡抚福济及吕贤基事。时庐州已陷，敌兵分据近地，为犄角之势，福济欲复庐州，不能得志。鸿章乃建议先取含山、巢县以绝敌援，福济即授以兵，遂克二县。于是鸿章知兵之名始著，时咸丰四年十二月也。

当洪秀全之陷武昌也，曾国藩以礼部侍郎丁忧在籍，奉旨帮办团练，慨然以练劲旅靖大难为己任。于是湘军起。湘军者，淮军之母也。是时八旗绿营旧兵，皆窳惰废弛，怯懦阘冗，无所可用；其将校皆庸劣无能，暗弱失职。国藩深察大局，知非扫除而更张之，必不奏效。故延揽人才，统筹全局，坚忍刻苦，百折不挠，恢复之机，实始于是。

秀全既据金陵，骄汰渐生，内相残杀，腐败已甚。使当时官军得人，以实力捣之，大难之平，指顾间事耳。无如官军之骄汰腐败，更甚于敌。咸丰六年，向荣之金陵大营一溃；十年，和春、张国梁之金陵大营再溃，驯至江浙相继沦陷，敌氛更甚于初年。加以七年丁未以来，与英国开衅，当张国梁、和春阵亡之时，即英法联军入北京烧圆明园之日。天时人事，交侵洊逼，盖至是而祖宗十传之祚，不绝者如线矣。

曾国藩虽治兵十年，然所任者仅上游之事，固由国藩深算慎重，不求急效，取踏实地步节节进取之策；亦由朝廷委任不专，事权不一，未能尽行其志也。故以客军转战两湖江皖等省，其间为地方大吏掣肘失机者，不一而足，是以功久无成。及金陵大营之再溃，朝廷知舍湘军外，无可倚重。十年四月，乃以国藩署两江总督，旋实授，并授钦差大臣，督办江南军务，于是兵饷之权，始归于一，乃得与左、李诸贤，合力以图苏皖江浙，大局始有转机。

李鸿章之在福济幕也，福尝疏荐道员，郑魁士沮之，遂不得授。当时谣诼纷坛，谤渎言屡起，鸿章几不能自立于乡里。后虽授福建延邵建遗缺道，而拥虚名，无官守。及咸丰八年，曾国藩移师建昌，鸿章来谒，遂留幕中。九年五月，国藩派调湘军之在抚州者，旧部四营，新募五营，使弟国荃统领之，赴景德镇助剿，而以鸿章同往参赞。江西肃清后，复随曾国藩大营两年有奇。十年，国藩督两江，议兴淮阳水师，请补鸿章江北司道，未行；复荐两淮运使，疏至，文宗北行，不之省。是时鸿章年三十八，怀才郁抑，抚髀蹉跎者，既已半生，自以为数奇，不复言禄矣。呜呼，此天之所以厄李鸿章欤，抑天之所以厚李鸿章欤？彼其偃蹇颠沛十余年，所以练其气，老其才，以为他日担当大事之用。而随赞曾军数年中，又鸿章最得力之实验学校，而终身受其用者也。

第四章　兵家之李鸿章（上）

　　秦末之乱，天下纷扰，豪杰云起，及项羽定霸后，而韩信始出现。汉末之乱，天下纷扰，豪杰云起，及曹操定霸后，而诸葛亮始出现。自古大伟人，其进退出处之间，天亦若有以靳之，必待机会已熟，持满而发，莫或使之，若或使之。谢康乐有言："诸公生天虽在灵运先，成佛必居灵运后。"吾观中兴诸大臣，其声望之特达，以李鸿章为最迟，而其成名之高，当国之久，亦以李鸿章为最盛。事机满天下，时势造英雄，李鸿章固时代之骄儿哉！

　　当咸丰六、七年之交，敌氛之盛，达于极点，而官军凌夷益甚。庙算动摇无定，各方面大帅，互相猜忌，加以军需缺乏，司农仰屋，惟恃各省自筹饷项，支支节节，弥东补西，以救一日之急。当此之时，虽有大忠雄才，其不能急奏肤功，事理之易明也。于是乎出万不得已之策，而采用欧美军人助剿之议起。

　　先是洪杨既据南京，蹂躏四方，十八行省，无一寸干净土，经历十年，不克戡定。北京政府之无能力，既已暴著于天下。故英国领事及富商之在上海者，不特不目洪秀全为乱贼而已，且视之于欧洲列国之民权革命党同一例，以文明友交代之，间或供给其军器、弹药、粮食。其后洪秀全骄侈满盈，互相残杀，内治废弛，日甚一日。欧美识者，审其举动，乃知其所谓太平天国，所谓四海兄弟，所谓平和博爱，所谓平等自由，皆不过外面之假名，至其真相，实于中国古来历代之流寇，毫无所异。因确断其不可以定大业。于是英、法、美各国，皆一变其方针，咸欲为北京政府假借兵力，以助勘乱。具述此意以请于政府，实咸丰十年事也。而俄罗斯亦欲遣海军小舰队，运载兵丁若干，溯长江以助剿，俄公使伊格那面谒恭亲王以述其意。

［案　欧美诸邦，是时新通商于中国，必其不欲中国之扰乱固也。故当两军相持，历年不决之际，彼等必欲有所助以冀速定。而北京政府之腐败，久已为西人所厌惮，其属望于革命军者必加厚，亦情势之常矣。彼时欧美诸国，右投则官军胜，左投则敌军胜，胜败之机，间不容发。使洪秀全而果有大略，具卓识。内修厥政，外谙交涉，速与列国通商定约，因假其力以定中原，天下事未可知也。竖子不悟，内先腐败，失交树敌，终为夷戮，不亦宜乎。而李文忠等之功名，亦于此成矣。］

时英法联军新破北京，文宗远在热河。虽和议已定，而猜忌之心犹盛。故恭亲王关于借兵助剿之议，不敢专断，一面请之于行在所，一面询诸江南江北钦差大臣曾国藩、袁甲三及江苏巡抚薛焕、浙江巡抚王有龄等，使具陈其意见。当时极力反对之，谓有百害而无一利者，惟江北钦差大臣袁甲三（袁世凯之父也）。薛焕虽不以为可，而建议雇印度兵，使防卫上海，及其附近，并请以美国将官华尔、白齐文为队长。曾国藩覆奏，其意亦略相同，谓当中国疲弊之极，外人以美意周旋，不宜拂之。故当以温言答其助剿之盛心，而缓其出师来会之期日，一面利用外国将官，以收剿贼之实效。于是朝廷依议，谢绝助剿，而命国藩任聘请洋弁训练新兵之事，此实常胜军之起点。而李鸿章勋名发轫之始，大有关系者也。

华尔者，美国纽约人也，在本国陆军学校卒业，为将官，以小罪去国，潜匿上海。当咸丰十年，洪军蹂躏江苏，苏、常俱陷。上海候补道杨坊，知华尔沈毅有才，荐之于布政使吴煦。煦乃请于美领事，赦其旧罪，使募欧美人愿为兵者数十人，益以中国应募者数百，使训练之以防卫苏沪。其后屡与敌战，常能以少击众，所向披靡，故官军敌军，皆号之曰"常胜军"。常胜军之立，实在李鸿章未到上海以前也。

今欲叙李鸿章之战绩，请先言李鸿章立功之地之形势。

江浙两省，中国财赋之中坚也，无江浙则是无天下。故争兵要则莫如武汉，争饷源则莫如苏杭，稍明兵略者所能知也。洪秀全因近来各地官军，声势颇振，非复如前日之所可蔑视，且安庆新克复（咸丰十一年辛酉八月曾国荃克复），金陵之势益孤，乃遣其将李秀成、李世贤等分路扰江浙，以牵制官军之兵力。秀成军锋极锐，萧山、绍兴、宁波、诸暨、杭州皆连陷，浙抚王有龄死之，江苏城邑，扰陷殆遍，避乱者群集于上海。

安庆克复之后，湘军声望益高。曩者廷臣及封疆大吏，有不慊于曾国藩者，皆或死或罢。以故征剿之重任，全集于国藩之一身。屡诏敦促国藩，移师东指，规复苏、常、杭失陷郡县，五日之中，严谕四下。国藩既奏荐左宗棠专办浙江军务，而江苏绅士钱鼎铭等，复于十月以轮船溯江赴安庆，面谒国藩，哀乞遣援，谓吴中有可乘之机而不能持久者三端：曰乡团，曰枪船，曰内应，是也；有仅完之土而不能持久者三城：曰镇江，曰湖州，曰上海，是也。国藩见而悲之。时饷乏兵单，楚军无可分拨，乃与李鸿章议，期以来年二月济师。

咸丰十一年十一月，有旨询苏帅于国藩，国藩以李鸿章对。且请酌拨数千军，使驰赴下游，以资援剿。于是鸿章归庐州募淮勇，既到安庆，国藩为定营伍之法，器械之用，薪粮之数，悉仿湘勇章程，亦用楚军营规以训练之。

先是淮南迭为发、捻所蹂躏，居民大困，惟合肥县志士张树声、树珊兄弟，周盛波、盛传兄弟，及潘鼎新、刘铭传等，自咸丰初年，即练民团以卫乡里，筑堡垒以防寇警，故安徽全省糜烂，而合肥独完。李鸿章之始募淮军也，因旧团而加以精练，二张、二周、潘、刘咸从焉。淮人程学启者，向在曾国荃部下，官至参将，智勇绝伦，国藩特选之使从鸿章，其后以勇敢善战，名冠一时。又淮军之初成也，国藩以湘军若干营为之附援，而特于湘将中选一健者统之，受指挥于鸿章麾下，即郭松林是也。以故淮军名将，数程、郭、刘、潘、二张、二周。

同治元年二月，淮军成，凡八千人，拟溯江而下，傍贼垒冲过以援镇江，计未决。二十八日，上海官绅筹银十八万两，雇轮船七艘，驶赴安庆奉迎。乃定以三次载赴上海。三月三十日，鸿章全军抵沪，得旨署理江苏巡抚，以薛焕为通商大臣，专办交涉事件（薛焕，原江苏巡抚也）。

此时常胜军之制，尚未整备。华尔以一客将，督五百人，守松江。是年正月，敌众万余人来犯松江，围华尔数十匝，华尔力战破之。及鸿章之抵上海也，华尔所部属焉，更募华人壮勇附益之，使加训练，其各兵勇俸给，比诸湘淮各军加厚。自是常胜军之用，始得力矣。

松江府者，在苏浙境上，提督驻劄之地，而江苏之要冲也。敌军围攻之甚急，李鸿章乃使常胜军与英法防兵合（当时英法有防兵若干，专屯上海自保租界），攻松江南之金山卫及奉贤县；淮军程学启、刘铭传、郭松林、潘鼎新诸将，攻松江东南之南汇县。敌兵力斗，英法军不支退却，嘉定县又陷，敌乘胜欲进迫上海，程学启邀击大破之，南汇之敌将吴建瀛、刘玉林等，开城降。川沙厅（在吴淞口南岸）敌军万余又来犯，刘铭传固守南汇，大破之，遂复川沙厅。然敌势犹雄劲不屈，以一队围松江青浦，以一队屯广福塘桥，集于泗滨以窥新桥。五月，程学启以孤军屯新桥，当巨敌之冲，连日被围甚急。鸿章闻之，自提兵赴援，与敌军遇于徐家汇，奋斗破之。学启自营中望见鸿章帅旗，遽出营夹击，大捷，斩首三千级，俘馘四百人，降者千余。敌军之屯松江府外者，闻报震骇，急引北走，围遂解，沪防解严。

淮军之初至上海也，西人见其衣帽之粗陋，窃笑嗤之。鸿章徐语左右曰：军之良窳，岂在服制耶？须彼见吾大将旗鼓，自有定论耳。至是欧美人见淮军将校之勇毅，纪律之整严，莫不改容起敬，而常胜军之在部下者，亦始帖然服李之节制矣。

当时曾国藩既以独力拜讨贼之大命，任重责专，无所旁贷，无所掣肘。于是以李鸿章图苏，左宗棠图浙，曾国荃图金陵。金陵敌之根据地也，而金陵与江浙两省，实相须以成其雄。故非扫荡江苏之敌军，则金陵不能坐困，而非攻围金陵之敌巢，则江苏亦不能得志。当淮军之下沪也，曾国荃与杨载福（后改名岳斌）、彭玉麟等，谋以水陆协进，破长江南北两岸之敌垒。四月，国荃自太平府沿流下长江，拔金柱关，夺东梁山营寨，更进克秣陵关、三汊河江心洲、蒲包洲。五月，遂进屯金陵城外雨花台。实李鸿章解松江围之月也。故论此役之战绩，当知湘军之能克金陵歼巨敌，非曾国荃一人之功，实由李鸿章等断其枝叶，使其饷源兵力，成孤立之势，而根干不得不坐凋。淮军之能平全吴奏肤功，亦非李鸿章一人之功，实由曾国荃等捣其巢穴，使其雄帅骁卒，有狼顾之忧，而军锋不得不坐顿。东坡句云："江山如画，一时多少豪杰。"同治元二年间，亦中国有史以来之一大观矣。

李秀成者，李鸿章之劲敌，而敌将中后起第一人也。洪秀全之初起也，其党中杰出之首领，曰东王杨秀清，南王冯云山，西王萧朝贵，北王韦昌辉，翼王石达开，当时号为五王。既而冯萧战死于湖南；杨韦金陵争权，互相屠杀；

石达开独有大志，不安其位，别树一帜，横行湖南、江西、广西、贵州、四川诸省，于是五王俱尽。咸丰四、五年之间，官军最不振，而江南之敌势亦浸衰矣。李秀成起于小卒，位次微末，当金陵割据以后，尚不过杨秀清帐下一服役童子。然最聪慧明敏，富于谋略，胆气绝伦，故洪氏末叶，得以扬余烬簸浩劫，使官军疲于奔命，越六七载而后定者，皆秀成与陈玉成二人之力也。玉成纵横长江上游，起台飓于豫皖湘鄂，秀成出没长江下口，激涛浪于苏、杭、常、扬。及玉成既死，而洪秀全所倚为柱石者，秀成一人而已。秀成既智勇绝人，且有大度，仁爱驭下，能得士心，故安庆虽克复，而下游糜烂滋甚。自曾军合围雨花台之后，而于江苏地方及金陵方面之各战，使李鸿章、曾国荃费尽心力，以非常之巨价，仅购得战胜之荣誉者，惟李秀成之故。故语李鸿章者不可不知李秀成。

李鸿章自南汇一役以后，根基渐定，欲与金陵官军策应，牵制敌势，遂定进攻之策。是岁七月，使程学启、郭松林等急攻青浦县城，拔之，并发别军驾汽船渡海攻浙江绍兴府之余姚县，拔之。八月，李秀成使谭绍洸拥众十余万犯北新泾（江苏地，去上海仅数里）。刘铭传邀击大破之，敌遂退保苏州。

其月，淮军与常胜军共入浙江，攻慈溪县，克之。是役也，常胜军统领华尔奋战先登，中弹贯胸卒，遗命以中国衣冠殓。美国人白齐文代领常胜军。

是岁夏秋之变，江南疫疠流行，官军死者枕藉。李秀成乘之，欲解金陵之围，乃以闰八月选苏州常州精兵十余万赴金陵，围曾国荃大营，以西洋开花大炮数十门，并力轰击，十五昼夜，官军殊死战，气不稍挫。九月，秀成复使李世贤自浙江率众十余万合围金陵，攻击益剧。曾国藩闻报，大忧之，急征援于他地。然当时江浙及江北各方面之官军。皆各有直接之责任，莫能赴援。此役也，实军兴以来两军未曾有之剧战也。当时敌之大军二十余万，而官军陷于重围之中者不过三万余，且将卒病死、战死及负伤者殆过半焉。而国荃与将士同甘苦，共患难，相爱如家人父子，故三军乐为效死，所以能抗十倍之大敌以成其功也。秀成既不能拔，又以江苏地面官军之势渐振，恐江苏失而金陵亦不能独全，十月，遂引兵退，雨花台之围乃解。

〔案　自此役以后，洪秀全之大事去矣。夫屯兵于坚城之下，兵家所大忌也。向荣、和春，既两度以此致败，故曾文正甚鉴之，甚慎之。曾忠襄之始屯雨花台，文正屡戒焉。及至此役，外有十倍强悍之众，内有穷困决死之寇，官军之危，莫此为甚。乃敌军明知官军之寡单如此,其疲痍又如彼,而卒不敢肉薄突入,决一死命,以徼非常之功于俄顷,而顾亏此一篑,忽焉引去,遂致进退失据,随以灭亡,何也?盖当时敌军将帅富贵已极,骄侈淫佚,爱惜生命,是以及此。此亦官军所始念不及也。曾文正曰:凡军最忌暮气。当道咸之交,官军皆暮气,而贼军皆朝气,及同治初元,贼军皆暮气,而官军皆朝气。得失之林,皆在于是。谅哉言乎。以李秀成之贤,犹且不免,若洪秀全者,冢中枯骨,更何足道。所谓灭六国者六国也,非秦也,族秦者秦也,非天下也。殷鉴不远,有志于天下者,其可以戒矣。洪秀全以市井无赖,一朝崛起,不数岁而蹂躏天下之半,不能以彼时风驰云卷,争大业于汗马之上,遂乃苟安金陵,视为安乐窝,潭潭府第,真陈涉之流亚哉!株守一城,坐待围击。故向荣、和春之溃,非洪秀全自有可以不亡之道,特其所遇之敌,亦如唯之与阿,相去无几,故得以延其残喘云尔。呜呼!曾洪兴废之间,天耶人耶?君子曰:人也。

又案 此役为湘淮诸将立功之最大关键。非围金陵,则不能牵江浙之敌军,而李文忠新造之军,难遽制胜,非攻江浙,则不能解金陵之重围,而曾忠襄久顿之军,无从保全。读史者不可不于此着眼焉。]

李秀成之围金陵也,使其别将谭绍洸、陈炳文留守苏州。九月,绍洸等率众十余万,分道自金山大仓而东,淮军诸将防之,战于三江口、四江口,互有胜败。敌复沿运河设屯营,亘数十里,架浮桥于运河,及其支流,以互相往来,进攻黄渡,围四江口之官军甚急。九月廿二日,鸿章部署诸将,攻其本营。敌强悍善战,淮军几不支。刘铭传、郭松林、程学启等身先士卒,挥剑奋斗,士气一振,大破之,擒斩万余人,四江口之围解。

常胜军统领华尔之死也,白齐文以资格继其任。白氏之为人,与华氏异,盖权谋黠猾之流也。时见官军之窘蹙,乃窃通款于李秀成。十月,谋据松江城为内应。至上海胁迫道台杨坊,要索军资巨万,不能得,遂殴打杨道,掠银四万两而去。事闻,李鸿章大怒。立与英领事交涉。黜白齐文,使偿所攫金,而以英国将官戈登代之。常胜军始复为用。时同治二年二月也。此实为李鸿章与外国办交涉第一事,其决断强硬之慨,论者韪之。

白齐文黜后,欲杀之,而为美领事所阻,遂放之。复降于李秀成,为其参谋,多所策划,然规模狭隘。盖劝秀成弃江浙,斩其桑茶,毁其庐舍,而后集兵力北向,据秦晋齐豫中原之形势,以控制东南,其地为官军水师之力所不及,可成大业云云。秀成不听。白齐文又为敌军购买军械，窃掠汽船，得新式炮数门，献之秀成。以故苏州之役，官军死于宝带桥者数百人。其后不得志于秀成，复往漳州投贼中，卒为郭松林所擒死。

先是曾国藩获敌军谍者，得洪秀全与李秀成手谕，谓湖南北及江北，今正空虚，使李秀成提兵二十万，先陷常熟，一面攻扬州，一面窥皖楚。国藩乃驰使李鸿章使先发制之，谓当急取太仓州以扰常熟，牵制秀成，使不得赴江北。鸿章所见适同。同治二年二月，乃下令常熟守将，使死守待援，而遣刘铭传、潘佩新、张树珊率所部驾轮船赴福山，与敌数十战皆捷。别遣程学启、李鹤章攻太仓昆山县以分敌势，而使戈登率常胜军与淮军共攻福山，拔之，常熟围解。三月，克复太仓、昆山，擒敌七千余，程学启之功最伟。戈登自此益敬服学启焉。

五月，李秀成出无锡，与五部将拥水陆兵数十万图援江阴，据常熟。李鸿章遣其弟鹤章及刘铭传、郭松林等分道御之。铭传、松林与敌之先锋相遇，击之，获利。然敌势太盛，每战死伤相当。时敌筑连营于运河之涯，北自北澥，南至张泾桥，东自陈市，西至长寿，纵横六七十里，垒堡百数，皆扼运河之险，尽毁桥梁，备炮船于河上、水陆策应，形势大炽。

鹤章与铭传谋，潜集材木造浮桥，夜半急渡河袭敌，破敌营之在北澥者三十二。郭松林亦进击力战，破敌营之在南澥者三十五。周盛波之部队，破敌营之在麦市桥者二十三。敌遂大溃，死伤数万，河为不流，擒其酋将百余人，马五百匹，船二十艘，兵器、弹药、粮食称是。自是顾山以西无敌踪。淮军大振。六月吴江敌将望风降。

程学启率水陆万余人，与铭传谋复苏州。进破花径港，降其守将，屯潍亭。七月，李鸿章自将，克复太湖厅，向苏州进发，先使铭传攻江阴。敌之骁将陈坤书，均湖南、湖北、山东四大股十余万众，并力来援。鸿章、铭传亲觇敌势，见其营垒大小棋列，西自江滨，东至山口，乃定部署猛进攻之。敌抵抗甚力，相持未下。既而城中有内变者，开门纳降，江阴复。

时程学启别屯苏州附近，连日力战，前后凡数十捷。敌垒之在宝带桥、五龙桥、蠡口、黄埭、浒关、王瓜泾、十里亭、虎邱、观音庙者十余处，皆陷。而郭松林之军，亦大捷于新塘桥，斩伪王二名，杀伤万余人，夺船数百艘，敌水军为之大衰。李秀成痛愤流涕，不能自胜。自是淮军威名震天下。

敌军大挫后，李秀成大举图恢复，使其部将纠合无锡、溧阳、宜兴等处众八万余，船千余只，出运河口，而自率精锐数千，据金匮援苏州，互相策应，

187

与官军连战，互有胜败。十月十九日（二年），李鸿章亲督军，程学启、戈登为先锋，进迫苏州城，苦战剧烈，遂破其外郭。秀成及谭绍洸等引入内城，死守不屈。既而官军水陆并进，合围三面，城中粮尽，众心疑惧。其裨将郜云官等，猜疑携贰，遂通款于程学启，乞降。于是学启与戈登亲乘轻舸造城北之阳澄湖，与云官等面订降约，使杀秀成、绍洸以献，许以二品之赏。戈登为之保人，故云官等不疑。然卒不忍害秀成，乃许斩绍洸而别。

李秀成微觉其谋，然事已至此，无可奈何，乃乘夜出城去（十月廿三夜）。廿四日，谭绍洸以事召云官于帐中，云官乃与晓将汪有为俱，见绍洸，即刺杀之，并掩击其亲军千余人，遂开门降。廿五日，云官等献绍洸首，请程学启入城验视。其降酋之列衔如下：

一、纳王郜云官
二、比王伍贵文
三、康王汪安均
四、宁王周文佳
五、天将军范起发
六、天将军张大洲
七、天将军汪环武
八、天将军汪有为

当时此八将所部兵在城中者尚十余万人，声势汹汹。程学启既许以总兵副将等职，至是求如约。学启细察此八人，谓狼子野心，恐后不可制。乃与李鸿章密谋，设宴大飨彼等于坐舰，号炮一响，伏兵起而骈戮之，并杀余党之强御者千余，余众俱降。苏州定，鸿章以功加太子少保。

先是八酋之降也，戈登实为保人。至是闻鸿章之食言也，大怒，欲杀鸿章以偿其罪，自携短铳以觅之。鸿章避之，不敢归营。数日后，怒渐解，乃止。

〔案　李文忠于是有惭德矣。夫杀降已为君子所不取，况降而先有约，且有保人耶？故此举有三罪焉，杀降背公理一也，负约食言二也，欺戈登负友人三也。戈登之切齿痛恨，至欲弑刃其腹以泄大怼，不亦宜乎？虽彼鉴于苗沛霖、李世忠故事，其个或有所大不得已者存，而文忠生平好用小智小术，亦可以见其概矣。〕

苏州之克复，实江南戡定第一关键也。先是曾国荃、左宗棠、李鸿章，各以孤军东下深入重地，彼此不能联络策应。故力甚单而势甚危。苏州之捷，李鸿章建议统筹全局，欲乘胜进入浙地，与曾左两军互相接应，合力大举，是为官军最后结果第一得力之着。十一月，刘铭传、郭松林、李鸿章进攻无锡，拔之。擒斩其将黄子隆父子。于是鸿章分其军为三大部队：其（甲）队，自率之；（乙）队，程学启率之，入浙，拔平湖、乍浦、澉浦、海盐、嘉善，迫嘉兴府，左宗棠之军,（浙军）亦进而与之策应，入杭州界，攻余杭县，屡破敌军;（丙）队、刘铭传、郭松林等率之，与常胜军共略常州，大捷，克复宜兴、荆溪，擒敌将黄靖忠。鸿章更使郭松林进攻溧阳，降之。

时敌将陈坤书，有众十余万，据常州府，张其翼以捣官军之后背。李鸿章与刘铭传当之，敌军大盛，官军颇失利。坤书又潜兵迁入江苏腹地，出没江阴、常熟、福山等县，江阴、无锡戒严，江苏以西大震。李鸿章乃使刘铭传独当常州方面，而急召郭松林弃金坛，昼夜疾赴，归援苏州。又使李鹤章急归守无锡，杨鼎勋、张树声率别军扼江阴之青阳、焦阴，断敌归路。时敌军围常熟益急，苦战连日，仅支。又并围无锡，李鸿章婴壁固守几殆。数日，郭松林援军至，大战破敌，围始解。松林以功授福山镇总兵。

先是程学启围嘉兴（此年正月起）极急，城中守兵，锋锐相当，两军死伤枕藉。二月十九日，学启激励将士，欲速拔之，躬先陷阵，越浮桥，肉搏梯城。城上敌兵死守，弹丸如雨，忽流弹中学启左脑仆。部将刘士奇见之，立代主将督军，先登入城。士卒怒愤，勇气百倍。而潘鼎新、刘秉璋等，亦水陆交进，遂拔嘉兴。

程学启被伤后，卧疗数旬。遂不起，以三月十日卒，予谥忠烈。李鸿章痛悼流涕。

嘉兴府之克复也，杭州敌焰大衰，遂以二月二十三日（十九嘉兴克复），敌大队乘夜自北门脱出。左军以三月二日入杭州城，至是苏军（李军）与浙军（左军）之联络全通，势始集矣。

程学启之卒也，鸿章使其部将王永胜、刘士奇分领其众，与郭松林会，自福山镇进击沙山，连战破之。至三河口，斩获二万人。鸿章乃督诸军合围常州，使刘铭传击其西北，破之；郭松林攻陈桥渡大营，破之；张树声、周盛波、郑国魁等袭河边敌营廿余；皆破之。败军溃走，欲还入城，陈坤书拒之，故死城下者不可胜数。三月廿二日，李军进迫常州城，以大炮及炸药轰城，城崩数十丈，选死士数百人，梯以登。陈坤书骁悍善战。躬率悍卒出战拒之，修补缺口，官军死者数百人。鸿章愤怒，督众益治攻具，筑长围，连日猛攻，两军创巨相当。经十余日，李鸿章自督阵，刘铭传、郭松林、刘士奇、王永胜等，身先士卒，奋战登城，敌始乱。陈坤书犹不屈，与其将费天将共率悍党，叱咤巷战，松林遂力战擒坤书，天将亦为盛波所擒。铭传大呼传令，投兵器降者赦之，立降万余。官军死者亦千数。常州遂复，时四月六日也。至是江苏军（李军）与金陵军（曾军）之联络全通，江苏全省中，除金陵府城内无一敌踪矣。

自同治元年壬戌春二月，李鸿章率八千人下上海，统领淮军、常胜军，转斗各地，大小数十战，始于松江，终于嘉兴常州，凡两周岁至同治三年甲子夏四月，平吴功成。

［案　李鸿章平吴大业，因由淮军部将骁勇坚忍，而其得力于华尔、戈登者实多，不徒常胜军之战胜攻取而已。当时李秀成智勇绝伦，军中多用西式枪炮，程刘、郭、周、张、潘诸将，虽善战，不过徒恃天禀之勇谋，而未晓新法之作用。故淮军初期，与敌相遇，屡为所苦。李鸿章有鉴于是，故诸将之取法常胜军，利用其器械者亦不少焉。而左宗棠平浙之功，亦得力于法国将官托格比、吉格尔之徒甚多。本朝之绝而复续，盖英法人大有功焉。彼等之意，欲藉以永保东亚和平之局，而为商务之一乐园也。而岂料其至于今日，犹不先自振，而将来尚恐不免有 great revolution 在其后乎。］

先是曾国荃军水陆策应，围金陵既已二稔，至甲子正月，拔钟山之石垒，敌失其险，外围始合，内外不通，粮道已绝，城中食尽；洪秀全知事不可为，于四月二十七日饮药死。诸将拥立其子洪福。当时官军尚未之觉。朝旨屡命李鸿章移江苏得胜之师助剿金陵，曾国荃以为城贼既疲，粮弹俱尽，歼灭在即，耻借鸿章之力，而李鸿章亦不愿分曾之功，深自抑退，乃托言盛暑不利用火器，固辞不肯进军。朝廷不喻鸿章之旨，再三敦促，国荃闻之，忧愤不自胜，乃自五月十八日起，日夜督将士猛攻地保城（即龙膊子，山阴之坚垒，险要第一之地也），遂拔之。更深穿地道，自五月三十至六月十五，隧道十余处皆成。乃严戒城外各营，各整战备，别悬重赏募死士，约乘缺以先登。

时李秀成在金陵，秀全死后，号令一出其手。秀成知人善任，恩威并行，人心服之，若子于父。五月十五日，秀成自率死士数百人，自太平门缺口突出，又别遣死士数百冒官兵服式，自朝阳门突出，冲入曾营，纵火哗噪。时官军积劳疲惫，战力殆尽，骤遇此警，几于瓦解兽散，幸彭毓橘诸将率新兵驰来救之，仅乃获免。

六月十六日，正午，隧道内所装火药爆裂，万雷轰击，天地为动，城壁崩坏廿余丈。曾军将叱咤奋登，敌兵死抗，弹丸如雨，外兵立死者四百余人。众益奋发，践尸而过，遂入城。李秀成至是早决死志，以所爱骏马赠幼主洪福，使出城遁，而秀成自督兵巷战，连战三日夜，力尽被擒，敌大小将弁战死焚死者三千余人。城郭宫室连烧，三日不绝，城中兵民久随洪氏者男女十余万人，无一降者。自咸丰三年癸丑秀全初据金陵，至是凡十二年始平。

[案　李秀成真豪杰哉。当存亡危急之顷，满城上下，命在旦夕，犹能驱役健儿千数百，突围决战，几歼敌师。五月十五日之役，曾军之不亡，天也。及城已破，复能以爱马救幼主，而慷慨决死，有国亡与亡之志。推古之大臣儒将，何以过之，项羽之乌骓不逝，文山之漆室无灵，天耶人耶？吾闻李秀成之去苏州也，苏州之民，男女老幼，莫不流涕。至其礼葬王有龄，优恤败将降卒，俨然有文明国战时公法之意焉。金陵城中十余万人，无一降者，以视田横之客五百人，其志同，其事同，而魄力之大，又百倍之矣，此有史以来战争之结局所未曾有也。使以秀成而处洪秀全之地位，则今日之域中，安知为谁家之天下耶！秀成之被擒也，自六月十七日至十九日几三日间，在站笼中慷慨吮笔，记述数万言。虽经官军删节，不能备传，而至今读之，犹凛凛有生气焉。呜呼！刘兴骂项，成败论人，今日复谁肯为李秀成、扬伟业发幽光者？百年而后，自有定评，后之良史，岂有所私。虽然，物竞天择，适者生存，曾、左、李亦人豪矣。]

金陵克复，论功行赏。两江总督曾国藩，加太子太保衔，封世袭一等侯。浙江巡抚曾国荃，江苏巡抚李鸿章，皆封世袭一等伯，其余将帅恩赏有差。国荃之克金陵也，各方面诸将，咸嫉其功，诽谤谗言，蜂起交发，虽以左宗棠之贤，亦且不免，惟李鸿章无间言，且调护之功甚多云。

[案　此亦李文忠之所以为文也，诏会剿而不欲分人功于垂成，及事定而不怀嫉妒于荐主，其德量有过人者焉。名下无虚，非苟焉已耳。]

第五章　兵家之李鸿章（下）

捻乱之猖獗

李鸿章以前平捻诸将之失机

曾李平捻方略

东捻之役

西捻之役

金陵克复，兵气半销。虽然，捻乱犹在，忧未歇也。捻之起也。始于山东游民。及咸丰三年，洪秀全陷安庆、金陵，安徽全省大震，捻党乘势，起于宿州、亳州、寿州、蒙县诸地，横行皖、齐、豫一带，所到掠夺，官军不能制。其有奉命督师者，辄被逆击，屡败衄，以故其势益猖。及咸丰七年冬，其游骑遂扰及直隶之大名府等地，北京戒严。

今将捻乱初起以迄李鸿章督师以前，迭次所派平捻统帅列表如下：

人	官	任官年份	屯驻地
善禄	河南提督	咸丰三年	永城县
周天爵	钦差大臣	咸丰三年	宿州
吕贤基	工部左侍郎	咸丰三年	安徽
陆应谷	河南巡抚	咸丰三年	开封府
袁甲三	钦差大臣	咸丰三年	宿州（周天爵卒代之）
舒兴阿	陕甘总督	咸丰三年	陈州
英桂	河南巡抚	咸丰四年	开封府
武隆额	安徽提督	咸丰五年	亳州
胜保	钦差大臣	咸丰七年	督江北军
史荣春	提督	咸丰八年	曹州兖州

田在田	总兵	咸丰八年	曹州兖州
邱联恩	总兵	咸丰八年	鹿邑
朱连泰	总兵	咸丰八年	亳州
傅振邦	总兵	咸丰九年	宿州
伊兴额	都统	咸丰九年	宿州
关保	协领	咸丰九年	督河南军
德楞额	协领	咸丰九年	曹州
胜保	都统、钦差大臣	咸丰十年	督河南军，关保副之
穆腾阿	副都统	咸丰十年	安徽（副袁甲三）
毛昶照	团练大臣	咸丰十年	河南
僧格林沁	蒙古亲王	咸丰十年	
曾国藩	钦差大臣	同治三年	

庚申之役，文宗北狩热河，捻党乘之，侵入山东，大掠济宁。德楞额与战，大败。始以蒙古科尔沁亲王僧格林沁督师，追蹑诸捻，号称骁勇。同治二年，发党诸酋陈得才、蓝成昌、赖汶洸等合于捻。捻酋张总愚、任柱、牛落江、陈大喜等各拥众数万，出没于山东、河南、安徽、湖北各州县，来往倏忽，如暴风疾雨，不可捉摸，官军疲于奔命。同治三年九月，捻党一股入湖北，大掠襄阳、随州、京山、德安、应山、黄州、靳州等处。舒保战死，僧王之师屡溃。僧王之为人，勇悍有余，而不学无术，军令太不整肃，所至淫掠残暴，与发捻无异，以故湖北人民大失望。

其时金陵新克复，余党合于捻者数万人，又转入河南、山东，掠城市。四年春，僧王锐意率轻骑，追逐其酋，一日夜驰三百里。至曹州，部下多怨叛。四月廿五日，遂中捻首之计，大败，力战堕马死，朝廷震悼。忽以曾国藩为钦差大臣，督办直隶、山东、河南军务，而命李鸿章署理两江总督，为国藩粮运后援。

先是官军之剿捻也，惟事追蹑，劳而无功，间讲防堵，则弥缝一时耳。要之无论为攻为守，非苟且姑息以养敌锋，则躁进无谋以钝兵力，未尝全盘打算，立一定之方略，以故劳师十五年，而无所成。自曾国藩受事以后，始画长围圈制之策，谓必蹙敌一隅，然后可以聚歼。李鸿章秉承之，遂定中原。

曾国藩，君子人也，常兢兢以持盈保泰急流勇退自策厉。金陵已复，素志已偿，便汲汲欲自引退。及僧王之亡，捻氛迫近京畿，情形危急，国藩受命于败军之际，义不容辞，遂强起就任。然以为湘军暮气渐深，恐不可用，故渐次遣撤，而惟用淮军以赴前敌。盖国藩初拜大命之始，其意欲虚此席以待李鸿章之成功，盖已久矣。及同治五年十二月，遂以疾辞，而李鸿章代为钦差大臣。国藩回江督本任，筹后路粮饷。

鸿章剿捻方略，以为捻贼已成流寇，逼之不流，然后会师合剿，乃为上策。明孙传庭谓剿流寇当驱之于必困之途，取之于垂死之日，如但一彼一此，争胜负于矢石之间，即胜亦无关于荡平。鸿章即师此意。故四年十一月，曾奏称须蹙之于山深水复之处，弃地以诱其入，然后合各省之兵力，三四面围困之。后此大功之成，实由于是。

其年五月，任柱赖汶洸等大股深入山东。鸿章命潘鼎新、刘铭传尽力追蹑，欲蹙之于登莱海隅，然后在胶莱咽喉，设法扼逼，使北不得窜入畿疆，南不得蔓延淮南。六月，亲督师至济宁，相度形势，以为任、赖各股，皆百战之余，兼游兵散勇裹胁之众，狡猾剽悍，未可易视，若兵力未足兜围，而迫之过紧，画地过狭，使其窥破机关，势必急图出窜，稍纵即逝，全局又非。于是定策先防运河以杜出路，次扼胶、莱以断咽喉。乃东抚丁宝桢，一意欲驱贼出境，于鸿章方略，颇多龃龉。七月，敌军突扑潍河，东省守将王心安方驻防戴庙，任敌偷渡，而胶、莱之防遂溃。是时蜚谤屡起，朝廷责备綦严，有罢运防之议。鸿章复奏，以为运河东南北三面，贼氛来往窜扰，官军分路兜逐，地方虽受蹂躏，然受害者不过数府县之地，驱过运西，则数省流毒无穷。同是疆土，同是赤子，而未便歧视也。乃坚持前议，不少变。十月十三日，刘铭传在安邱潍县之交，大战获胜。二十四日，追至赣榆，铭传与马步统将善庆力战，阵毙任柱，于是东捻之势大衰。

二十八日，潘鼎新海州上庄一战，毙悍贼甚夥。十一月十一二日，刘铭传、唐仁廉等在潍县寿光抄击一昼夜，敌众心携，投降遂多。郭松林、杨鼎勋、潘鼎新继之，无战不捷。至二十九日，铭传、松林、勋动等，蹑追七十里，至寿光弥河间，始得接仗。战至十数回合，又追杀四十余里，斩获几三万人，敌之精锐器械、骡马辐重抛尽。鸿章奏报中，谓军士回老营者，臣亲加拊慰，皆饥惫劳苦，面无人色。赖汶洸在弥河败后，落水未死，复纠合千余骑，冲出六塘河防。黄翼升、刘秉璋、李昭庆等，水陆马步，衔尾而下，节节追剿，只剩数百骑，逼入高室水乡。鸿章先派有统带华字营淮勇之吴毓兰，在扬州运河扼守。诸军勠力，前截后追，十二月十一日，毓兰生擒汶洸。东捻悉平，东、苏、皖、豫、鄂五省，一律肃清。

鸿章奏捷后，附陈所属诸军剿捻以来，驰逐数省，转战终年，日行百里，忍饥耐寒，忧谗畏讥，多人生未历之苦境。刘铭传、刘秉璋、周盛波、潘鼎新、郭松林、杨鼎勋，皆迭乞开缺，请稍为休养，勿调远役。并以刘铭传积劳致病，代为请假。

三月，乃七年正月，西捻张总愚大股，忽由山右渡河北窜，直逼畿辅。京师大震。初七、初八日，迭奉寄谕饬催刘铭传、善庆等马步各营，迅赴河北进剿，乃率周盛波盛传马步十一营，潘鼎新鼎字全军，及善庆温、德克勒西马队，陆续进发，由东阿渡河，饬郭松林、杨鼎勋整饬大队，随后继进。

西捻之役，有较东捻更难图功者，一则黄河以北，平坦千里，无高山大河以限之，张总愚狡猾知兵，窜扰北地平原，掳马最多，飙忽往来，瞬息百里，欲设长围以困之，然地势不合，罗网难施，且彼鉴于任、赖覆辙，一闻围扎，立即死力冲出，不容官军闲暇，次第施工，此一难也，二则淮军全部，皆属南人，渡河以北，风气悬殊，南勇性情口音，与北人均不相习，且谷食面食，习惯不同，而马队既单，蒭料又缺，此二难也。鸿章乃首请饬行坚壁清野之法，以为"前者任、赖捻股，流窜中原数省，畏墟寨甚于畏兵。豫东、淮北，民气强悍，被害已久，逐渐添筑墟寨，到处兴城池相等，故捻逆一过即走，不能久停。近年惟湖北、陕西，被扰最甚，以素无墟寨，筹办不及，赋得盘旋饱掠，其势愈张。直、晋向无捻患，民气朴懦，未能筑寨自守。张总愚本极狡猾，又系穷寇，南有黄河之阻，必致纵横驰突，无处不流，百姓惊徒蹂躏，讵有已时，可为浩叹。(中略)自古用兵，必以彼此强弱饥饱为定衡。贼未必强于官军，但彼马多而我马少，自有不相及之势；彼可随地掳粮，我须随地购粮，贼常饱而兵常饥，又有不能及之理。今欲绝贼粮，断贼马，惟有苦劝严谕河北绅民，赶紧坚筑墟寨，一有警信，收粮草牲畜于内，既自固其身家，兼以制贼死命，云云。"西捻之平，实赖于是。

四月，奏请以刘铭传总统前敌各军，温旨敦促起行。使淮军与直、东民团，沿黄河运河，筑长墙浚壕以蹙敌。拣派各军，轮替出击，更番休息，其久追疲乏须暂休息之军，即在运河东岸择要屯驻，俟敌窜近，立起迎击，以剿为防。又派张曜、宋庆分扎夏津、高唐一带，程文炳扎陵县、吴桥一带，为运防遮护。

左宗棠亦派刘松山、郭宝昌等军，自连镇北至仓州一带减河东岸分扎，与杨鼎勋等军就近策应，布置略定，然后进剿。

五月，捻股窜向西北，各军分途拦击，叠次获胜。鸿章乃趁黄河伏汛盛涨时，缩地围扎，以运河为外围。而就恩县、夏津、高唐之马颊河，截长补短，划为里圈。逼贼西南，层层布置。五六月间，各军迭次大捷，敌势衰蹙，降散渐多。六月十九至二十二等日，乘胜尾追，每战皆捷。二十三日，张总愚涉水，向西南逃窜。二十四日，由平原向高唐。二十五日，潘鼎新追百二十里，冒雨至高唐，敌已向博平、清平一带，图扑运河。而官军早于马颊河西北岸筑长墙数百里，足限戎马，敌方洞知，已入彀中，窜地愈狭，死期近矣。是时各军已久追疲乏，鸿章乃派刘铭传生力马军助战，军势大振。二十八日，将敌圈在徒骇黄运之间，铭传调集马步迎击，追剿数里，值郭松林东来马步全军。拦住去路，又兼河道分歧，水溜泥陷，刘、郭两军马队，五六千人，纵横合击，擒斩无算。张总愚仅带数十骑北逃，旋自沉于河以死。西捻肃清，中原平。八月，李鸿章入觐京师。

李鸿章之用兵也，谋定后动，料敌如神，故在军中十五年，未尝有所挫衄。虽曰天运，亦岂不以人事耶？其剿发也，以区区三城之立足地，仅一岁而荡平全吴哉。其剿捻也，以十余年剽悍之劲敌，群帅所束手无策者，亦一岁而歼之。盖若有奔授焉。其待属将也，皆以道义相交，亲爱如骨肉，故咸乐为用命，真将将之才。虽然，李鸿章兵事之生涯，实与曾国藩相终始，不徒荐主之感而已，其平吴也，由国藩统筹大局，肃清上流，曾军合围金陵，牵掣敌势，故能使李秀成疲于奔命，有隙可乘。其平捻也。一承国藩所定方略，而所以千里馈粮士有宿饱者，又由有良江督在其后，无狼顾之忧也。不宁惟是，鸿章随曾军数年，砥砺道义，练兵机，盖其一生立身行已耐劳任怨坚忍不拔之精神，与其治军驭将推诚布公团结士气之方略，无一不自国藩得之。故有曾国藩然后有李鸿章。其事之父母，敬之如神明，不亦宜乎？

第六章　洋务时代之李鸿章

洋务之治绩

北洋海陆兵力

李鸿章办理洋务失败之由

洋务二字，不成其为名词也。虽然，名从主人，为李鸿章传，则不得不以洋务二字总括其中世二十余年之事业。

李鸿章所以为一世俗儒所唾骂者以洋务，其所以为一世鄙夫所趋重者亦以洋务，吾之所以重李责李而为李惜者亦以洋务。谓李鸿章不知洋务乎？中国洋务人士，吾未见有其比也。谓李鸿章真知洋务乎？何以他国以洋务兴，而吾国以洋务衰也？吾一言以断之，则李鸿章坐知有洋务，而不知有国务，以为洋人之所务者，仅于如彼云云也。今试取其平定发、捻以后，日本战事以前，所办洋务各事列表如下：

设外国语言文字学馆于上海	同治二年正月
设江南机器制造局于上海	同治四年八月
设机器局于天津	同治九年十月
筹通商日本并派员往驻	同治九年闰十二月
拟在大沽设洋式炮台	同治十年四月
挑选学生赴美国肄业	同治十一年正月
请开煤铁矿	同治十一年五月
设轮船招商局	同治十一年十一月
筹办铁甲兵船	光绪元年十一月
请遣使日本	光绪元年十一月

请设洋学局于各省，分格致测算、舆图、火轮机器、兵法、炮法、化学、电学诸门，择通晓时务大员主之；并于考试功令稍加变通，另开洋务进取一格	光绪元年十二月
派武弁往德国学水陆军械技艺	光绪二年三月
派福建船政生出洋学习	光绪二年十一月
始购铁甲船	光绪六年二月
设水师学堂于天津	光绪六年七月
设南北洋电报	光绪六年八月
请开铁路	光绪六年十二月
设开平矿务商局	光绪七年四月
创设公司船赴英贸易	光绪七年六月
招商接办各省电报	光绪七年十一月
筑旅顺船坞	光绪八年二月
设商办织布局于上海	光绪八年四月
设武备堂于天津	光绪十一年五月
开办漠河金矿	光绪十三年十二月
北洋海军成军	光绪十四年
设医学堂于天津	光绪二十年五月

　　以上所列李鸿章所办洋务，略具于是矣。综其大纲，不出二端：一曰军事，如购船、购械、造船、造械、筑炮台、缮船坞等是也；二曰商务，如铁路、招商局、织布局、电报局、开平煤矿、漠河金矿等是也。其间有兴学堂、派学生游学外国之事，大率皆为兵事起见，否则以供交涉翻译之用者也。李鸿章所见西人之长技，如是而已。

　　海陆军事，是其生平全力所注也。盖彼以善战立功名，而其所以成功，实由与西军杂处，亲观其器械之利，取而用之，故事定之后，深有见。夫中国兵力，平内乱有余，御外侮不足。故兢兢焉以此为重，其眼光不可谓不加寻常人一等，而其心力瘁于此者亦至矣。计中日战事以前，李鸿章手下之兵力，大略如下：

北洋海军兵力表

分职队别	船名	船式	吨数	马力	速力	炮数	船员	下水年份
主战舰队	定远	铁甲	7335	6000	14.5	22	330	光绪八年（1882年）
	镇远	铁甲	7355	6000	14.5	22	330	光绪八年（1882年）
	经远	铁甲	2900	3000	15.5	14	202	光绪十三年（1887年）
	来远	铁甲	2900	5000	15.5	14	202	光绪十三年（1887年）
防守舰队	致远	巡洋	2300	5500	18	23	202	光绪十二年（1886年）
	靖远	巡洋	2300	5500	18	23	202	光绪十二年（1886年）
	济远	巡洋	2300	5500	18	23	203	光绪九年（1883年）
	平远	巡洋	2200	1500	14.5	11	……	……
	超勇	巡洋	1350	2400	15	18	130	光绪七年（1881年）
	扬威	巡洋	1350	2400	15.5	18	130	光绪七年（1881年）
	镇东	炮船	440	350	8	5	55	光绪五年（1879年）
	镇西	炮船	440	350	8	5	55	光绪五年（1879年）
	镇南	炮船	440	440	8	5	55	光绪五年（1879年）
	镇北	炮船	440	440	8	5	55	光绪五年（1879年）
	镇中	炮船	440	750	8	5	55	光绪七年（1881年）
	镇边	炮船	440	840	8	5	55	光绪七年（1881年）
练习舰	康济	炮船	1300	750	9.5	11	124	光绪七年（1881年）
	威远	炮船	1300	840	12	11	124	光绪三年（1877年）

分职队别	船名	船式	吨数	马力	速力	炮数	船员	下水年份
补助舰	泰安	炮船	1258	600	10	5	180	光绪二年（1876 年）
	镇海	炮船	950	480	9	5	100	同治十年（1871 年）
	操江	炮船	950	400	9	5	91	同治五年（1866 年）
	湄云	炮船	578	400	9	4	70	同治八年（1869 年）

附：水雷船

表二

船名	船式	吨数	速力
左队一号	一等水雷	108	24
左队二号	一等水雷	108	19
左队三号	一等水雷	108	19
右队一号	一等水雷	108	18
右队二号	一等水雷	108	18
右队三号	一等水雷	108	18

直隶练军淮勇表

当中日战事时代，直隶练军淮勇二万余人，其略如下：

表三

军队	营数	人数	将领	驻地
盛军	18	9000	卫汝贵	小站
铭军	12	4000	刘盛休	大连湾
毅军	10	4000	宋庆	旅顺口
芦防淮勇	4	2000	叶志超、聂士成	芦台北塘、山海关
仁字虎勇	5	2500	聂士成	营口

合计四十九营二万五千人之间。

李鸿章注全副精神以经营此海陆二军，自谓确有把握。光绪八年，法越肇衅之时，朝议饬筹畿防，鸿章复奏，有"臣练军简器，十余年于兹，徒以经费太绌，不能尽行其志，然临敌因应，尚不至以孤注贻君父忧"等语。其所以自信者，亦可概见矣。何图一旦中日战开，艨艟楼舰或创或痍，或以资敌，淮军练勇，屡战屡败，声名一旦扫地以尽。所余败鳞残甲，再经联军、津沽一役，随罗荣光、聂士成同成灰烬。于是直隶总督北洋大臣三十年所蓄所养所布划，烟消云散，殆如昨梦。及于李之死，而其所摩抚卵翼之天津，尚未收复。呜呼！合肥合肥，吾知公之不瞑于九泉也。

至其所以失败之故，由于群议之掣肘者半，由于鸿章之自取者亦半。其自取也，由于用人失当者半，由于见识不明者亦半。彼其当大功既立，功名鼎盛之时，自视甚高，觉天下事易易耳。又其裨将故吏，昔共患难，今共功名，徇其私情，转相汲引，布满要津，委以重任，不暇问其才之可用与否，以故临事偾事。贻误大局，此其一因也。又惟知练兵，而不知有兵之本原，惟知筹饷，而不知有饷之本原，故支支节节，终无所成，此又其一因也。下节更详论之。

李鸿章所办商务，亦无一成效可观者，无他，官督商办一语，累之而已。中国人最长于商，若天授焉。但使国家为之制定商法，广通道路，保护利权，自能使地无弃财，人无弃力，国之富可立而待也。今每举一商务，辄为之奏请焉，为之派大臣督办焉，即使所用得人，而代大臣斲者，固未有不伤其手矣。况乃奸吏舞文，视为利薮，凭挟狐威，把持局务，其已入股者安得不寒心，其未来者安得不襄足耶？故中国商务之不兴，虽谓李鸿章官督商办主义，为之厉阶可也。

吾敢以一言武断之曰：李鸿章实不知国务之人也。不知国家之为何物，不知国家与政府有若何之关系、不知政府与人民有若何之权限，不知大臣当尽之责任。其于西国所以富强之原，茫乎未有闻焉，以为吾中国之政教文物风俗，无一不优于他国，所不及者，惟枪耳、炮耳、船耳、铁路耳、机器耳，吾但学此，而洋务之能事毕矣。此近日举国谈时务者所异口同声，而李鸿章实此一派中三十年前之先辈也。是所谓无盐效西子之颦，邯郸学寿陵之步，其适形其丑，终无所得也，固宜。

虽然，李鸿章之识，固有远过于寻常人者矣。尝观其同治十一年五月复议制造轮船未可裁撤折云：

臣窃惟欧洲诸国，百十年来，由印度而南洋，由南洋而中国，闯入边界腹地，凡前史所未载，亘古所未通，无不款关而求互市。我皇上如天之度，概与立约通商，以牢笼之，合地球东西南朔九万里之遥，胥聚于中国，此三千余年一大变局也。西人专恃其枪炮、轮船之精利，故能横行于中土，中国向用之器械，不敌彼等，是以受制于西人。居今日而曰攘夷，日驱逐出境，固虚妄之论，即欲保和局守疆土，亦非无具而能保守之也。（中略）士大夫囿于章句之学，而昧于数千年来一大变局，狃于目前苟安，而遂忘前二三十年之何以创巨而痛深，后千百年之何以安内而制外，此停止轮船之议所由起也。臣愚以为国家诸费皆可省，惟养兵设防、练习枪炮、制造兵轮之费万不可省。求省费则必屏除一切，国无与立，终不得强矣。

光绪元年，因台湾事变筹画海防折云：

兹总理衙门陈请六条。目前当务之急，与日后久远之图，业经综括无遗，洵为救时要策。所未易猝办者，人才之难得，经费之难筹，畛域之难化，故习之难除。循是不改，虽日事设防，犹画饼也。然则今日所急，惟在力破成见，以求实际而已。何以言之？历代备边，多在西北，其强弱之势，主客之形，皆适相埒，且犹有中外界限。今则东南海疆万余里，各国通商传教，往来自如，麇集京师，及各省腹地，阳托和好之名，阴怀吞噬之计，一国生事，诸国构煽，实惟数千年来未有之变局。轮船、电报之速，瞬息千里，军器、机事之精，工力百倍，又为数千年来未有之强敌。外患之乘，变幻如此，而我犹欲以成法制之，譬如医者疗疾，不问何症，概投之以古方，诚未见其效也。庚申以后，夷势骎骎内向，薄海冠带之伦，莫不发愤慷慨，争言驱逐。局外之訾议，既不悉局中之艰难，及询以自强何术，御侮何能，则茫然靡所依据。臣于洋务，涉历颇久，闻见较广，于彼己长短相形之处，知之较深。而环顾当世，饷力人才，实有未逮，又多拘于成法，牵于众议，虽欲振奋而未由。易曰："穷则变，变则通。"盖不变通则战守皆不足恃，而和亦不可久也。

又云：

近时拘谨之儒，多以交涉洋务为浼人之具；取巧之士，又以其引避洋务为自便之图。若非朝廷力开风气，破拘孪之故习，求制胜之实济，天下危局，终不可支，日后乏才，且有甚于今日者，以中国之大，而无自强自立之时，非惟可忧，抑亦可耻。

由此观之，则李鸿章固知今日为三千年来一大变局，固知狃于目前之不可以苟安，固尝有意于求后千百年安内制外之方，固知古方不以医新症，固知非变法维新，则战守皆不足恃，固知畛域不化，故习不除，则事无一可成，甚乃知日后乏才，且有甚于今日，以中国之大，而永无自强自立之时。其言沉痛，吾至今读之，则泪涔涔其承睫焉。夫以李鸿章之忠纯也若彼，其明察也若此，而又久居要津，柄持大权，而其成就乃有今日者，何也？则以知有兵事而不知有民政，知有外交而不知有内治，知有朝廷而不知有国民。日责人昧于大局，而已于大局，先自不明；日责人畛域难化，故习难除，而已之畛域故习，以视彼等，犹不过五十步与百步也。殊不知今日世界之竞争，不在国家而在国民，殊不知泰西诸国所以能化畛域除故习布新宪致富强者，其机恒发自下而非发自上，而求其此机之何以能发，则必有一二先觉有大力者，从而导其辕而鼓其锋，风气既成，然后因而用之，未有不能济者也。李鸿章而不知此不忧此则亦已耳，亦既知之，亦既忧之，以彼之地位，彼之声望，上之可以格君心以臂使百僚，下之可以造舆论以呼起全国，而惜乎李之不能也。吾故曰：李之受病，在不学无术。故曰："为时势所造之英雄，非造时势之英雄也。"

　　虽然，事易地而殊，人易时而异。吾辈生于今日，而以此大业责李，吾知李必不任受。彼其所谓局外之訾议，不知局中之艰难，言下盖有余痛焉。援《春秋》责备贤者之义，李固咎无可辞，然试问今日四万万人中，有可以 Cast the first stone 之资格者，几何人哉？吾虽责李，而必不能为所谓拘谨之儒，取巧之士，囿于章句，狃于目前者，稍宽其罪，而又决不许彼辈之随我而容喙也。要而论之，李鸿章不失为一有名之英雄，所最不幸者，以举国之大，而无所谓无名之英雄，以立乎其后，故一跃而不能起也。吾于李侯之遇，有余悲焉耳。

　　自此章以后，李鸿章得意之历史终，而失意之历史方始矣。

第七章　中日战争时代之李鸿章

平壤之战中日战争事祸胎

李鸿章先事之失机

大东沟之战

甲午九十月以后大概情形

致败之由

李鸿章之地位及责任

　　中国维新之萌蘖，自中日之战生，李鸿章盖代之勋名，自中日之战没。惜哉！李鸿章以光绪十九年，七十赐寿，既寿而病，病而不死，卒遇此变，祸机重垒，辗转相缠，更阅八年之至艰极险殊窘奇辱，以死于今日。彼苍者天，前之所以宠此人者何以如是其优，后之所以厄此人者何以如是其酷耶？吾泚笔至此，不禁废书而叹也。

　　中日之战。起于朝鲜，推原祸始，不得不谓李鸿章外交遗恨也。朝鲜本中国藩属也。初同治十一年，日本与朝鲜有违言，日人遣使问于中国，盖半主之邦，其外交当由上国主之，公法然也。中国当局以畏事之故，遂答之曰："朝鲜国政，我朝素不与闻，听贵国自与理论可也。"日本遂又遣使至朝鲜，光绪元年正月与朝王订立和约，其第一条云：日本以朝鲜为自主之国，与日本之本系自主者相平等云云。是为日本与朝鲜交涉之嚆矢。光绪五年，英、美、德、法诸国，相继求互市于朝，朝人惊惶，踌躇不决。李鸿章乃以函密劝其太师李裕元，令与各国立约，其奏折谓藉此以备御俄人牵制日本云云。光绪六年，驻日使臣何如璋，致书总理衙门，倡主持朝鲜外交之义，谓中国当于朝鲜设驻扎办事大臣。李鸿章谓若密为维持保护，尚觉进退绰如，倘显然代谋，在朝鲜未必尽听吾言，而各国或将惟我是问，他日势成骑虎，深恐弹丸未易脱手云云。光绪八年十月，侍读张佩纶复奏，请派大员为朝鲜通商大臣，理其外交之政。鸿章复奏，亦如前议。是则鸿章于属邦无外交之公法，知之未悉，徒贪一时之省事，假名器以畀人，是实千古之遗恨也。自兹以往，各国皆不以中国藩属待朝鲜也久矣。光绪十一年，李鸿章与伊藤博文在天津订约，载明异日朝鲜有事，中日两国欲派兵往，必先互行知照。于是朝鲜又似为中日两邦公同保护之国，名实离奇，不可思议。后此两国各执一理，纠葛不清，酿成大衅，实基于是。而其祸本不得不谓外交遗策胎之，此为李鸿章失机第一事。

　　光绪二十年三月，朝鲜有东学党之乱，势颇猖獗。时袁世凯驻朝鲜，为办理商务委员。世凯者，李鸿章之私人也，屡致电李，请派兵助剿，复怂恿朝王来乞师。鸿章遂于五月初一日派海军"济远""扬威"二舰赴仁川、汉城护商，并调直隶提督叶志超带淮勇千五百人向牙山，一面遵依《天津条约》，先照会日本。日本随即派兵前往。至五月十五日，日兵到仁川者已五千。韩廷大震，请中国先行撤兵以谢日本。中国不允，乃与日本往复会商一齐撤兵之事，盖是时乱党已解散矣。日本既发重兵，有进无退，乃议与中国同干预朝鲜内政，助其变法，文牍往来，词意激昂，战机伏于眉睫间矣。

　　是役也，在中国之意，以为藩属有乱，卑词乞授，上国有应代靖乱之责任，故中国之派兵是也；在日本之意，则以既认朝鲜为自主，与万国平等，今中国急派兵而代平等之国靖乱，其意不可测，故日本之派兵以相抵制，亦是也。此二国者各执一说，咸曲彼而直我，皆能持之有故，言之成理焉。但其中有可疑者，当未发兵之先也，袁世凯屡电称乱党猖獗，韩廷决不能自平，其后韩王乞救之咨文，亦袁所指使，乃何以五月初一日始发兵，而初十日已有乱党悉平之报？其时我军尚在途中，与乱党风马牛不相及，然则朝乱之无待于代剿明矣。无待代剿，而我无端发兵，安得不动日本之疑耶？故我谓曲在日本，日本不任受也。论者谓袁世凯欲借端以邀战功，故张大其词，生此波澜，而不料日本之蹑其后也。果尔，则是以一念之私，遂至毒十余万之生灵，隳数千年之国体。袁固不能辞其责，而用袁听袁者，得不谓失知人之明哉？此为李鸿章失机第二事。

　　日本屡议协助干预而华不从，中国屡请同时撤兵而日不允。李鸿章与总理衙门，方日冀俄、英出为调处。北京、伦敦、圣彼得堡，函电纷驰，俄、英亦托必为出力，冀获渔人之利。迁延经日，战备未具。及五月下旬，而日本之兵调到韩境者已万余人矣。平时兵力，既已不能如人，而临时战备，又复着着落后，使敌尽扼要冲，主客易位，盖未交绥而胜负之数已见矣。此为李鸿章失机第三事。

三机既失，战事遂开。六月十二日，李鸿章奉廷寄筹战备。乃派总兵卫汝贵统盛军马步六营进平壤，提督马玉昆统毅军二千进义州，分起由海道至大东沟登岸，而饬叶志超军移扎平壤，皆淮军也。所派往各兵，雇英商三轮船分运，而以"济远""广丙"二兵轮卫之。廿五晨为日兵轮袭击，"济远"管带方伯谦，见敌近，惶恐匿铁甲最厚处，继遭日炮毁其舵，即高悬白旗，下悬日旗，逃回旅顺。"高升"击沉，我军死者七百余。二十七日，布告各国，饬驻日公使汪凤藻撤旗归国。二十九日，牙山失守，叶志超退回平壤，捏报胜仗，称于二十五六七等日，迭次歼毙倭兵五千余人，得旨赏给军士银二万两，将弁保奖者数十人焉。自兹以往，海军淮军之威望，始渐失坠矣。

方五六月间，日本兵船麇集朝鲜，殆如梭织。而各华舰避匿于威海卫，逍遥河上。迨京外交章参劾，始佯遣偏师，开出口外，或三十里而止，或五十里而止，大抵启碇出口，约历五六点钟，便遽回轮，即飞电北洋大臣，称某船巡逻至某处，并无倭兵踪迹云云。种种情形，可笑可叹。八月初旬，北洋叠接军电，请济师以壮声威。遂以招商局船五艘，载运兵、丁、银、米，以海军兵舰护送。凡铁甲船、巡洋舰各六艘，水雷船四艘，合队同行。中秋日，安抵鸭绿江口。五运船鼓轮直入，浅水兵船及水雷船与之偕，余舰小驻于离江十里或十六里之地。炉中之煤未熄也，十六晨，瞭见南方黑烟缕缕，知日舰将至。海军提督丁汝昌，传令列阵作人字形，"镇远""定远"两铁舰为人字之首，"靖远""来远""怀远""经远""致远""济远""超勇""扬威""广甲""广丙"及水雷船，张人字之两翼，兼以号旗招鸭绿江中诸战船悉出助战。俄而，敌舰渐近，列阵作一字营，向华军猛扑，共十一艘，其巡洋船之速率，过于华军。转瞬间又易而为太极阵，裹人字于其中。华舰先开巨炮以示威，然距日船者九里，不中宜也。炮声未绝，敌船麇至，与"定远""镇远"相去恒六里许，盖畏重甲而避重炮，且华炮之力不能及，日兵之弹已可至也。与人字阵末二舰相逼较近，欺炮略小而甲略薄也。有顷，日舰圈入人字阵脚，"致远""经远""济远"三艘，皆被挖出圈外。"致远"失群后，船身叠受重伤，势将及溺，其管带邓世昌，开足汽机，向日舰飞驰欲撞与同沉，未至而已覆溺，舟中二百五十人，同时殉难。盖中日全役，死事者以邓君为最烈云。其同时被圈出之"经远"，船群甫离，火势陡发，管带林永升，发炮以攻敌，激水以救火，依然井井有条。遇见一日舰，似已受伤，即鼓轮追之，乃被放水雷相拒，闪避不及，遽被轰裂，死难者亦二百七十人。呜呼惨矣！至管带"济远"之方伯谦，即七月间护送高升至牙山，途遇日舰逃回旅顺者也。是日两阵甫交，方伯谦先挂本船已受重伤之旗，以告主将，旋因图遁之故，亦被日船划出圈外。致、经两船，与日苦战，方伯谦置而不顾，如丧家狗，遂误至水浅处，时"扬威"铁甲先已搁浅，不能转动，"济远"撞之，裂一大穴，遂以沉没。"扬威"遭此横逆，死者百五十余人。方伯谦惊骇欲绝，飞遁入旅顺口。越日，李鸿章电令缚伯谦军前正法云。同时效方伯谦者，有广甲一舰，逃出阵外，未知其受伤与否，然以只防后追，不顾前路，遂误撞于岛石，为日军发水雷轰碎之。阵中自"经远""致远""扬威""超勇"沉，"济远""广甲"逃，与日舰支持者仅七艘耳。是役也，日舰虽或受重伤或遭小损，然未丧一艘，而华军之所丧盖五船矣。

海军既在大东沟被夷，陆军亦在平壤同时失事。平壤为朝鲜要镇，西南东三面，均有大江围绕，北面则枕崇山，城倚山崖，城东江水，绕山南迤西而去，西北隅则无山无水，为直达义州之孔道。我军叶志超、聂桂林、丰升阿、左宝贵、卫汝贵、马玉昆六将，共统勇丁三十四营，自七月中会齐此地，皆李鸿章部下也。当中国之初发兵于牙山也，副将聂士成曾建议，以为当趁日兵未入韩地之先，先以大兵渡鸭绿江，速据平壤，而以海军舰队扼仁川港口，使日本军舰不得逞。牙山成欢之兵，与北洋海军，既牵制日军，然后以平壤大军南袭韩城云云。李鸿章不能用。及七月廿九日，牙山败绩，此策遂废。

207

虽然，日兵之入韩也，正当溽暑铄金之时。道路险恶狭隘，行军非常艰险，又沿途村里贫瘠，无从因粮。韩人素慑我威，所至供给，呼应云动，其待日兵则反是。故敌军进攻平壤之际，除干粮之外，无所得食，以一匙之盐供数日云。当此之时，我军若晓兵机，乘其劳惫，出奇兵以迎袭之，必可获胜。乃计不出此，惟取以主待客、以逸待劳之策，恃平壤堡垒之坚，谓可捍敌，此失机之大者也。李鸿章于八月十四日所下令，精神全在守局而不在战局。盖中日全役皆为此精神所误也。

时依李鸿章之部署，马玉昆率所部毅军四营绕出江东，为犄角势。卫、丰二军十八营驻城南江岸，左军六营守北山城上，叶、聂两帅居城中。十二、三、四等日，日兵已陆续齐集平壤附近。互相挑战，彼此损伤不多。至十五日晚，敌部署已定，以右翼队陷大同江左岸桥里之炮台，更渡江以冲平壤之正面，而师团长本队为其后援，以左翼队自羊角岛下渡大同江，冲我军之右。十六日，在大同江岸与马军相遇剧战，敌军死伤颇多，炮台卒被陷。时左宝贵退守牡丹台，有七响之毛瑟枪及快炮等，鏖战颇力，敌军连发开花炮，宝贵负伤卒，兵遂大乱。午后四点半钟，叶志超急悬白旗，乞止战。是夜全师纷纷宵遁，从义州、甑山两路，为敌兵截杀，死者二千余人，平壤遂陷。

是役也，李鸿章二十余年所练之兵，以劲旅自夸者，略尽矣。中国军备之弛，固久为外国所熟知。独淮军、奉军、正定练军等，素用洋操，鸿章所苦心经营者，故日本慑其威名，颇惮之。既战胜后，其将领犹言非始愿所及也。其所以致败之由，一由将帅阘冗非人，其甚者如卫汝贵克扣军饷，临阵先逃，如叶志超饰败为胜，欺君邀赏，以此等将才临前敌，安得不败！一由统帅六人，官职权限皆相等，无所统摄，故军势散涣，呼应不灵。盖此役为李鸿章用兵败绩之始，而淮军声名，亦从此扫地以尽矣。

久练之军，尚复尔尔，其他仓卒新募，纪律不谙，器械不备者，更何足道。自平壤败绩以后，庙算益飘摇无定，军事责任，不专在李鸿章一人，兹故不详叙之，仅列其将帅之重要者如下：

一、	依克唐阿	奉天将军	满洲马队	以光绪二十年八月派为钦差大臣
二、	宋庆	提督	新募军	以光绪二十年派为总统前敌各军
三、	吴大澂	湖南巡抚	湘军	以光绪二十年十二月派为帮办军务大臣
四、	刘坤一	两江总督	湘军	光绪二十年十二月派为钦差大臣

其余先后从军者，则有承恩公桂祥（慈禧太后之胞弟），副都统秀吉之神机营马步兵；按察使陈湜，布政使魏光焘，道员李光久，总兵刘树元，编修曾广钧，总兵余虎恩，提督熊铁生等之湘军；按察使周馥，提督宗德胜等之淮军；副将吴元恺之鄂军；提督冯子材之粤勇；提督苏元春之桂勇；郡王哈咪之回兵；提督闪殿魁新募之京兵；提督丁槐之苗兵；侍郎王文锦，提督曹克忠奉旨团练之津胜军；某蒙员所带之蒙古兵。其间或归李鸿章节制，或归依克唐阿节制，或归宋庆节制，或归吴大澂节制，或归刘坤一节制，毫无定算，毫无统一。识者早知其无能为役矣。

九连城失，凤凰城失，金州失，大连湾失，岫岩失，海城失，旅顺口失，盖平失，营口失，登州失，荣城失，威海卫失，刘公岛失，海军提督丁汝昌，以北洋败残兵舰，降于日本，于是中国海防兵力遂尽。兹请更将李鸿章生平最注意经营之海军，重列一表，以志末路之感：

经远	铁甲船	沉	黄海
致远	钢甲船	沉	黄海
超勇	钢甲船	沉	黄海
扬威	钢甲船	火	黄海
捷顺	水雷船	夺	大连湾
失名	水雷船	沉	旅顺口外
操江	木质炮船	夺	丰岛冲
来远	铁甲船	沉	威海卫
威远	练习船	沉	威海卫
龙福	水雷船	夺	刘公岛外
靖远	钢甲船	沉	刘公岛外
定远	铁甲船	降	刘公岛中
镇远	铁甲船	降	刘公岛中
平远	钢甲船	降	刘公岛中
济远	钢甲船	降	刘公岛中
威远	木质船	降	刘公岛中

其余尚有"康济""湄云"之木质小兵船,"镇北""镇边""镇西""镇中"之四蚊子船,又水雷船五,炮船三,凡刘公岛湾内或伤或完之船,大小二十三艘,悉为日有。其中复有广东水师之"广甲""广丙""广乙"三船,或沉或降。自兹以往,而北洋海面数千里,几不复有中国之帆影轮声矣。

当中日战事之际,李鸿章以一身为万矢之的,几于身无完肤,人皆欲杀。平心论之,李鸿章诚有不能辞其咎者,其始误劝朝鲜与外国立约昧于公法,咎一;既许立约,默认其自主,而复以兵干涉其内乱,授人口实,咎二;日本既调兵势固有进无退,而不察先机,辄欲倚赖他国调停,致误时日,咎三;聂士成请乘日军未集之时,以兵直捣韩城以制敌而不能用,咎四;高丽事未起之前,丁汝昌请以北洋海军先麾敌舰,而不能用,遂令反客为主,敌坐大而我愈危,综其原因,皆由不欲衅自我开,以为外交之道应尔,而不知当甲午五、六月间,中日早成敌国,而非友邦矣,误以交邻之道施诸兵机,咎五;鸿章将自解曰:量我兵力不足以敌日本,故惮于发难也。虽然,身任北洋整军经武二十年,何以不能一战？咎六；彼又将自解曰："政府掣肘，经费不足也。"虽然，此不过不能扩充已耳，何以其所现有者，如叶志超、卫汝贵诸军，素以久练著名，亦脆弱乃尔，且克减口粮盗掠民妇之事，时有所闻，乃并纪律而无之也，咎七；枪或苦窳，弹或赝物，弹不对枪，药不随械，谓从前管军械局之人皆廉明，谁能信之，咎八；平壤之役，军无统帅，此兵家所忌，李乃蹈之，咎九；始终坐待敌攻，致于人而不能致人，畏敌如虎，咎十；海军不知用快船快炮，咎十一；旅顺天险，西人谓以数百兵守之，粮食苟足，三年不能破，乃委之于所亲昵阘冗愞怯之人，闻风先遁，咎十二。此皆可以为李鸿章罪者。若夫甲午九十月以后，则群盲狂吠，筑室道谋，号令不出自一人，则责备自不得归于一点。若尽以为李鸿章咎，李固不任受也。

又岂惟不任受而已，吾见彼责李罪李者，其可责可罪，更倍蓰于李而未有已也。是役将帅无一人不辱国，不待言矣。然比较于百步五十步之间，则海军优于陆军，李鸿章部下之陆军，又较优于他军也。海军大东沟一役，彼此鏖战五点余钟，西人观战者咸啧啧称赞焉。虽其中有如方伯谦之败类（或谓伯谦实为救火保船，海军兵机当尔云），然余船之力斗者固可以相偿，即敌军亦起敬也。故日本是役，惟海军有敌手，而陆军无敌手。及刘公岛一役，食尽援绝，降敌以全生灵，殉身以全大节，盖前后死难者、邓世昌、林泰曾、丁汝昌、刘步蟾、张文宣，虽其死所不同，而咸有男儿之概，君子悲之。诸人者皆北洋海军最要之人物也，以视陆军之全无心肝者何如也？陆军不忍道矣。然平壤之役，犹有左宝贵、马玉昆等一二日之剧战，是李鸿章部下之人也，敌军死伤相当。其后欲恢复金州、海城、凤凰城等处，及防御盖平，前后几度，皆曾有与日本苦战之事，虽不能就，然固已尽力矣，主之者实宋庆，亦李鸿章旧部也。是固不足以偿叶志超、卫汝贵、黄仕林、赵怀业、龚照玙等之罪乎。虽然，以比诸吴大澂之出劝降告示，未交锋而全军崩溃者何如？以视刘坤一之奉命专征，逗留数月不发者何如？是故，谓中国全国军旅皆腐败可也，徒归罪于李鸿章之淮军不可也。而当时盈廷虚骄之气，若以为一杀李鸿章，则万事皆了，而被峨冠博带，指天画地者，遂可以气吞东海，舌撼三山，盖湘人之气焰尤咻咻焉。此用湘军之议所由起也。乃观其结局，岂惟无以过淮军而已，又更甚焉。嘻，可以愧矣。吾之为此言，非欲为淮军与李鸿章作冤词也。吾于中日之役，固一毫不能为李淮恕也，然特恶夫虚骄器张之徒，毫无责任，而立于他人之背后，摭其短长以为快谈，而迄未尝思所以易彼之道，盖此辈实亡国之利器也。李固可责，而彼辈又岂能责李之人哉？

是役也，李鸿章之失机者固多，即不失机而亦必无可以幸胜之理。盖十九世纪下半纪以来，各国之战争，其胜负皆可于未战前决之。何也？世运愈进于文明，则优胜劣败之公例愈确定。实力之所在，即胜利之所在，有丝毫不能假借者焉。无论政治、学术、商务，莫不皆然，而兵事其一端也。日本三十年来，刻意经营，上下一心，以成此节制敢死之劲旅，孤注一掷以向于我，岂无所自信而敢乃尔耶？故及其败然后知其所以败之由，是愚人也，乃或及其败而犹不知其致败之由，是死人也。然则徒罪李鸿章一人，乌呼可哉？

西报有论者曰："日本非与中国战，实与李鸿章一人战耳。"其言虽稍过，然亦近之。不见乎各省大吏，徒知画疆自守，视此事若专为直隶、满洲之私事者然，其有筹一饷出一旅以相急难者乎？即有之，亦空言而已。乃至最可笑者，刘公岛降舰之役，当事者致书日军，求放还广丙一船，书中谓此舰系属广东，此次战役，与广东无涉云云。各国闻者，莫不笑之，而不知此语实代表各省疆臣之思想者也。若是乎，日本果真与李鸿章一人战也。以一人而战一国，合肥合肥，虽败亦豪哉！

自是而李鸿章兵事上之声誉终，而外交上之困难起。

第八章　外交家之李鸿章（上）

李鸿章之负重望于外国也以外交，李鸿章之负重谤于中国也亦以外交。要之李鸿章之生涯，半属外交之生涯也。欲断定其功罪，不可不以外交为最大之公案。故于此事特留意焉。

李鸿章办外交以天津教案为首。时值发、捻初平，内忧甫弥，无端而有津民戕教焚法国领事馆之事起（同治九年）。法人藉端要挟，联英、美以迫政府，其欲甚奢。曾国藩方任直隶总督，深察此事之曲在我，而列国蹊田夺牛手段，又非可以颟顸对付也。乃曲意弥缝，镇压津民，正法八人，议罪二十余人。而法人之心犹未厌，必欲重索赔款，且将天津知府、知县置诸重典。国藩外之应付西人，已极竭蹶，而内之又为京师顽固党所掊击，呼为卖国贼（京师湖广会馆将国藩匾落拔除摧烧，即此时也），白简纷纭，举国欲杀。于是通商大臣崇厚，恐事决裂，请免国藩而以鸿章代之。明诏敦促赴任，是为李鸿章当外交冲要之滥觞，实同治九年八月也。

彼时之李鸿章，殆天之骄子乎，顺风张帆，一日千里，天若别设一位置以为其功名之地。当其甫受任督直隶也，普法之战顿起，法人仓皇自救不复他及，而欧美各国亦复奔走相顾，且汗且喘，以研究西方之大问题，而此东方小问题，几莫或措意。于是天津教案，遂销沉于若有若无之间。中国当时之人，无一知有世界大局者，以普法一役如此惊天动地之大事，固咸熟视无睹，以为是李鸿章之声望韬略，过于曾国藩万万也。于是鸿章之身价顿增。

天津教案以后，日本战事以前，李鸿章所办交涉事件以十数，而其关系最重者，为法国安南之役，日本朝鲜之役。光绪八年，法国有事于安南，眈眈逐逐，思大有所逞。与中国既定约，而复借端毁弃之。于是中法战事开，法水师提督格鲁比，预定战略，其海军先夺海南，次踞台湾，直捣福州，歼我舰队，其陆军则自越之东京，出略云南、贵州，如是则水陆两者必大有所获，将来东方权力，可以与英国争衡。于是格鲁比一面电达本国，请给军需并增派军队，一面乘福州之无备，轰我船厂，坏我兵船，一面以陆军迫东京。当时南方之天地，大有风云惨淡之观，李鸿章乃行伐谋伐交之策，思嗾英、德以牵制法人。时曾纪泽方充英使，受命办此事。虽未能成，而法政府因之有所顾忌，增兵筹饷之案，在议院否决。格鲁比时方攻台湾之淡水不能下，安南之陆兵，又为黑旗所持，不得行其志，忽接此案否决之报，大愤几死。法人乃先请和于我。李鸿章此役以后，其外交手段，始为欧人所注视矣。

当法事之方殷也，朝鲜京城又有袭击日本使馆之事，盖华兵、韩兵皆预有谋焉。朝鲜之为藩属、为自主，久已抗议于中日两国间。纠葛未定，日本乘我多事之际，派伊藤博文来津交涉。乃方到而法人和局已就，李鸿章本有一种自大之气，今见虎狼之法，尚且帖耳就范，蕞尔日本，其何能为？故于伊藤之来也，傲然以临之。彼伊藤于张、邵议和之时，私语伍廷芳，谓前在天津见李中堂之尊严，至今思之犹悸，盖得意时泄宿憾之言也。伊藤此行，亦不能得志，仅约他日朝鲜有事，甲国派兵往，须先照会乙国而已，所谓《天津条约》者是也。虽然，此约竟为后此中日开衅之引线矣。

213

李鸿章对朝鲜之外交，种种失策，前章已言之矣。然因此之故，《天津条约》，遂至变为《马关条约》。呜呼！庄生有言："其作始也简，其将毕也巨。"善弈者每于至闲之着，断断不肯放过。后有当此局者，可无慎欤。战事至甲午之冬，中国舍求和外，更无长策。正月，乃派张荫桓、邵友濂讲于日本。日本以其人微言轻也，拒不纳。乃更派李鸿章。二月遂行，随带参赞李经方等，以二十四日抵马关，与日本全权大臣伊藤博文、陆奥宗光开议。翌日首议停战条件，日本首提议以大沽、天津、山海关三处为质。辩论移时，不肯少让，乃更议暂搁停战之议，即便议和。伊藤言："既若尔则须将停战之节略撤回，以后不许再提及。"彼此磋磨未决。及二十八日，第三次会议，归途中，突遇刺客，以枪击鸿章，中左颧，枪子深入目下，一晕几绝日官闻警来问状者，络绎不绝，伊藤、陆奥亦躬诣慰问，谢罪甚恭，忧形于色。日皇及举国臣民同深震悼，遂允将中国前提出之停战节略画押。口舌所不能争者，藉一枪子之伤而得之。亏是议和前一节，略有端绪。当遇刺之初，日皇遣御医、军医来视疾，众医皆谓取出枪子，创乃可疗，但虽静养多日，不劳心力云。鸿章慨然曰："国步艰难，和局之成，刻不容缓，予焉能延宕以误国乎？"宁死无刺割。之明日，或见血满袍服，言曰："此血所以报国也。"鸿章潸然曰："舍予命而有益于国，亦所不辞。"其慷慨忠愤之气，君子敬之。

遇刺后将旨慰劳，并派李经方为全权大臣，而李鸿章实一切自行裁断，虽创剧偃卧，犹口授事机，群医苦之。三月初七日，伊藤等将所拟和约底稿交来。十一日，李备复文，将原约综其大纲分四款，一朝鲜自主，二让地，三兵费，四通商权利。除第一朝鲜自主外，余皆极力驳议。十五日，复另拟一约底送去，即拟请赔兵费一万万两，割奉天南四厅县地方等，日本亦条条驳斥。十六日，伊藤等又备一改定约稿寄来，较前稍轻减，即《马关条约》之大概也。是日鸿章创已愈，复至春帆楼与日本全权大臣面议。刻意磋磨。毫无让步。惟有声明若能于三年内还清偿款，则一律免息，及威海卫驻兵费，减一半耳。今将其条约全文列下：

大日本帝国大皇帝陛下，及大清帝国大皇帝陛下，为订定和约，俾两国及其臣民重修平和，共享幸福，且杜绝将来纷纭之端，大日本帝国大皇帝陛下，特简大日本帝国全权办理大臣内阁总理大臣从二位勋一等伯爵伊藤博文，大日本帝国全权办理大臣外务大臣从二位勋一等子爵陆奥宗光，大清帝国大皇帝陛下，特简大清帝国钦差头等全权大臣太子太傅文华殿大学士北洋通商大臣直隶总督一等肃毅伯爵李鸿章，大清帝国钦差全权大臣二品顶戴前出使大臣李经方，为全权大臣，彼此较阅所奉谕旨，认明均属妥实无阙，会同议定各条款，开列于左：

第一款　中国认明朝鲜国确为完全无缺之独立自主，故凡有亏损独立自主体制，即如该国向中国所修贡献典礼等，嗣后全行废绝。

第二款　中国将管理下开地方之权，并将该地方所有堡垒、军器工厂，及一切属公物件，永远让与日本。

一、下开划界以内之奉天省南边地方，从鸭绿江口，溯该江以抵安平河口，又从该河口，划至凤凰城、海城及营口而止。面成折线以南地方，所有前开各城市邑，皆包括在划界线内。该线抵营口之辽河后，即顺流至海口止。彼此以河中心为分界。辽东湾东岸，及黄海北岸，在奉天所属诸岛屿，亦一并在所让界内。二、台湾全岛，及所有附属各岛屿，三、澎湖列岛，即英国格林威治东经百十九度起，至百二十度止，北纬二十三度起，至二十四度之间诸岛屿。

第三款　前款所载，及黏附本约之地图。所划疆界，俟本约批准互换之后，两国应各选派官员二名以上，为公同划定疆界委员，就地踏勘，确定划界。若遇本约所订疆界，于地形或治理所关，有碍难不便等情，各该委员等，当妥为参酌更定。各该委员等，当从速办理界务，以期奉委之后，限一年竣事。但遇各该委员等，有所更定划界，两国政府，未经认准以前，应据本约所定划界为正。

第四款　中国约将库平银贰万万两，交与日本，作为赔偿军费。该款分作八次交完，第一次五千万两，应在本约批准互换后六个月内交清；第二次五千万两，应在本约批准互换后十二个月内交清；余款平分六次，递年交纳，其法列下：第一次平分递年之款，于两年内交清，第二次于三年内交清，第三次于四年内交清，第四次于五年内交清，第五次于六年内交清，第六次于七年内交清。其年分均以本约批准互换之后起算。又第一次赔款交清后，未经交完之款，应按年加每百抽五之息。但无论何时，将应赔之款，或全数，或几分，先期交清，均听中国之便。如从条约批准互换之日起，三年之内，能全数清还，除将已付利息，或两年半，或不及两年半，于应付本银扣还外，余仍全数免息。

第五款　本约批准互换之后，限二年之内，日本准中国让与地方人民，愿迁居让与地方之外者，任便变卖所有产业，退去界外。但限满之后，尚未迁徙者，均宜视为日本臣民。又台湾一省，应于本约批准互换后，两国立即各派大员至台湾，限于本约批准互换后两个月内交接清楚。

第六款　日中两国所有约章，因此次失和，自属废绝。中国约俟本约批准互换之后，速派全权大臣，与日本所派全权大臣，会同课立通商行船条约，及陆路通商章程。其两国新计约章，应以中国与泰西各国现行约章为本。又本约批准互换之日起，新订约章未经实行之前，所有日本政府官吏臣民，及商业工艺行船船只陆路通商等，与中国最为优待之国，礼遇护视，一律无异。中国约将下开让与各款，从两国全权大臣画押盖印日起，六个月后、方可照办。第一，现今中国已开通商口岸之外，应准添设下开各处，立为通商口岸，以便日本臣民，往来侨寓，从事商业工艺制作。所有添设口岸，均照向开通商海口，或向开内地镇市章程，一体办理。应得优例及利益等，亦当一律享受。一、湖北省荆州府沙市，二、四川省重庆府，三、江苏省苏州府，四、浙江省杭州府。日本政府得派遣领事官于前开各口驻扎。第二，日本轮船，得驶入下开各口，附搭行客，装运货物。一、从湖北省宜昌溯长江以至四州省重庆府，二、从上海驶进吴淞江及运河，以至苏州府、杭州府。日中两国，未经商定行船章程以前，上开各口行船，务依外国船只驶入中国内地水路，现行章程照行。第三，日本臣民在中国内地，购买经工货件，若自生之物，或将进口商货，运往内地之时，欲暂行存栈，除勿庸输纳税钞，派征一切诸费外，得暂租栈房存货。第四，日本臣民，得在中国通商口岸城邑，任便从事各项工艺制造，又得将各项机器，任便装运进口，只交所订进口税。日本臣民，在中国制造一切货物，其于内地运送税、内地税、钞课杂派，以及在中国内地，沾及寄存栈房之益，即照日本臣民，运入中国之货物，一体办理。至应享优例豁除，亦莫不相同。嗣后如有因以上加让之事，应增章程规条，即载入本款所称之行船通商条约内。

第七款　日本军队现驻中国境内者，应于本约批准互换之后三个月内撤回，但须照次款所定办理。

216

第八款　中国为保明认真实行约内所订条款，听允日本军队，暂行占守山东省威海卫。又于中国将本约所订第一、第二两次赔款交清，通商行船约章，亦经批准互换之后，中国政府，与日本政府，确定周全妥善办法，将通商口岸关税，作为剩款并息之抵押，日本可允撤回军队。倘中国政府不即确定抵押办法，则未经交清末次赔款之前，日本应不允撤回军队。但通商行船约章未经批准互换以前，虽交清赔款，日本仍不撤回军队。

第九款　本约批准互换之后，两国应将是时所有俘虏，尽数交还。中国约将由日本所还俘虏，并不加以虐待，若或置于罪戾。中国约将认为军事间谍，或被嫌逮系之日本臣民，即行释放。并约此次交仗之间，所有关涉日本军队之中国臣民，概予宽贷，并饬有司不得擅为逮系。

第十款　本约批准互换日起，应按兵息战。

第十一款　本约奉大日本帝国大皇帝陛下，及大清帝国大皇帝陛下，批准之后，定于明治二十八年五月初八日，即光绪二十一年四月十四日，在烟台互换。

观李鸿章此次议和情状，殆如春秋齐国佐之使于晋，一八七〇年法爹亚士之使于普。当戎马压境之际，为忍气吞声之言，旁观尤为酸心，况鸿章身历其境者。回视十年前天津定约时之意气，殆如昨梦。嗟乎！应龙入井，蝼蚁困人，老骥在枥，驽骀目笑，天下气短之事，孰有过此者耶？当此之际，虽有苏张之辩，无所用其谋，虽有贲育之力，无所用其勇。舍卑词乞怜之外，更有何术？或者以和议之速成为李鸿章功，固非也，虽无鸿章，日本亦未有不和者也，而或者因是而丛垢于李之一身，以为是秦桧也，张邦昌也，则盍思使彼辈处李之地位，其结局又将何如矣。要之李之此役，无功焉，亦无罪焉。其外交手段，亦复英雄无用武之地。平心论之，则李之误国，在前章所列失机之十二事，而此和议，不过其十二事之结果，无庸置论者也。

第九章　外交家之李鸿章（下）

三国代索辽东

中俄密约

李鸿章历聘欧洲

任外交官时代

胶州之役

旅顺大连威海广州湾九龙之役

李鸿章出总署

218

　　十九世纪之末，有中东一役，犹十八世纪之末，有法国革命也。法国革命，开出十九世纪之欧罗巴，中东一役，开出二十世纪之亚细亚。譬犹红日将出，鸡乃先鸣，风雨欲来，月乃先晕，有识者所能预知也。当中日未战以前，欧人与华人之关系、不过传教通商二事。及战后数年间，而其关系之紧密，视前者骤增数倍。至今日，则中国之一举一动，皆如与欧人同体相属，欲分而不能分矣。此其故由于内治之失政者半，由于外交之无谋者亦半。君子读十年来中外交涉史，不禁反而掩袖涕涔涔下也。

　　战事之前，中国先求调停于英俄，此实导人以干涉之渐也。其时日人屡言，东方之事，愿我东方两国自了之，无为使他国参于其间。顾我政府蓄愤已甚，不能受也，惟欲嗾欧人以力胁日本。俄使回言："俄必出力，然今尚非其时。"盖其处心积虑，相机以逞，固早有成算矣。乙未三月，李鸿章将使日本，先有所商于各国公使。俄使喀希尼曰："吾俄能以大力拒日本，保全中国疆土，惟中国必须以军防上及铁路交通上之利便以为报酬。"李乃与喀希尼私相约束，盖在俄使馆密议者数日夜云。欧力东渐之机，盖伏于是。

　　当时中国人欲借欧力以拒日者，不独李鸿章而已，他人殆有甚焉。张之洞时署江督，电奏争和议曰："若以赂倭者转而赂俄，所失不及其半，即可转败为胜。恳请饬总署及出使大臣，与俄国商订密约，如肯助我攻倭，胁倭尽废全约，即酌量划分新疆之地以酬之，许以推广商务。如英肯助我，报酬亦同。"约云云。当时所谓外交家者，其眼光手段，大率类是，可叹。

马关定约，未及一月，而俄国遂有与德、法合议逼日本还我辽东之事。俄人代我取辽，非为我计，自为计也。彼其视此地为己之势力范围，匪伊朝夕。故决不欲令日本得鼾睡于其卧榻之侧也。故使我以三十兆两代彼购还辽东于日本之手，先市大恩于我，然后徐收其成。俄人外交手段之巧，真不可思议。而李鸿章一生误国之咎，盖未有大于是者，李鸿章外交之历史，实失败之历史也。

还辽事毕，喀希尼即欲将前此与李私约者，提出作为公文，以要求于总署。值物议沸腾。皇上大怒，鸿章罢职，入阁闲居，于是暂缓其请，以待时机。丙申春间，有俄皇加冕之事，各国皆派头等公使往贺。中国亦循例派遣，以王之春尝充唁使，故贺使即便派之。喀希尼乃抗言曰："皇帝加冕，俄国最重之礼也，故从事斯役者，必国中最著名之人，有声誉于列国者方可。王之春人微言轻，不足当此责。可胜任者，独李中堂耳。"于是乃改派李为头等公使。喀希尼复一面贿通太后，甘诱威迫，谓还辽之义举，必须报酬、请假李鸿章以全权。议论此事。而李鸿章请训时，太后召见，至半日之久，一切联俄密谋，遂以大定。

李鸿章抵俄京圣彼得堡，遂与俄政府开议喀希尼所拟草约底稿。及加冕之期已近，往俄旧都莫斯科，遂将议定书画押。当其开议也，俄人避外国之注目，不与外务大臣开议，而使户部大臣当其冲。遂于煌煌巨典万宾齐集之时，行明修栈道暗度陈仓之计。而此关系地球全局之事，遂不数日而取决于樽俎之间矣。俄人外交手段之剽悍迅疾，真可羡可畏哉。时丙申四月也。

密约之事，其办订极为秘密，自中俄两国当事之数人外，几于无一知者。乃上海《字林西报》，竟于李鸿章历聘未归之时，得其密约原文，译录以登报上，盖闻以重金购之于内监云。其全文如下：

大清国大皇帝前于中日肇衅之后，因奉大俄罗斯国大皇帝仗义各节，并愿将两国边疆及通商等事，于两国互有益者，商定妥协，以固格外和好，是以特派大清钦命督办军务处王大臣为全权大臣，会同大俄罗斯国钦差出使中国全权大臣一等伯爵喀，在北京商定，将中国之东三省火车道接连俄国西伯利亚省之火车道，以冀两国通商往来迅速，沿海边防坚固，并议专条以答代索辽东等处之义。

第一条　近因俄国之西伯利亚火车道竣工在即。中国允准俄国将该火车道一由俄国海参崴埠续造至中国吉林珲春城，又向西北续至吉林省城止。一由俄国境某城之火车站续造至中国黑龙江之瑷珲城，又向西北续至齐齐哈尔省城，又至吉林伯都讷地方，又向东南续造至吉林省城止。

第二条　凡续造进中国境内黑龙江及吉林各火车道，均由俄国自行筹备资本，其车道一切章程，亦均依俄国火车条程，中国不得与闻。至其管理之权，亦暂行均归俄国。以三十年为期。过期后，准由中国筹备资本估价将该火车道并一切火车机器厂房屋等赎回。惟如何赎法，容后再行妥酌。

第三条　中国现有火车路拟自山海关续造至奉天盛京城，由盛京接续至吉林。倘中国日后不便即时造此铁路者，准由俄国备资由吉林城代造，以十年为期赎回。至铁路应由何路起造，均照中国已勘定之道接续至盛京并牛庄等处地方止。

第四条　中国所拟续造之火车道，自奉天至山海关、至牛庄、至盖平、至金州、至旅顺口以及至大连湾等处地方，均应仿照俄国火车造，以期中俄彼此来往通商之便。

第五条　以上俄国自造之火车道所经各地方，应得中国文武官员照常保护，并应优待火车道各站之俄国文武各官，以及一切工匠人等。惟由该火车道所经之地，大半荒僻，犹恐中国官员不能随时保护周详，应准俄国专派马步各兵数队驻扎各要站，以期妥护商务。

第六条　自造成各火车道后，两国彼此运进之货，其纳税章程。均准同治元年二月初四日中俄陆路通商条约完纳。

第七条　黑龙江及吉林长白山等处地方所产五金之矿，向有禁例，不准开挖。自此约定后，准俄国以及本国商民随时开采，惟须应先行禀报中国地方官具领护照，并按中国内地矿务条程，方准开挖。

第八条　东三省虽有练军，惟大半军营仍系照古制办理。倘日后中国欲将各省全行改仿西法，准向俄国借请熟悉营务之武员来中国整顿一切，其章程则与两江所请德国武员条程办理无异。

第九条　俄国向来在亚细亚洲无周年不冻之海口，一时该洲若有军务，俄国东海以及太平洋水师，诸多不便，不得随时驶行。今中国因鉴于此，是以情愿将山东省之胶州地方暂行租与俄国，以十五年为限。其俄国所造之营房、栈房、机器厂、船坞等类，准中国于期满后估价备资买入。但如无军务之急，俄国不得即时屯兵据要，以免他国嫌疑。其赁租之款，应得如何办理，日后另有附条酌议。

第十条　辽东之旅顺口以及大连湾等处地方，原系险要之处。中国极应速为整顿各事，以及修理各炮台等诸要务，以备不虞。既立此约，则俄国允准将此二处相为保护，不准他国侵犯。中国则允准，将来永不能让与他国占踞。惟日后如俄国忽有军务，中国准将旅顺口及大连湾等地方，暂行让与俄国水陆军营泊屯于此，以期俄军攻守之便。

第十一条　旅顺口、大连湾等处地方，若俄国无军务之危，则中国自行管理，与俄国无涉。惟东三省火车道，以及开挖五金矿诸务，准于换约后即时便宜施行。俄国文武官员以及商民人等所到之处，中国官员理应格外优待保护，不得阻滞其游历各处地方。

第十二条　此约奉两国御笔批准后，各将条约照行。除旅顺口、大连湾及胶州诸款外，全行晓谕各地方官遵照。将来换约，应在何处，再行酌议。自画押之日起。以六个月为期。

《中俄密约》以前为一局面，《中俄密约》以后为一局面。盖近年以来列国之所以取中国者，全属新法：一曰借租地方也，二曰某地不许让于他国也，三曰代造铁路也，而其端皆自此密约启之。其第九条借租胶州湾，即后此胶、威、广、旅、大成嚆矢也。其第十条旅顺、大连不许让于他人，即各国势力范围之滥觞也。而铁路一端，断送祖宗发祥之地。速西伯利亚大路之成，开各国觊觎纷争之渐者，固无论焉。呜呼！牵一发，动全身，合九州，铸大错，吾于此举，不能为李鸿章恕焉矣。

或曰，此约由太后主之，督办军务处王大臣赞之，非鸿章本意云。虽然，莫斯科草约，定于谁氏之手乎？此固万无能为讳者也！自此约原文既登报章后，各国报馆，电书纷驰，疑信参半，无论政府、民间，莫不惊心动色。鸿章游历欧洲时，各国交相诘问，惟一味支吾搪塞而已。其年七月，莫斯科画押之草约，达北京。喀希尼直持之以与总署交涉。皇上与总署，皆不知有此事，愕怒异常，坚不肯允。喀希尼复贿通太后，甘言法语，诱胁万端。太后乃严责皇上，直命交督办军务处速办，不经由总理衙门。西历九月三十日，皇上挥泪批准密约。

李鸿章之贺俄加冕也，兼历聘欧洲，皆不过交际之常仪，若其有关于交涉者，则定密约与议增税两事而已。中国旧税则，凡进口货物，值百抽五。此次以赔款之故，欲增至值百抽七五。首商诸俄国。俄允之。次商诸德法，德法云待英国取进止。既至英，与宰相沙士勃雷提议。其时英与中国之感情甚冷落，且以《中俄密约》之故，深有疑于李鸿章，沙氏乃托言待商诸上海各处商人，辞焉。此事遂无所成。

李之历聘也，各国待之有加礼，德人尤甚，盖以为此行必将大购船炮枪弹，与夫种种通商之大利，皆于是乎在。及李之去，一无所购，欧人盖大失望云。李之至德也，访俾斯麦，其至英也，访格兰斯顿，咸相见甚欢，皆十九世纪世界之巨人也。八月，鸿章自美洲归国。九月十八日，奉旨在总理各国事务衙门行走。自兹以讫光绪廿四年戊戌七月，实为李鸿章专任外交时代。而此时代中，则德据胶州，俄据旅顺口、大连湾，英据威海卫、九龙，法据广州湾，实中国外交最多事、最危险之时代也。

还辽之役，倡之者俄，而赞之者德、法也。俄人既结密约，得绝大无限之权利于北方，踌躇满志，法人亦于光绪廿二年春夏间，得滇、缅、越间之瓯脱地，又得广西镇南关至龙州之铁路，惟德国则寂寂未有所闻。廿三年春，德使向总理衙门索福建之金门岛，峻拒不许，至十月而胶州之事起。

是役也，德国之横逆无道，人人共见。虽然，中国外交官，固有不得辞其咎者。夫始而无所倚赖于人，则亦已耳，既有倚赖，则固不得不酬之。能一切不酬则亦已矣，既酬甲酬乙，则丙亦宜有以酬之。三国还辽，而惟德向隅，安有不激其愤而速其变者？不特此也，《中俄密约》中声明将胶州湾借与俄人，是俄人所得权利，不徒在东三省而直侵入山东也。方今列国竞争优胜劣败之时。他国能无妒之？是德国所以出此横逆无道之举者，亦中国有以逼之使然也。岁十月，曹州教案起，德教士被害者二人。德人闻报，即日以兵船闯进胶州湾，拔华帜树德帜，总兵章高元掳焉。警报达总署，与德使开议。德使海靖惟威吓恐吓，所有哀乞婉商者，一切拒绝。欲乞援于他国，无一仗义责言，为我讼直者。迁延至两月有余，乃将所要挟六事，忍气吞声，一一允许，即将胶澳附近方百里之地，租与德国九十九年，山东全省铁路矿务，归德国承办等事，是也。

胶事方了，旋有一重大之波澜起焉。初李鸿章之定《马关条约》也，约以三年内若能清还，则一概免息，而前者所纳之息，亦以还我，又可省威海卫戍兵四年之费，共节省得银二千三百二十五万两。至是三年之期限将满，政府欲了此公案，议续借款于外国。廿三年十一月，俄人议承借此项，而求在北方诸省设铁路，及罢斥总税务司赫德二事。英人闻之，立与对抗，亦欲承借此款，利息较轻，而所要求者，一、监督中国财政，二、自缅甸通铁路于扬子江畔，三、扬子江一带不许让与他国，四、开大连湾为通商口岸，五、推广内地商务，六、各通商口岸皆免厘金。时总理衙门欲诺之，俄法两国忽大反对，谓若借英国款，是破列国均势之局也，日以强暴之言胁总署，总署之人，不胜其苦。正月，乃回绝各国，一概不借，而与日本商议，欲延期二十年摊还，冀稍纾此急难。不意日本竟不允许。当此之时，山穷水尽，进退无路，乃以赫德之周旋，借汇丰银行、德华银行款一千六百万镑，吃亏甚重，仅了此局。

胶州湾本为中俄密约圈内之地，今德国忽攫诸其怀而夺之，俄人之愤愤，既已甚矣，又遇有英德阻俄借款一事，俄人暴怒益烈。于是光绪二十四年正二月间，俄国索旅顺、大连湾之事起。李鸿章为亲订密约之人，欲办无可办，欲诿无可诿，卒乃与俄使巴布罗福新结一约：将旅顺口、大连湾两处及邻近相连之海面，租与俄国，以二十五年为期；并准俄人筑铁路从营口、鸭绿江中间，接至滨海方便之处。

俄人既据旅顺、大连，英国借口于均势之局，遂索威海卫。时日本之赔款方清，戍兵方退，英人援俄例借租此港，二十五年为期，其条约一依旅顺、大连故事。时李鸿章与英使反复辩难，英使斥之曰："君但诉诸俄使，勿诉诸我。俄使干休，我立干休。"李无词以对焉，狼狈之情，可悯可叹。所承其半点哀怜者，惟约他日中国若重兴海军，可借威海卫泊船之一事而已。

至是而中国割地之举，殆如司空见惯浑闲事矣。当俄、法与英为借款事冲突也，法人借俄之力，要求广州湾，将以在南方为海军根据地。其时英国方迫我政府开西江一带通商口岸，将以垄断利权，法人见事急，乃效德国故智，竟阄入广州湾，而后议借租之，以九十九年为期。中国无拒之力，遂允所谓。

英国又援均势之说，请租借九龙以相抵制，其期亦九十九年。定议画押之前一日，李鸿章与英使窦纳乐抗论激烈，李曰：虽租九龙，不得筑炮台于其山上。英使愤然拍案曰："无多言！我国之请此地，为贵国让广州湾于法以危我香港也！若公能废广州湾之约，则我之议亦立刻撤回。"鸿章吞声饮泪而已。时光绪二十四年四月十七日也。

至五月间，尚有英俄激争之一事起，即芦汉铁路与牛庄铁路事件是也。初盛宣怀承办芦汉铁路，于廿三年三月，与比利时某公司订定借款，约以本年西正月交第一次。及德占胶州后，该公司忽渝前盟，谓非改约，则款无所出。盛宣怀与李鸿章、张之洞等商，另与结约。而新结之约，不过以比利时公司为傀僦，而实权全在华俄银行之手。华俄银行者实不啻俄国政府银行也。以此约之故，而黄河以北之地，将尽入俄国主权之内，而俄人西伯利亚之铁路，将以彼得堡为起点，以汉口为终点矣。英人大妒之，乃提议山海关至牛庄之铁路归英国承办，将以横断俄国之线路。俄公使到总署，大争拒之，英俄两国，几于开战，间不容发，而皆以中国政府为磨心。万种难题，集于外交官数人之身。其时皇上方亲裁大政，百废具举，深恨李鸿章以联俄误国，乃以七月廿四日，诏鸿章毋庸在总理各国事务衙门行走，于时外交之风浪暂息，而李鸿章任外交官之生涯亦终矣。

[案　义和团时代李鸿章之外交，于第十一章论之。]

西人之论曰："李鸿章大手段之外交家也。"或曰："李鸿章小狡狯之外交家也。"夫手段狡狯，非外交家之恶德。各国并立，生存竞争，惟利是视。故西哲常言个人有道德，而国家无道德。试观列国之所称大外交家者，孰不以手段狡狯得名哉。虽然，李鸿章之外交术，在中国诚为第一流矣，而置之世界，则瞠乎其后也。李鸿章之手段，专以联某国制某国为主，而所谓联者，又非平时而结之，不过临时而嗾之，盖有一种战国策之思想，横于胸中焉，观其于法越之役，则欲嗾英德以制法，于中日之役，则欲嗾俄英以制日，于胶州之役，则又欲嗾俄英法以制德，卒之未尝一收其效，而往往因此之故，所失滋多。胶州、旅顺、大连、威海卫、广州湾、九龙之事，不得不谓此政策为之厉阶也。夫天下未有徒恃人而可以自存者。泰西外交家，亦尝汲汲焉与他国联盟，然必我有可以自立之道，然后可以致人而不致于人。若今日之中国，而言联某国联某国，无论人未必联我，即使联我，亦不啻为其国之奴隶而已矣，鱼肉而已矣。李鸿章岂其未知此耶？吾意其亦知之而无他道以易之也。要之，内治不修，则外交实无可办之理。以中国今日之国势，虽才十倍于李鸿章者，其对外之策，固不得不隐忍迁就于一时也。此吾所以深为李鸿章怜也。虽然，李鸿章于他役，吾未见其能用手段焉，独《中俄密约》，则其对日本用手段之结果也。以此手段，而造出后此种种之困难，自作之而自受之，吾又何怜哉？

[案　胶州以后诸役，其责任不专在李鸿章，盖恭亲王、张荫桓，皆总理衙门重要之人，与李分任其咎者也，读者不可不知。]

第十章　投闲时代之李鸿章

日本议和后入阁办事

巡察河工

两广总督

自同治元年以迄光绪二十七年，凡四十年间，李鸿章无一日不在要津。其可称为闲散时代者，则乙未三月至丙申三月间，凡一年，戊戌八月至庚子八月间凡两年而已。戊己庚之间，鸿章奉命治河，旋授商务大臣总督两广，在他人则为最优之差，而按之李鸿章一生历史，不得不谓为投闲也。其闲之又闲者，为乙丙之间入阁办事，及戊戌八月至十一月退出总理衙门，无可论述，至其治河治粤，固亦有异于常人者焉。附论及之，亦作史者之责任也。

中国黄河，号称难治。数千年政论家，皆以之为一大问题，使非以西人治密士失必河之法治之，则决不可以断其害而收其利。当戊戌八月以后，李鸿章方无可位置，于是政府以此役任之。此亦可为河防史上添一段小小公案也。今录其奏议所用比国工程师卢法尔勘河情形原稿如下：

一、雒口至盐窝沿河情形

河身　黄河自河南龙门口改道以来，水性趋下，由北而东，奔流山东，入大清河，遂取道入海。其始东奔西突，人力难施，至两年以后，河流已定，方筑堤岸。河流曲折，其堤岸亦因之而曲折。迨河流变迁，堤岸不能俱随之变迁。临水远近不等，然堤岸全无保护，任水漂刷。现在小水河面，约宽九十丈至一百五十丈，河底则深浅不一，有河面宽处，水深仅四五尺，不便行船者，有河面忽窄，水深至三丈者。河流朝夕改道，旋左旋右，临流之岸，即为冲刷，带至流缓之处，又淤为滩。官民则任水所为，向无善策，惟于险处救急，决处补葺。而沿河常见岸土，于四五足高处，塌陷入水，际此隆冬，水小流缓，尚且如此，化冻之后，大汛之时，水大流急，更当如何？下游低岸如此，上游土山一带，不问可知。无怪黄河泥沙之多，为五大洲群流之最也。大汛时堤内沙滩，全为漫淹，因河底浅深不一，河身亦俯仰不一，故流水速率，处处不同。且下游之地极平，每里高低，不逾五寸，河流甚缓。容水之地，日益以隘，淤垫日高，年复一年，险上加险。职此之故，堤外之地，较堤内之滩，有低一尺者，有低至七八尺者。监工路过杨史道口时，曾将河面测量，计水面宽百三十八丈，河底最深二丈三尺，流水速率一秒钟约四尺。按此推算，每秒钟过水之数，约五万七千四百五十六立方尺，容水面积约一万三千六百八十方尺。又在盐窝上游测量，计此处水面仅宽一百零二丈，河底最深一丈二尺，容水面积约九千一百八十方尺。斯时杨史道口尚未合笼，太溜半归决口，不走盐窝，理合声明。至盛涨时，过水数目，言人人殊。按照两处地方文武官员所指示水志，计杨史道口容水面积应系三万六千一百八十方尺。盐窝容水面积应在二万四千四百八十方尺。因大水速率，无从探询，致过水之数，不能复计。然不知进水之数，断难定河面宽窄堤岸远近之数也。计自雒口至盐窝约三百七十里。

民埝 滨河之堤，谓之民埝，系民所修，官所守，为现时东水最要之堤也。民埝距水，远近不等，有即在水滨者，有离水至三四里者，当时修造，任意为之，并无定理，甚至其弯曲有令人不可解者。其高低厚薄，亦各处互异，有高于现时水面九尺者，有高至一丈五尺者，高逾沙滩五尺至八尺不等，高逾堤外之地亦九尺至一丈五尺不等，其堤顶有宽二丈四尺者，有宽三丈六尺者，新筑之埝则较厚。忽高忽低，忽厚忽薄，其收坡亦斜直不同，良可异也。看守民埝，未甚周密，为水挖刷之处颇多，并无随时修理，积年累月，不至于决陷者几希。民埝皆以极松淤土为之，并无焦泥，入地不深。即有焦泥，不难挑取。埝顶可行大车、坐车、手车，轨道甚深，过路处或堤坡而上下，或截堤而低之。堤上筑盖民居，并不加宽培厚，凡此皆最易损堤者。查泰西各国堤工坡上种青草，不惮讲求，不惜巨费，盖草根最能护堤也。此处之堤，都不种草，一二处偶尔有草，为民芟除净尽，甚至连根拔起。据云系取以烧锅，或喂牲口，殊不知无草则堤难保，堤难保则水患不旋踵矣。愚民不思，其属可嗤。耙草之器，最能损堤，应悬厉禁，不准行用，此亦保堤之一道。盖草既拔去，堤复耙松，大风一起，堤土飞扬，堤顶遂逐渐而低，堤身亦逐渐而薄，此器为害，不亦大哉？沿河之堤，有种柳已成荫者，有初栽仅盈尺者。柳根最能固堤，应于沿河堤岸一律遍栽，设法保护，不准攀折。并行种藤，更为坚实，柳条藤条，俱可编埽，筑堤较秸料坚固远甚，且可随处就近取材，毋须更出资采买，一举两得，莫妙于此，何惮而不为之耶？

大堤　大堤系公家所修，距民埝甚远，而远近处处不周，且多弯曲，殊不可解。现在此堤虽有如无，大不可恃。堤上居民鳞次栉比，全成村落，即取堤土以筑其居，致堤残缺不全。且过路之处，切与地平，竟成大口。堤上坡上，亦多种麦，颇能损堤。盛涨时民埝尚决，大堤未有不溃者也。该堤宽处，其顶尚有三丈六尺，高一丈二尺至一丈六尺不等，然完整者绝少。闻杨史道口水决民埝竟能走溜入小清河，淹溺村落，贻害居民者，良以大堤旧口未修，使水有隙可乘耳，询诸河官，何以大堤之口不堵？据答百姓不愿，今若修大堤，则千余村之居民，必环起而攻等语。可见修大堤非特无益，且不洽舆情也。大堤之外，居民甚多，有数百十户成村者，有四五家自立门户者，或筑围堤自护，或建高阜而居，大抵皆预作防水之计。村外周围之地，颇属膏腴，居民即以之耕耘，以供饮啄。此外尚有斜堤拦坝，皆以保此村田者也，然残废亦与大堤同。若民埝出险，不足恃也。

险工　沿河一带，险工最多。凡顶冲之处，或已决之处，皆有工程。其工程磨盘埽居，多以秸料覆土，层垒为之，形如磨盘，或紧贴于岸，或接连于堤，其形势分歧不一，即高低厚薄，亦每埽不同，每埽错落参差，绝不相连，中仍走水，以使三面受敌，不知何意。鄙见数埽应一气呵成，不存罅隙，既省料工，更形坚固。且料埽入水，削如壁立，不作斜坡，适足以当冲，不能使水滑过，似非得法。至秸料亦非经久之物，因其中有心，质如灯草，最能吸水，使料易于腐烂，料烂则与沙土同。毫无劲力矣。监工曾见旧埽数处，虽形势相连，而根基已坏，一经盛涨，必即漂流，民埝定为所累，或云秸料为本地土产，用广价廉，舍此别无他料。诚能如监工前篇所言，多种藤柳，数年之后，便可足用，更毋须以巨万金钱造此不经久之事。或又云料埽原以挑水，一两年后，水已收道，料埽虽烂，亦复何虑。监工殊不谓然。若不改弦更张，恐抢险不过养疽耳。为今之计，虽无他料可用，其埽工应先行改式。傍岸者使之连成一片，作斜坡入水，以导其流，并须多用木桩，牵连于岸，以坚固麻绳系之，其护埽所抛之石，亦宜加粗加多，位置得法，方可御冲刷之力。监工曾见有以石块排于埽上者，镇压秸料，不使为风吹去，抑何可笑。此外尚有石堤，如北镇一带，尚称稳固，亦盐窝石堤，则已根底全虚，所未即坍圮者，赖尚有石灰粘凑，然亦不能久矣。

二、盐窝至海口尾闾情形

黄河尾闾，已由盐窝改道三次，首次向东北由铁门关入海，二次向东由韩家垣入海，三次向东南由丝网口入海。今谨将三处情形次第言之，尚有新挑引河一条，亦并论及。铁门关海口此系大清河尾闾。黄河改道山东以来，由此入海，历三十余年，至韩家垣决口，舍东北而向正东。今铁门关一道，前半已淤垫甚高，河身成为平地，莫可辨识，左右两堤，尽成村落。铁门关以下，堤已尽矣，一派黄沙，地极瘠苦。约距铁门关下游八里，河形复见有水直通于海。河边之地，虽系沙滩，而沙下不深，便有混土。河中之水，平时深约二尺，大潮可涨至三四尺，可至萧神庙，若东北风大作，可增至五六尺不等，由三沟子起有船只可以出海，往来烟台。此次因河冻地潮，不能出海察勘，仅至三沟子以下十里，满地苇草，大潮所经，遂返辔不复前进。据土人言，往下八里，已见寻常潮汐，再往下十二里，便为海滨。海口有拦门沙，潮退时，仅深二尺。此沙共长宽若干，未曾复勘，揣度必不甚小。计自盐窝至铁门关，海口约一百一十里。韩家垣海口，自韩家垣决口，黄河尾闾，取道于此，垂八九年，近复改道东南。韩家垣一带，已无黄河踪迹，惟自新萧神庙以下，距海约六十里之遥，复见河形，中亦有水，系最低之地，积水不消。闻距海约十一里，此河分为两溜，状如燕尾，然亦不深。海口亦有拦门沙，潮退时，直塞口门，不容河水泻出。此拦门沙露出水面，宽约二里。查韩家垣一道，并未筑堤。计自盐窝至韩家垣海口，约一百里。新挑引河，此河系于韩家垣决口之后，特于口门之下，挑挖一道，以便引水至萧神庙旧槽入海。然当时深仅四五尺，宽仅三丈，现在尚无此数。弯曲甚多，此河计长四十里，若取直共有二十五里，大约系循原有水道挑挖节省工费之故。河底以萧神庙、韩家垣两处，挖深三尺，便有泥土，亦有泥土竟见于地面者。周围各村，均有井，深一丈一尺，即可见水，泥在水中，不甚深也。铁门关附近，有烧瓦器之窑。该处土质，概可想见。丝网口海口现在黄河之由此口入海，漫散地上，并无河道。小水时分为多，溜底均不深，中有沙滩，正溜水底，深仅三四尺，有一两处最深，亦不过一丈。将近海口，则只有一尺四五寸，此处水面甚宽，约有三百丈之多。闻海口并无拦门沙，想系流缓溜浅，其沙已于地上停淤，无可再送入海也。查北岭子决口之时，尚有上游三处，同时开口，故丝网口水流不猛，北岭子门之树，至今犹竖水中，古庙一座，亦巍然独立，是其明验。若谓辛庄等处，房舍漂流，则系土屋不坚之故，非水力汹涌有以致之也。北岸于北岭子以下，并未设堤，惟以铁门关南堤为北岸，以护村落而已。南岸则由盐窝起新行接筑，一堤距水约远二里，计自盐窝至丝网口海口约九十里。

三、酌量应办治河事宜

治河如治病，必须先察其原。欲察其原，必须先按脉理，方知其病原之所在，然后施药。不特厥疾可疗，而且永无后患。若但按疮敷药，不问其毒发于何处，非良医之所为也。黄河在山东为患，而病原不在于山东。若只就山东治黄河，何异于按疮敷药？虽可一时止痛，而不久旧疾复作矣，盖其毒未消，其病根未拔也。夫水性犹人，初本善也，若不导之、教之，性乃迁矣。天之生水，原以养人，何尝以害人？乃人不知其性，不防其迁，遂使肆为暴虐，生民昏垫，国帑虚糜，终无底止。推原其故，良因治水仅就一隅，不筹全局。今若一误再误，恐徒劳无功耳。欲求一劳永逸，宜先就委窃原。由山东视黄河，黄河只在山东。由中国视黄河，则黄河尚有不在山东者，安知山东黄河之患，非从他处黄河而来？故就中国治黄河，黄河可治。若就山东治黄河，黄河恐终难治。请详言之，溯黄河之源，出于星宿海，取道甘肃，流入蒙古沙漠，改道多次，始至山西，已挟沙而来矣，道出陕西，又与渭水汇流，其质更浊，再穿土山向东而出，拖泥带水，直入河南，所至披靡、水益浑矣。此即黄河之病原也。下游之病良由此，主治之宜在病原加意。盖下游停淤之沙，系从上游拖带而来。上游地高，势如建瓴，且两面有山约束之，水流极速，沙不能停，迨一过荥泽，一派平原，水力遂杀，流缓则沙停。沙停则河淤，河淤过高，水遂改道，此自然之理。证诸往事，已有明证。惟一河改道，万姓遭殃，转于沟壑，死于饥寒，从古迄今，不知凡几。而黄河则南迁北徙，畅所欲为，以开封为中心，自辟半径之路，于扬子江北中间千五百里扇形之地，任意穿越，虽齐鲁诸大峰，亦难阻制。河水所经之处，沙停滩结，民叹其鱼，防不胜防，迄无良策，补偏救弊，劳民伤财，其祸较疾病刀兵尤为猛烈。然天下无不治之水，虽非易事，尚非人力难施。其法维何？曰求诸算学而已。

治法，夫治法岂易言哉！黄河延袤中国境内，计一万余里之长。地势之高低，河流之屈曲，水性之缓急，含沙之多少，向未详细考究，并无图表。问诸水滨，亦鲜有能答之者。今欲求治此河，有应行先办之事三：一、测量全河形势，凡河身宽窄深浅，堤岸高低厚薄，以及大水小水之浅深，均须详志。

二、测绘河图，须纤悉不遗。三、分段派人查看水性，较量水力，记载水志，考求沙数、并随时查验水力若干，停沙若干。凡水性沙性，偶有变迁，必须详为记出，以资参考。以上三事，皆极精细，而最关紧要者，非此无以知河水之性，无以定应办之工，无以导河之流，无以容水之涨，无以防患之生也。此三事未办，所有工程，终难得当，即可稍纡目前，不旋踵而前功尽隳矣。若测绘既详，考究复审，全局在握，便可参酌应办工程，以垂久远，犹须各省黄河，统归一官节制，方能一律保护，永无后患，但照此办理，经费必巨。然欲使一劳永逸，宜先筹计每年养河之费若干，堵筑之费若干，蠲免粮钱若干，赈济抚恤若干，财产淹没若干，民命死亡若干，并除弊后能兴利若干，积若干年共计若干，较所费之资，孰轻孰重，孰损孰益，不至于犹豫矣。按照图志，可以知某处水性地势，定其河身。由河身，即可定水流之速率，不使变更，水面之高低，不使游移。凡河底之浅深，河岸之坚脆，工料之松固，均可相因，无意外之虑。此皆算学精微之理，不能以意为之。定河身最为难事。须知盛涨水高若干，其性若何，停沙于河底者几多，停沙于滩面者几多，涨之高低、速率不同。定河身须知各等速率，方能使无论高低之涨，其速率均足刷沙入海。河形弯曲，致生险工，亦须酌改，然大非易事，非详慎推算不为功。盖裁弯取直则路近，路近则低率，即地势高低之数增。低率增则速率亦增，速率增则过水之数亦增，于盛涨时尤宜并上下游通行筹算后，方可裁去一弯。盖裁弯能生他险，不可不虑，此亦非但凭眼力可为之事。

河堤所资以束水者也，须并河身一同推算。即入水斜坡，统须坚固，以御异常盛涨，方不至误事。至堤之高低、厚薄，则视土性之松实，料质之坚脆耳。至应如何造法，亦须视水线高低，水力缓急。所需材料，总以能御水挖为妙，不必尽用石堤，亦毋庸尽用料埽，盖土堤筑造坚实，护以柳树草片，亦足以御寻常水力。查各国护河之堤，多以土为之，并无全用石工者。但须推算合法，位置得宜，看守不懈，勿任践踏耳。其石堤料场，只于险处用之。总而言之，可省者宜省，不可省者必不宜省，然非测算精详不可。监工兹绘堤式两种，似与黄河合宜，何处应用何式，则俟临时查勘，因地制宜，非谓全河均应改用也。惟无论需用何种材料，均须采择上品者方能坚久。大水时河流至堤根，小水时河流在两岸之中。而堤与岸均系松土，常为急流挟之以去，即化为沙，至流缓处，淤成高滩，积渐遂生危险。此固可虑，而尤可虑者，上游各土山随时坍塌入水，流至下游，为患甚烈。应行设法保护，于过水两岸，尽筑斜坡，先护以泥，再种草片，并多栽树木，以坚实之。有险之处，则宜于岸根打桩，以树枝编成筐，以泥土填成块，再叠石为墙，或砌石为坡，并抛大石块于水底，方足以御水力。其土山两旁，亦须抛石水底，再筑石墙于其上，以阻塌陷，如此则岸土不致为水拖带，河流可以渐清，河患自然日减。此系治河应办紧要之工程。大溜应教常走河之中间，宜在何处设法，此时不能预定。大约须于弯处水底多筑挑水坝，以导其流。挑水坝应用树枝，或用石块，则俟随时斟酌情形办理，惟秸料不能经久，且无劲力，则不可用。减水坝亦应讲求，以防异常盛涨，宜即设在堤边。应先测量地势，察勘情形，以河流之方向，定坝口之方向。此坝须以大石并塞门德土为之。坝后所挑之河，或已有之河，应筑坚堤约束，庶所过之水，不致以邻国为壑。此河亦须宽深不甚弯曲，且低于黄河，其河身实有容水之地，始能合用。黄河尾间海口高仰，复有拦门沙，致河水入海未畅。应用机器挖土船以挑挖之，然先筑海塘，再用机器，或可事半功倍。此海塘接长河堤入海，则水力益专，能将沙攻至海中深处，为海口必不可少之工程。再用机器于拦沙挖深一道，俾水力更激，可以自刷其余。此项工程，需费颇巨，然各国海口均有之，黄河何独不然？ 美国密西西比海口，奥国大牛白海口，前亦堵塞，今大轮船可以往来，是其明验。法国仙纳海口，前此亦有拦沙阻碍，行船最为险恶，旋经以大石填海，筑造海塘，高出大潮水面，两塘相距九十丈，塘成之日，海口竟深至二丈，至今船只称便。比国麦司海口，亦曾兴此大工。此外尚有多处，不胜枚举。

　　黄河延袤数省，关系国计民生极大。现时上游水至下游，不能即知。下游出险，上游事后方觉，声气不通，防范未能周密。应照永定河办法，沿河设立电线，按段通电，随时随事，报知全河官弁，俾患可预弭。此为刻不容缓之事。治河之工程，既已举行，守河之章程，亦宜厘定，俾一律恪遵，永远办理，方不致前功尽弃。查现在河防员弁，虽能克己奉公，而百姓践踏堤埠挑土砍柳锄草诸恶习，并未广为禁止。应妥定律例，严行厉禁，周密巡查，犯者惩治。堤上不准搭盖房屋，如须行车，必专筑马路之处，格外培厚，方不至于损堤。官弁随时稽查，稍有残缺不整，即为修补。如此则工程可永远完固，不致生意外之虞。黄河上游，应否建设闸坝，用以拦沙；或择大湖用以减水，亦应考。求治河有此办法，理合声明。上游之山，应令栽种草木，以杀水势。泰西各国，因山水暴发，屡次为灾，饬令于源头及濒水诸山栽种草木，水势遂杀，偶有一二处树木，被人私砍，水势即复猖狂，政府严行禁止，并设官专管树木。西人重视此事，是有效验之明证。查山水暴发，其故有二，一因山上土松，不能吸水；二因山势陡峭，无以阻水。若遍种树木，则树根既能坚土，又复吸水，且可杀其势，从容而下、不至倒泻。倘山上不宜种树，亦应种草，其功虽不及树木之大，亦终胜于无。法国颁行亚尔伯诸山种树律例以来，成效已大著矣。

四、现时应办救急事宜

前篇治河应办各事，既非旦夕之功。必俟全河详细测量，估计工料，妥筹办法。方臻美备。诚恐河流汹涌，迫不及持，亟应先办救急事宜。庶几现时灾患不生，将来治理较易，救急之事维何？曰培修堤岸，固筑险工，并疏通尾闾而已。至于更改河形以畅其流，展缩河身以顺其性，保护堤岸以阻其倾，各工程应俟日后从容办理，此时无暇及此。培修河堤之法，前篇已详言之，毋庸再赘。惟应以埝为堤。若大堤则相距太远，有河面过宽之患，又复残缺不整，修无可修，即修亦无益。各处险工，宜全行固筑，应派员全工察勘，估计工程。凡当冲之堤，已朽之埽，务即一律保护，其过低过薄之堤，亦应加高培厚。堤内临水之坡，应加泥一层，以种青草，并于堤根遍栽树木，设法禁人践踏。此为最急之务，速办为妙。有险处之堤根，或抛石或编坝以固之，亦须因地制宜。凡堤有所开过路之道，应即行修补，并于堤顶筑造石子马路，以便车马往来，不至损碍。尾闾海道，最宜妥定，铁门关、韩家垣现均淤塞，丝网口则水势散漫，并无河槽。查此项尾闾，择地者主见不一：有谓铁门关淤塞处应挑通使水仍复旧道者；有谓宜仍由韩家垣旧道者；有谓应由十六户挑引河直至铁门关以避盐窝险工者；有谓应由盐窝挑一直河仍由丝网口者；有谓应于蒲台县三岔河引水入海者；有谓黄河应于大马家挑河至孔家庄并入徒骇河使之入海者。大马家在利津上游八里之地，查徒骇河形颇弯曲，孔家庄河面约宽九十丈，小水水面约六十丈，两岸颇高，并未筑堤，大水约离岸尚低八尺，其上游于禹城以下，全已淤塞，海口约距孔家庄七十里，并无拦沙。鄙意黄河未治之先，其水不应走徒骇河，盖恐浊流入清，即使清者亦变为浊，未免可惜。如欲酌定一处，必须于各处详细测量，品地势之高低，察流水之方向。查现在武备学堂测量生颇具聪明，又复勤奋，四散测量，不遗余力，惜时日太促，未能详备，所绘之图，只能阅其大概，况各段河中过水之数，以及地之低率，无从查考。至引河河形，惟按海口之地甚平，引河以愈短愈直愈妙。盖河短势直，即低率亦增，流水较有力也。河身则以能容盛涨为度，两堤则以能束水为度，又须格外坚固，以防冲决。大约海口所有旧河槽，以不用为妙，以旧槽形皆曲折，堤亦不周备，不如另择新地酌量形势办理之为愈。今无论引河挑在何处，其海口必须有机器挖沙，不能恃水自刷，因河病未除，河沙未减，到处停淤之病，仍不能免，恐新挑之河，不久亦如旧口为沙堵塞不通也。鄙意引河河形，以能容水畅流为度，庶无意外之虑。减水坝为必不可少之件，应设何处，尚未详考。有人指示济南府城下游十八里，原有滚坝之处，似可合用。监工于归途便道履勘，见此坝距黄河尚有五里，原造之意，系引济南诸山清水入黄，以助攻沙，然向未启用。坝门甚小，只有一丈四尺，又与诸河不通，若欲用之，尚须另挑引河以通小清河。查小清河河身，仅足自容，盛涨时水已漫岸，又无河堤约束，若再将黄河灌入，势必漫漫，即济南省城亦恐遭淹溺。鄙意如欲减水，以入徒骇河为宜，然仍须测量筹算方可定议，惟徒骇河亦须加宽添筑河堤，方可合用。

以上四大端，皆系知无不言，言无不尽。是否有当，均候裁夺示遵。监工此番奉委勘河，常与司道大员及地方官合同查勘。虽各人看法稍异，而和衷共济，为国家宣劳，为中堂效命，以国计民生为怀，作一劳永逸之想，则不约而同。盖无分中外。咸欲赞成利国利民之大功，其胸中则毫无成见也。

卢法尔谨上。

李鸿章之督粤也，承前督李瀚章、谭钟麟之后，百事废弛已极，盗贼纵横，莲符遍地。鸿章至，风行雷厉，复就地正法之例，以峻烈忍酷行之，杀戮无算，君子病焉。然群盗慑其威名，或死或逃，地方亦赖以小安。而其最流毒于粤人者，则赌博承饷一事是也。粤中盗风之炽，其源实由赌风而来。盗未有不赌，赌未有不盗。鸿章之劝赌也，美其名曰缉捕经费，其意谓以抽赌之金为治盗之用也。是何异恐民之不为盗而以是诲之？既诲之而复诛之，君子谓其无人心矣。孟子曰："及陷于罪，然后从而刑之，是罔民也。"夫不教而刑，犹谓罔民，况劝之使入于刑哉？扬汤止沸，托薪救火，其老而悖耶？不然，何晚节末路，乃为此坏道德损名誉之业以遗后人也。或曰：鸿章知赌风之终不可绝，不如因而用之，以救政费之急。夫淫风固未易绝，而未闻官可以设女闾；盗风未易绝，而未闻官可以设山泊。此等义理，李鸿章未必不知。知之而复为之，则谓之全无心肝而已。

鸿章莅粤，拟行警察法于省城，盖从黄遵宪之议也。业未竟而去。

粤中华洋杂处，良莠不齐。狡黠之徒，常藉入教为护符，以鱼肉乡里，而天主教及其他教会之牧师，常或袒庇而纵恣之。十年以来，大吏皆阘冗无能，老朽濒死，畏洋如虎，以故其焰益张。李鸿章到粤，教民尚欲逞故技以相尝试。鸿章待其牧师等，一据正理，严明权限，不稍假借。经一二次后，无复敢以此行其奸者。噫嘻！以数十年老练之外交家，虽当大敌或不足，然此幺幺者，则诚不足以当其一嘘矣。今之地方官，以办教案为畏途者，其亦太可怜耳。

鸿章之来粤也，盖朝旨以康党在海外气势日盛，使之从事于镇压云。鸿章乃捕击海外义民之家族三人焉。无罪而孥，骚扰百姓，野蛮政体，莫此为甚。或曰：非李鸿章之意也。虽然，吾不敢为讳。

第十一章　李鸿章之末路

李鸿章最初之授江苏巡抚也，仅有虚名，不能到任；其最后之授直隶总督也，亦仅有虚名，不能到任。造化小儿，若故为作弄于其间者然。虽然，今昔之感，使人短气矣。鸿章莅粤未一年，而有义和团之事。义和团何自起？戊戌维新之反动力也。初，今上皇帝既以新政忤太后，八月之变，六贤被害。群小竞兴，而康有为亡英伦，梁启超走日本。盈廷顽固党，本已疾外人如仇雠矣，又不知公法，以为外国将挟康、梁以谋己也。于是怨毒益甚，而北方人民，自天津教案以至胶州割据以来，愤懑不平之气，蓄之已久，于是假狐鸣篝火之术、乘间而起。顽固党以为可借以达我目的也，利而用之。故义和团实政府与民间之合体也，而其所向之鹄各异：民间全出于公，愚而无谋，君子怜之；政府全出于私，悖而不道，普天嫉之。

235

使其时李鸿章而在直隶也，则此祸或可以不作，或祸作而鸿章先与袁、许辈受其难，皆未可知。而天偏不使难之早平，偏不令李之早死。一若特为李设一位置，使其一生历史更成一大结果者。至六月以后，联军迫京师，于是李鸿章复拜议和全权大臣之命。

当是时，为李鸿章计者曰，拥两广自立，为亚细亚洲开一新政体，上也；督兵北上，勤王剿拳，以谢万国，中也；受命入京，投身虎口，行将为顽固党所甘心，下也。虽然，第一义者，惟有非常之学识，非常之气魄，乃能行之，李鸿章非其人也。彼当四十年前方壮之时，尚不敢有破格之举，况八十老翁，安能语此？故为此言者，非能知李鸿章之为人也。第二义近似矣，然其时广东实无一兵可用，且此举亦涉嫌疑，万一廷臣与李不相能者，加以称兵犯阙之名，是骑虎而不能下也，李之衰甚矣！方日思苟且迁就，以保全身名，斯亦非其所能及也。虽然，彼固曾熟审于第三义，而有以自择，彼知单骑入都之或有意外，故迟迟其行；彼知非破京城后则和议必不能成，故逗留上海，数月不发。

两宫既狩，和议乃始。此次和议虽不如日本之艰险，而纠葛亦过之。鸿章此际，持以镇静，徐为磋磨，幸各国有厌乱之心，朝廷有悔祸之意，遂于光绪二十七年七月、定为和约十二款如下：

第一款　一、大德国钦差男爵克大臣被戕害一事，前于西历本年六月初九日即中历四月二十三日，奉谕旨（附件二）亲派醇亲王载沣为头等专使大臣；赴大德国大皇帝前，代表大清国大皇帝暨国家惋惜之意。醇亲王已遵旨于西历本年七月十二日即中历五月二十七日，自北京起程。二、大清国国家业已声明，在遇害该处所竖立铭志之碑，与克大臣品位相配，列叙大清国大皇帝惋惜凶事之旨，书以辣丁、德、汉各文。前于西历本年七月二十二日即中历六月初七日，经大清国钦差全权大臣文致大德国钦差全权大臣（附件三）。现于遇害处所建立牌坊一座，足满街衢，已于西历本年六月二十五日即中历五月初十日兴工。

第二款　一、惩办伤害诸国国家及人民之首祸诸臣。将西历本年二月十三、二十一等日，即中历上年十二月二十五日、本年正月初三等日，先后降旨所定罪名开列于后（附件四、五、六）。端郡王载漪，辅国公载澜，均定斩监候罪名，又约定如皇上以为应加恩贷其一死，即发往新疆永远监禁，永不减免；庄亲王载勋，都察院左都御史英年，刑部尚书赵舒翘，均定为赐令自尽。山西巡抚毓贤、礼部尚书启秀、刑部左侍郎徐承煜，均定为即行正法，协办大学士吏部尚书刚毅、大学士徐桐、前四川总督李秉衡，均已身死，追夺原官，即行革职。又兵部尚书徐用仪、户部尚书立山、吏部左侍郎许景澄、内阁学士兼礼部侍郎衔联元、太常寺卿袁昶，因上年力驳殊悖诸国义法极恶之罪被害，于西历本年二月十三日即中历上年十二月二十五日，奉上谕开复原官，以示昭雪（附件七）。庄亲王载勋已于西历本年二月二十一日即中历正月初三日，英年、赵舒翘已于二十四日即六日均自尽。毓贤已于念二日即初四日，启秀、徐承煜已于念六日即初八日均正法。又西历本年二月十三日即中历上年十二月念五日上谕将甘肃提督董福样革职，俟应得罪名定谳惩办。西历本年四月念九日、六月初三□月

□□等日，即中历三月十一、四月十七、□月□□等日，先后降旨，将上年夏间凶惨案内所有承认获咎之各外省官员，分别惩办。二、上谕将诸国人民遇害被虐之城镇，停止文武各等考试五年（附件八）。

第三款　因大日本国使馆书记生杉山彬被害，大清国大皇帝从优荣之典，已于西历本年六月十八日即中历五月初三日降旨简派户部侍郎那桐为专使大臣，赴大日本国大皇帝前，代表大清国大皇帝及国家惋惜之意（附件九）。

第四款　大清国国家允定在于诸国被污渎及挖掘各坟墓建立涤垢雪侮之碑，已与诸国全权大臣合同商定，其碑由各该国使馆督建，并由中国国家付给估算各费银两，京师一带，每处一万两，外省每处五千两。此项银两，业已付清。兹将建碑之坟墓，开列清单附后（附件十）。

第五款　大清国国家允定不准将军火暨专为制造军火各种器料运入中国境内，已于西历一千九百一年八月十七日即中历本年七月初四日降旨禁止进口二年。嗣后如诸国以为有仍应续禁之处，亦可降旨将二年之限续展（附件十一）。

第六款　上谕大清国大皇帝允定付诸国偿款海关银四百五十兆两，此款系西历一千九百年十二月二十二日即中历光绪二十六年十一月初一日条款内第二款所载之各国各会各人及中国人民之赔偿总数（附件十二）。（甲）此四百五十兆系海关银两，照市价易为金款，此市价按诸国各金钱之价易金如左：海关银一两，即德国三马克零五五，即奥国三克勒尼五九五，即美国圆零七四二，即法国三佛郎克五，即英国三先令，即日本一圆四〇七，即荷兰国一弗乐零七九六，即俄国一卢布四一二。俄国卢布，按金平算即十七多理亚四二四。此四百五十兆，按年息四厘正，本由中国分三十九年按后附之表各章清还（附件十三）。本息用金付给，或按应还日期之市价易金付给。还本于一千九百零二年正月初一日起，至一千九百四十年终止。还本各款，应按每届一年付还，初次定于一千九百零一年正月初一日。付还利息，由一千九百零一年七月初一日起算。惟中国国家亦可将所欠首六个月至一千九百零一年十二月三十一日之息，展在自一千九百零二年正月初一日起，于三年内付还。但所展息款之利，亦应按年四厘付清。又利息每届六个月付给，初次定于一千九百零二年七月初一日付给。（乙）此欠款一切事宜，均在上海办理。如后诸国各派银行董事一名，会同将所有由该管之中国官员付给之本利总数收存，分给有干涉者，该银行出付回执。（丙）中国国家将全数保票一纸交驻京诸国钦差领衔手内。此保票以后分作零票，每票上各由中国特派之官员画押。此节以及发票一切事宜，应由以上所述之银行董事各遵本国饬令而行。(丁)付还保票财源各进款，应每月给银行董事收存。(戊)所定承担保票之财源，开列于后：一、新关各进款，俟前已作为担保之借款各本利付给之后，余剩者又进口货税增至切实值百抽五，将所增之数加之。所有向例进口免税各货，除外国运来之米及各杂色粮面并金银以及金银各钱外，均应列入切实值百抽五货内。二、所有常关各进款，在各通商口岸之常关，均归新关管理。三、所有盐政各进项，除归还泰西借款一宗外，余剩一并归入，至进口货税增至切实值百抽五。诸国现允可行，惟须二端：一、将现在照估价抽收进口各税，凡能改者，皆当急速改为按件抽税几何。改办一层如后，以为估算货价之基，应以一千八百九十七、八、九三年卸货时各货牵算价值，乃开除进口及杂费总数之市价。其未改以前，各该税仍照估价征收。二、北河、黄浦两水路，均应改善，中国国家及应拨款相助。至增税一层，俟此条款画押两个月后，即行开办，除在此画押日期后至迟十日已在途间之货外，概不得免抽。

第七款　大清国国家允定各使馆境界以为专与住用之处。并独由使馆管理。中国民人概不准在界内居住。亦可由行防守，使馆界线于附件之图上标明如后（附件十四）：东面之线，系崇文门大街，图上十、十一、十二等字；北面图上系五、六、七、八、九、十等字之线；西面图上系一、二、三、四、五等字之线；南面图上系十二、一等字之线，此线循城墙南址随城垛而画。按照西历一千九百零一年正月十六日即中历上年十一月二十六日文内后附之条，中国国家应允诸国分应自主，常留兵队分保使馆。

第八款　大清国国家应允将大沽炮台及有碍京师至海通道之各炮台一律削平，现已设法照办。

第九款　按照西历一千九百零一年正月十六日即中历上年十一月二十六日文内后附之条款，中国国家应允由诸国分应主办，会同酌定数处留兵驻守，以保京师至海通道无断绝之处。今诸国驻防之处，系黄村、郎坊、杨村、天津军粮城、塘沽、芦台、唐山、滦州、昌黎、秦王岛、山海关。

第十款　大清国国家允定两年之内，在各府、厅、州县将以后所述之上谕颁行布告：一、西历本年二月初一日即中历上年十二月十三日上谕，以永禁或设或入与诸国仇敌之会，违者皆斩（附件十五）。二、西历本年□月□□日即中历□月□□日上谕一道，犯罪之人如何惩办之处，均一一裁明。三、西历本年□月□□日即中历□月□□日上谕，以诸国人民遇害被虐，各城镇停止文武各等考试。四、西历本年二月初一日即中历上年十二月十三日上谕，各省抚督文武大吏暨有司各官，于所属境内均有保平安之责，如复滋伤害诸国人民之事，或再有违约之行，必须立时弹压惩办，否则该管之员，即行革职，永不叙用，亦不得开脱别给奖叙（附件十六）。以上谕旨现于中国全境渐次张贴。

第十一款　大清国国家允定将通商行船各条约内，诸国视为应行商改之处，及有关通商各他事宜，均行议商，以期妥善简易。按照第六款赔偿事宜，约定中国国家应允襄办改善北河、黄浦两水路，其襄办各节如左：一、北河改善河道，在一千八百九十八年会同中国国家所兴各工，尽由诸国派员兴修。一俟治理天津事务交还之后，即可由中国国家派员与诸国所派之员会办，中国国家应付海关银每年六万以养其工。一、现设立黄浦河道局，经管整理改善水道各工所，派该局各员，均代中国及诸国保守在沪所有通商之利益。预估后二十年，该局各工及经管各费应每年支用海关银四十六万两，此数平分，半由中国国家付给，半由外国各干涉者出资。该局员差并权责进款之详细各节，皆于后附文件内列明（附件十七）。

第十二款　西历本年七月二十四日即中国六月初九日降旨，将总理各国事务衙门按照诸国酌定改为外务部，班列六部之前。此上谕内已简派外务部各王大臣矣（附件十八）。且变通诸国钦差大臣觐见礼节，均已商定由中国全权大臣屡次照会在案。此照会在后附之节略内述明（附件十九）。

兹特为议明以上所述各语，及后附诸国全权大臣所复之文牍，均系以法文为凭。大清国国家既如此按以上所述，西历一千九百年十二月二十二日，即中历光绪二十六年十一月初一日。文内各款，足适诸国之意妥办，则中国愿将一千九百年夏间变乱所生之局势完结，诸国亦照允随行。是以诸国全权大臣奉各本国政府之命代为声明，除第七款所述之防守使馆兵队外，诸国兵队即于西历一千九百零一年□月□□日即中历□月□□日全由京城撤退。并除第九款所述各处外，亦于西历一千九百零一年□月□□日即中历□□年□月□□日由直隶省撤退。今将以上条款缮定同文十二份，均由诸国全权大臣画押，诸国全权大臣各存一份，中国全权大臣收存一份。

联军和约既定，尚有一事为李鸿章未了之债者，则俄人满洲事件是也。初《中俄密约》所订，俄人有自派兵队保护东方铁路之权。至是义和团起，两国疆场之间有违言焉，俄人即藉端起衅，掠吉林、黑龙江之地，达于营口北。东方有联军之难，莫能问也。及和议开，俄人坚持此事归中俄两国另议，与都中事别为一谈。不得已许之。及列国和约定，然后满洲之问题起。李鸿章其为畏俄乎？为亲俄乎？抑别有不得已者乎？虽不可知，然其初议之约，实不啻以东三省全置俄国势力范围之下，昭昭然也。今录其文如下：

第一条　俄国交还满洲于中国，行政之事，照旧办理。

第二条　俄国留兵保护满洲铁路，俟地方平静后，并本条约之枢要四条一概履行后，始可撤兵。

第三条　若有事变，俄国将此兵助中国镇压。

第四条　若中国铁路（注：疑指满洲铁路）未开通之间，中国不能驻兵于满洲。即他日或可驻兵，其数目亦须与俄国协定，且禁止输入兵器于满洲。

第五条　若地方大官处置各事，不得其宜，则须由俄国所请，将此官革职。满洲之巡察兵，须与俄国相商，定其人数，不得用外国人。

第六条　满洲、蒙古之陆军、海军，不得聘请外国人训练。

第七条　中国宜将旅顺口之北金州之自主权抛弃之。

第八条　满洲、蒙古、新疆伊犁等处之铁路矿山及其他之利益，非得俄国许可，则不得让与他国，或中国自为之，必亦须经俄国允许。牛庄以外之地，不得租借与他国。

第九条　俄国所有之军事费用，一切皆由中国支出。

第十条　若满洲铁路公司有何损害，须中国政府与该公司议定。

第十一条　现在所损害之物，中国宜为赔偿，或以全部利益，或以一部利益以为担保。

第十二条　许中国由满洲铁路之支路修一铁路以达北京。

此草约一布，南省疆吏士民，激昂殊甚，咸飞电阻止，或开演说会，联名抗争。而英、美、日各国，亦复腾其口舌，势将干涉。俄使不得已，自允让步。经数月，然复改前约数事如下：

第一条　同

第二条　同

第三条　同

第四条　中国虽得置兵于满洲，其兵丁多寡，与俄国协议，俄国协定多少，中国不得反对。然仍不得输入兵器于满洲。

第五条　同

第六条　删

第七条　删

第八条　在满洲企图开矿山、修铁路及其他各等之利益者，中国非与俄国协议，则不许将此等利益许他国臣民为之。

第九条　同

第十条　同，并追加"*此乃驻扎北京之各国公使协议，而为各国所采用之方法*"字样。

第十一条　同

第十二条　中国得由满洲铁路之支路修一铁路，至直隶疆界之长城而止。

至是而李鸿章病且殆矣。鸿章以八十高年，久经患难，今当垂暮，复遭此变，忧郁积劳，已乖常度。本年以来，肝疾增剧，时有盛怒，或如病狂。及加以俄使，助天为虐，恫喝催促，于邑难堪，及闻徐寿朋之死，怵心呕血、遂以大渐，以光绪二十七年九月廿七日薨于京师之贤良寺。闻薨之前一点钟，俄使尚来促画押云。卒之此约未定，今以付诸庆亲王王文韶。临终未尝口及家事，惟切齿曰："可恨毓贤误国至此。"既而又长吁曰："两宫不肯回銮。"遂瞑焉长逝，享年七十八岁。行在政府得电报，深宫震悼。翌日奉上谕：

朕钦奉懿旨。大学士、一等肃毅伯、直隶总督李鸿章，器识渊深，才猷宏远，由翰林倡率淮军。戡平发捻诸匪，厥功甚伟，朝廷特沛殊恩，晋封伯爵。翊赞纶扉。复命总督直隶兼充北洋大臣，匡济艰难，辑和今外，老成谋国，具有深衷。去年京师之变，特派该大学士为全权大臣，与各国使臣妥定和约，悉合机宜。方冀大局全定，荣膺懋赏。遽闻溘逝，震悼良深。李鸿章著先行加恩，照大学士例赐恤，赏给陀罗经被。派恭亲王溥伟带领侍卫十员，前往奠醴。予谥文忠，追赠太傅，晋封一等侯爵，入祀贤良祠，以示笃念荩臣至意。其余饰终之典，再行降旨。钦此。

其后复赏银五千两治丧。赏其子李经述以四品京堂，承袭一等侯爵，李经迈以京堂候补，其余子孙，优赏有差。赐祭两坛。又命于原籍及立功省份及京师建立专祠，地方官岁时致祭，列入祠典。朝廷所以报其勋者亦至矣。而此一代风云人物，竟随北洋舰队、津防练勇，同长辞此世界、此国民。吾闻报之日，成一挽联云：

太息斯人去，萧条徐泗空，莽莽长淮，起陆龙蛇安在也。

回首山河非，只有夕阳好，哀哀浩劫，归辽神鹤竟何之。

第十二章 结 论

李鸿章与古今东西人物比较

李鸿章之轶事

李鸿章必为数千年中国历史上一人物，无可疑也；李鸿章必为十九世纪世界史上一人物，无可疑也。虽然，其人物之位置果何等乎？其与中外人物比较，果有若何之价值乎？试一一论列之。

第一，李鸿章与霍光。史家评霍光曰"不学无术"，吾评李鸿章亦曰"不学无术"。则李鸿章与霍光果同流乎？曰：李鸿章无霍光之权位，无霍光之魄力。李鸿章谨守范围之人也，非能因于时势，行吾心之所安，而有非常之举动者也。其一生不能大行其志者以此，安足语霍光？虽然，其于普通学问，或稍过之。

第二，李鸿章与诸葛亮。李鸿章忠臣也，儒臣也，兵家也，政治家也，外交家也。中国三代以后，具此五资格而永为百世所钦者，莫如诸葛武侯。李鸿章所凭藉，过于诸葛，而得君不及之。其初起于上海也，仅以区区三城，而能奏大功于江南，创业之艰，亦略相类。后此用兵之成就，又远过之矣。然诸葛治崎岖之蜀，能使士不怀奸，民咸自厉，而李鸿章数十年重臣，不能辑和国民，使为己用。诸葛之卒，仅有成都桑八百株，而鸿章以豪富闻于天下，相去何如耶？至其鞠躬尽瘁，死而后已，犬马恋主之诚，亦或仿佛之。

第三，李鸿章与郭子仪。李鸿章中兴靖乱之功，颇类郭汾阳，其福命亦不相上下。然汾阳于定难以外，更无他事，鸿章则兵事生涯，不过其终身事业之一部分耳。使易地以处，汾阳未必有以过合肥也。

第四，李鸿章与王安石。王荆公以新法为世所诟病，李鸿章以洋务为世所诟病，荆公之新法与鸿章之洋务，虽皆非完善政策，然其识见规模决非诟之者之所能及也。号称贤士大夫者，莫肯相助，且群焉哄之，掣其肘而议其后，被乃不得不用金壬之人以自佐，安石、鸿章之所处同也。然安石得君既专，其布划之兢兢于民事，局面宏远，有过于鸿章者。

第五，李鸿章与秦桧。中国俗儒骂李鸿章为秦桧者最多焉。法越、中日两役间，此论极盛矣。出于市井野人之口，犹可言也，士君子而为此言，吾无以名之，名之曰狂吠而已。

第六，李鸿章与曾国藩。李鸿章之于曾国藩，犹管仲之鲍叔，韩信之萧何也。不宁惟是，其一生之学行、见识、事业，无一不由国藩提携之而玉成之。故鸿章实曾文正肘下之一人物也。曾非李所及，世人既有定评。虽然，曾文正，儒者也，使以当外交之冲，其术智机警，或视李不如，未可知也。又文正深守知止知足之戒，常以急流勇退为心，而李则血气甚强，无论若何大难，皆挺然以一身当之，未曾有畏难退避之色，是亦其特长也。

第七，李鸿章与左宗棠。左、李齐名于时，然左以发扬胜，李以忍耐胜。语其器量，则李殆非左所能及也。湘人之虚骄者，尝欲奉左为守旧党魁以与李抗，其实两人洋务之见识不相上下，左固非能守旧，李亦非能维新也。左文襄幸早逝十余年，故摭保其时俗之名，而以此后之艰巨谤诟，尽附于李之一身。文襄福命亦云高矣。

第八，李鸿章与李秀成。二李皆近世之人豪也。秀成忠于本族，鸿章忠于本朝，一封忠王，一谥文忠，皆可以当之而无愧焉。秀成之用兵、之政治、之外交，皆不让李鸿章，其一败一成，则天也。故吾求诸近世，欲以两人合传而毫无遗憾者，其惟二李乎？然秀成不杀赵景贤，礼葬王有龄，鸿章乃绐八王而骈戮之，此事盖犹有惭德矣。

第九，李鸿章与张之洞。十年以来，与李齐名者，则张之洞也。虽然，张何足以望李之肩背。李鸿章实践之人也，张之洞浮华之人也。李鸿章最不好名，张之洞最好名，不好名故肯任劳怨，媚名故常趋巧利。之洞于交涉事件，著著与鸿章为难，要其所画之策，无一非能言不能行。鸿章尝语人云："不图香涛作官数十年，仍是书生之见。"此一语可以尽其平生矣。至其虚骄狭隘，残忍苛察，较之李鸿章之有常识有大量，尤相去霄壤也。

第十，李鸿章与袁世凯。今后承李鸿章之遗产者，厥惟袁世凯。世凯，鸿章所豢养之人也。方在壮年，初膺大任，其所表见盖未著，今难悬断焉。但其人功名心重，其有气魄敢为破格之举，视李鸿章或有过之。至其心术如何，其毅力如何，则非今之所能言也。而今日群僚中，其资望才具，可以继鸿章之后者，舍袁殆难其人也。

第十一，李鸿章与梅特涅。奥宰相梅特涅（Metternich），十九世纪第一大奸雄也。凡当国四十年，专出其狡狯之外交手段，外之以指挥全欧，内之以压制民党。十九世纪前半纪，欧洲大陆之腐败，实此人之罪居多。或谓李鸿章殆几似之，虽然，鸿章之心术，不如梅特涅之险，其才调亦不如梅特涅之雄。梅特涅知民权之利而压之，李鸿章不知民权之利而置之，梅特涅外交政策能操纵群雄，李鸿章外交政策不能安顿一朝鲜，此其所以不伦也。

第十二，李鸿章与俾斯麦。或有称李鸿章为东方俾斯麦者，虽然，非谀词，则妄言耳。李鸿章何足以望俾斯麦。以兵事论，俾斯麦所胜者敌国也，李鸿章所夷者同胞也；以内政论，俾斯麦能合向来散漫之列国而为一大联邦，李鸿章乃使庞然硕大之支那降为二等国；以外交论，俾斯麦联奥、意而使为我用，李鸿章联俄而反堕彼谋。三者相较，其霄壤何如也；此非以成败论人也，李鸿章之学问、智术、胆力，无一能如俾斯麦者，其成就之不能如彼，实优胜劣败之公例然也。虽李之际遇或不及俾，至其凭藉则有过之。人各有所难，非胜其难，则不足为英雄。李自诉其所处之难，而不知俾亦有俾之难，非李所能喻也。使二人易地以居，吾知其成败之数亦若是已耳。故持东李西俾之论者，是重诬二人也。

第十三，李鸿章与格兰斯顿。或又以李、俾、格并称三雄。此殆以其当国之久位望之尊言之耳，李与格固无一相类者。格之所长，专在内治，专在民政，而军事与外交，非其得意之业也。格兰斯顿，有道之士也，民政国人物之圭臬也，李鸿章者，功名之士也，东方之人物也，十八世纪以前之英雄也。二者相去盖远甚矣。

第十四，李鸿章与爹亚士。法总统爹亚士（Thiers），巴黎城下盟时之议和全权也。其当时所处之地位，恰与李鸿章乙未、庚子间相仿佛，存亡危急，忍气吞声，诚人情所最难堪哉。但爹亚士不过偶一为之，李鸿章则至再至三焉；爹亚士所当者只一国，李鸿章则数国，其遇更可悲矣。然爹亚士于议和后能拟一场之演说，使五千兆佛郎立集而有余，而法兰西不十年，依然成为欧洲第一等强国。若李鸿章则为偿款所困，补救无术，而中国之沦危，且日甚一日。其两国人民爱国心之有差率耶？ 抑用之者不得其道也。

第十五，李鸿章与井伊直弼。日本大将军柄政时，有幕府重臣井伊直弼者，当内治外交之冲，深察时势，知闭关绝市之不可，因与欧美各国结盟，且汲汲然欲师所长以自立。而当时民间，尊王攘夷之论方盛，井伊以强力镇压之，以效忠于幕府，于是举国怨毒，集彼一身，卒被壮士刺杀于樱田门外。而日本维

第十二章 结 论

新之运乃兴。井伊者，明治政府之大敌，亦明治政府之功臣也。其才可敬，其遇可怜，日人至今皆为讼冤。李鸿章之境遇，殆略似之，然困难又较井伊万万也。井伊横死，而鸿章哀荣，其福命则此优于彼焉。然而日本兴矣，然而中国如故也。

第十六，李鸿章与伊藤博文。李鸿章与日相伊藤，中日战役之两雄也。以成败论，自当右伊而左李，虽然，伊非李之匹也。日人常评伊藤为际遇最好之人，其言盖当。彼当日本维新之初，本未尝有大功，其栉风沐雨之阅历，既输一筹，故伊藤之轻重于日本，不如鸿章之轻重于中国，使易地以处，吾恐其不相及也。虽然，伊有优于李者一事焉，则曾游学欧洲，知政治之本原是也。此伊所以能制定宪法为日本长治久安之计，李鸿章则惟弥缝补苴，画虎效颦，而终无成就也。但日本之学如伊藤者，其同辈中不下百数，中国之才如鸿章者，其同辈中不得一人，则又不能专为李咎者也。

李鸿章之治事也，案无留牍，门无留宾，盖其规模一仿曾文正云。其起居饮食，皆立一定时刻，甚有西人之风。其重纪律，严自治，中国人罕有能及之者。不论冬夏，五点钟即起，有家藏一宋拓《兰亭》，每晨必临摹一百字，其临本从不示人。此盖养心自律之一法。曾文正每日在军中，必围棋一局，亦是此意。每日午饭后，必昼寝一点钟，从不失时。其在总理衙门时，每昼寝将起，欠伸一声，即伸一足穿靴，伸一手穿袍，服役人一刻不许迟误云。

养生一用西医法，每膳供双鸡之精汁，朝朝经侍医诊验，常上电气。戈登尝访李鸿章于天津，勾留数月。其时俄国以伊犁之役，颇事威吓，将有决裂之势。鸿章以询戈登，戈登曰："中国今日如此情形，终不可以立于往后之世界。除非君自取之，握全权以大加整顿耳。君如有意，仆当执鞭效犬马之劳。"鸿章瞿然改容，舌矫而不能言。

李鸿章接人常带傲慢轻侮之色，俯视一切，揶揄弄之，惟事曾文正，如严父，执礼之恭，有不知其然而然者。

李鸿章与外国人交涉。尤轻侮之，其意殆视之如一市侩，谓彼辈皆以利来，我亦持筹握算，惟利是视耳。崇拜西人之劣根性，鸿章所无也。

李鸿章于外国人中，所最敬爱者惟两人，一曰戈登、一曰美国将军格兰德，盖南北美之战立大功者也。格兰德游历至津，李鸿章待以殊礼。此后接见美国公使，辄问询其起居。及历聘泰西时，过美国，闻美人为格兰德立纪功碑，即赠千金以表敬慕之情。

李鸿章之治事最精核，每遇一问题，必再三盘诘，毫无假借，不轻然诺，既诺则必践之，实言行一致之人也。

李鸿章之在欧洲也，屡问人之年及其家产几何。随员或请曰："此西人所最忌也，宜勿尔。"鸿章不恤。盖其眼中直无欧人，一切玩之于股掌之上而已。最可笑者，尝游英国某大工厂，观毕后，忽发一奇问问于其工头曰："君统领如许大之工场，一年所入几何？"工头曰："薪水之外无他入。"李徐指其钻石指环曰："然则此钻石从何来？"欧人传为奇谈。

世人竞传李鸿章富甲天下，此其事殆不足信，大约数百万金之产业，意中事也，招商局、电报局、开平煤矿、中国通商银行，其股份皆不少。或言南京、上海各地之当铺银号，多属其管业云。

李鸿章之在京师也，常居贤良寺。盖曾文正平江南后，初次入都陛见，即僦居于此，后遂以为常云。将来此寺当为《春明梦余录》添一故实矣。

李鸿章生平最遗恨者一事，曰未尝掌文衡。戊戌会试时在京师，谓必得之，卒不获。虽朝殿阅卷大臣，亦未尝一次派及，李颇怏怏云。以盖代勋名，而恋恋于此物，可见科举之毒入人深矣。

以上数条，不见偶所触及，拉杂记之，以观其人物之一斑而已。著者与李鸿章相交既不深，不能多识其遗闻轶事，又以无关大体，载不胜载，故从缺如。然则李鸿章果何等之人物乎？吾欲以两言论断之曰："不学无术，不敢破格，是其所短也；不避劳苦，不畏谤言，是其所长也。"呜呼！李鸿章往矣，而天下多难，将更有甚于李鸿章时代者，后之君子，何以待之？

吾读日本报，有德富苏峰著论一篇，其品评李鸿章有独到之点，兹译录如下：

支那之名人物李鸿章逝，东洋之政局，自此不免有寂寞，不独为清廷起乔雕柱折之感而已。

概而言之，谓李鸿章人物之伟大，事功之崇隆，不如谓其福命之过人也。彼早岁得科第，入词馆，占清贵名誉之地位；际长发之乱，为曾国藩幕僚，任淮军统帅，赖戈登之力以平定江苏；及其平捻也，亦实承曾国藩之遗策，遂成大功，及为直隶总督，办天津教案，正当要挟狼狈之际，忽遇普法战起，法、英、俄、美，皆奔走喘息于西欧大事，而此教案遂销沉于无声无形之间。迨来

第十二章 结论

二十有五年，彼统制北洋，开府天津，综支那之大政，立世界之舞台，此实彼之全盛时代也。

虽然，彼之地位，彼之势力，非悉以侥幸而得之者。彼在支那文武百僚中，确有超卓之眼孔，敏捷之手腕，而非他人之所能及也。彼知西来之大势，识外国之文明，思利用之以自强，此种眼光，虽先辈曾国藩，恐亦让彼一步，而左宗棠、曾国荃更无论也。

彼屯练淮军于天津，教以洋操；兴北洋水师，设防于旅顺、威海、大沽；开招商局，以便沿海河川之交通；置机器局，制造兵器；办开平煤矿；倡议设铁路。自军事、商务、工业，无一不留意。虽其议之发自彼与否暂勿论，其权全在彼与否暂勿论，其办理之有成效与否暂勿论，然要之导清国使前进以至今日之地位者谁乎？固不得不首屈一指曰：李鸿章也。

世界之人，殆知有李鸿章，不复知有北京朝廷。虽然，北京朝廷之于彼，必非深亲信者。不宁惟是，且常以猜疑憎嫉之眼待之，不过因外部之压迫，排难解纷，非彼莫能，故不得已而用之耳。况各省督抚，满廷群僚，其不释然于彼者，所在皆是。盖虽其全盛时代，而其在内之势力，固已甚微薄，而非如对外之有无限权力无限光荣也。

中日之役，是彼一生命运之转潮也。彼果自初蓄意以主战乎？不能深知之。但观其当事机将决裂之际，忽与俄使喀希尼商，请其干涉弭兵，则其始之派兵于朝鲜，或欲用威胁手段，不战而屈日本，亦未可知。大抵彼自视过高，视中国过大，而料敌情颇有不审者，彼盖未知东亚局面之大势。算有遗策，不能为讳也。一言蔽之，则中日之役，实彼平生之孤注一掷也。而此一掷不中，遂至积年之劳绩声名，扫地几尽。

寻常人遇此失意，其不以忧愤死者几希。虽然，彼以七十三岁之高龄，内则受重谴于朝廷，外则任支持于残局，挺出以任议和之事，不幸为凶客所狙，犹能从容，不辱其命。更舆榇赴俄国，贺俄皇加冕，游历欧美，于前事若无一毫介意者，彼之不可及者，在于是。

彼之末路，萧条甚矣。彼之前半生，甚亲英国，其后半生，最亲俄国，故英人目彼为鬻身于俄廷。以吾论之，彼之亲俄也，以其可畏乎？以其可信乎？吾不得而知之。要之，彼认俄国为东方最有势力之国，宁赂关外之地，托庇于其势力之下，以苟安于一时。此其大原因也。彼之《中俄密约》《满洲条约》等事，或视之与秦桧之事金，同为卖国贼臣。此其论未免过酷。盖彼之此举，乃利害得失之问题，非正邪善恶之问题也。

彼自退出总理衙门后，或任治河而远出于山东，或任商务而僻驻于两广，直至义和团事起，乃复任直隶总督，与庆王同任议和全权，事定而溘然长逝，此实可称悲惨之末路，而不可谓耻辱之末路也。何也？彼其雄心，至死未消磨尽也。

使彼而卒于中日战事以前，则彼为十九世纪之一伟人，作世界史者必大书特书而无容疑也。彼其容貌堂堂，其辞令巧善，机锋锐敏，纵擒自由，使人一见而知为伟人。虽然，彼之血管中，曾有一点英雄之血液否乎？此吾所不敢断言也。彼非如格兰斯顿有道义的高情，彼非如俾斯麦有倔强的男性，彼非如康必达有爱国的热火，彼非如西乡隆盛有推心置腹的至诚。至其经世之识量，亦未有能令我感服而不能已者。要而论之，彼非能为鼓吹他人崇拜英雄心之偶像也。

虽然，彼之大横著，有使人惊叹者。彼支那人也！彼大支那人也！彼无论如何之事，不惊其魂，不恼其心，彼能忍人所不能忍，无论若何失望之事，视之如浮云过空，虽其内心或不能无懊恼乎，无悔恨乎，然其痕迹，从何处求之见之？不观乎铁血宰相俾斯麦乎？一旦失意退隐，其胸中瞋恚之火，直喷出如焰。而李鸿章则于其身上之事，若曾无足以挂其虑者然，其容忍力之伟大，吾人所尊敬膜拜而不能措者也。

249

若使彼如诸葛孔明之为人，则决无可以久生于此世界之理。何也？彼一生之历史，实支那帝国衰亡史也，如剥笋皮，一日紧一日，与彼同时代之人物，雕落殆尽。彼之一生，以前光后暗而终焉。而彼之处此，曾不以扰动其心。或曰：彼殆无脑筋之人也！虽然，天下人能如彼之无脑筋者有几乎？无脑筋之绝技一至此，宁非可叹赏者耶？

陆奥宗光评彼曰："谓彼有豪胆，有逸才，有决断力，宁谓彼为伶俐有奇智，妙察事机之利害得失也。"此言殆可谓铁案不移。虽然，彼从不畏避责任，是彼之不可及也，此其所以数十年为清廷最要之人，濒死而犹有绝大关系，负中外之望也。或曰："彼自视如无责任，故虽如何重大之责任，皆当之而不辞。"然此之一事，则亦彼之所以为大也。

彼可谓支那人之代表人也。彼纯然如凉血类动物，支那人之性也；彼其事大主义，支那人之性也；其容忍力之强，支那人之性也，其硬脑硬面皮，支那人之性也；其词令巧妙，支那人之性也；其狡狯有城府，支那人之性也；其自信自大，支那人之性也。彼无管仲之经世的识量，彼无孔明之治国的诚实，虽然，彼非如王安石之学究。彼其以逸待劳，机智纵横，虚心平气，百般之艰然纠纷，能从容以排解之，舍胜海舟外，殆末见有其比也。

以上之论，确能摹写李鸿章人物之真相，而无所遗，褒之不过其当，贬之不溢其短，吾可无复赞一辞矣。至其以李鸿章为我国人物之代表，则吾四万万人不可不深自反也。吾昔为《饮冰室自由书》，有《二十世纪之新鬼》一篇，今择其论李鸿章者附录于下：

呜呼！若星氏、格氏可不谓旷世之豪杰也哉？此五人者（注：指域多利亚、星亨、格里士比、麦坚尼、李鸿章），于其国皆有绝大之关系。除域多利亚为立宪政府国之君主，君主无责任，不必论断外，若格里士比，若麦坚尼，皆使其国一新焉，若星亨，则欲新之而未能竟其志者也。以此论之，则李鸿章之视彼三人，有惭德矣。李鸿章每自解曰："吾被举国所掣肘，有志焉而未逮也，斯固然也。"虽然，以视星亨、格里士比之冒万险、忍万辱、排万难以卒达其目的者何如？夫真英雄恒不假他之势力，而常能自造势力。彼星氏格氏之势力，皆自造者也。若李鸿章则安富尊荣于一政府之下而已。苟其以强国利民为志也，岂有以四十年之勋臣耆宿，而不能结民望以战胜旧党者？惜哉！李鸿章之学识不能为星亨，其热诚不能为格里士比，所凭藉者十倍于彼等，而所成就乃远出彼等下也。质而言之，则李鸿章实一无学识、无热诚之人也。虽然，以中国之大，其人之有学识、有热诚能愈于李鸿章者几何？十九世纪列国皆有英雄，而我国独无一英雄，则吾辈亦安得不指鹿为马，聊自解嘲，翘李鸿章以示于世界曰："此我国之英雄也。"呜呼！亦适成为我国之英雄而已矣，亦适成为我国十九世纪以前之英雄而已矣。

要而论之，李鸿章有才气而无学识之人也，有阅历而无血性之人也。彼非无鞠躬尽瘁死而后已之心，后彼弥缝偷安以待死者也。彼于未死之前，当责任而不辞，然未尝有立百年大计以遗后人之志。谚所谓"做一日和尚撞一日钟"。

中国朝野上下之人心，莫不皆然，而李亦其代表人也。虽然，今日举朝二品以上之大员，五十岁以上之达官，无一人能及彼者，此则吾所敢断言也。嗟乎！李鸿章之败绩，既已屡见不一见矣。后此内忧外患之风潮，将有甚于李鸿章时代数倍者，乃今也欲求一如李鸿章其人者，亦渺不可复睹焉。念中国之前途，不禁毛发栗起，而未知其所终极也。

九州生气恃风雷，万马齐喑究可哀。

我劝天公重抖擞，不拘一格降人才。

图书在版编目（CIP）数据

李鸿章传：晚清四十年／梁启超著；杨智译 . —2 版 . —北京：中国法制出版社，2018. 10

ISBN 978 - 7 - 5093 - 9625 - 4

Ⅰ. ①李…　Ⅱ. ①梁…　②杨…　Ⅲ. ①李鸿章（1823—1901）- 传记　Ⅳ. ①K827 = 52

中国版本图书馆 CIP 数据核字（2018）第 158270 号

策划编辑：杨智（yangzhibnulaw@ 126. com）

责任编辑：杨智　周熔希　　　　　　　　　　　　　　　封面设计：汪要军

李鸿章传：晚清四十年

LI HONGZHANG ZHUAN：WANQING SISHI NIAN

著者／梁启超

译者／杨智

经销／新华书店

印刷／三河市紫恒印装有限公司

开本／710 毫米×1000 毫米　16 开　　　　　　印张／16. 25　字数／248 千

版次／2018 年 10 月第 2 版　　　　　　　　　　2018 年 10 月第 1 次印刷

中 国 法 制 出 版 社 出 版

书号 ISBN 978 - 7 - 5093 - 9625 - 4　　　　　　　　　　　　定价：42. 80 元

北京西单横二条 2 号

邮政编码 100031　　　　　　　　　　　　　　　　传真：010 - 66031119

网址：http：//www. zgfzs. com　　　　　　　　编辑部电话：010 - 66038703

市场营销部电话：010 - 66033393　　　　　　　　邮购部电话：010 - 66033288

（如有印装质量问题，请与本社印务部联系调换。电话：010 - 66032926）